Frauenkarrieren
zwischen Tradition
und Innovation

SCHÄFFER
POESCHEL

Monique R. Siegel

Frauenkarrieren zwischen Tradition und Innovation

Führungsfrauen der Geschichte

3. Auflage

1994
Schäffer-Poeschel Verlag Stuttgart

Die Deutsche Bibliothek – CIP-Einheitsaufnahme

Siegel, Monique R.:
Frauenkarrieren zwischen Tradition und Innovation :
Führungsfrauen der Geschichte / Monique R. Siegel.
– 3. Aufl. – Stuttgart : Schäffer-Poeschel, 1994
ISBN 3-7910-0709-2

ISBN 3-7910-0709-2

Satz: Typobauer Filmsatz GmbH, Scharnhausen
Druck: Gulde-Druck GmbH, Tübingen
Printed in Germany

Schäffer-Poeschel Verlag Stuttgart
Ein Tochterunternehmen der Verlagsgruppe
Handelsblatt und der Spektrum Fachverlage GmbH

All denen gewidmet,
die nicht akzeptieren woll(t)en,
daß sie die schlechtere Hälfte der Menschheit seien,
die aber auch nicht a priori glaub(t)en,
die bessere zu sein.

Inhalt

Einleitung

Frauen werden im kommenden Jahrzehnt eine bedeutende Rolle spielen: als Führungskräfte wie als Unternehmerinnen, in der Verbandspolitik wie im Verwaltungs-/Aufsichtsrat, an der Spitze von Parteien oder Ministerien wie als innovative, kreative Katalysatoren bei der Entstehung von neuen, partnerschaftsorientierten Unternehmenskulturen – solchen, die Frauen nicht zwingen, sich zu assimilieren, sondern ihnen erlauben, sich mit all ihrem Anderssein zu integrieren.

Und die Voraussetzungen dafür sind vorhanden: Noch nie hat es so viele erstklassig ausgebildete, selbständig denkende junge Frauen gegeben. Noch nie ist die Nachfrage nach Mitarbeiterinnen so groß gewesen wie jetzt und im nächsten Jahrzehnt, wenn – als Auswirkung der geburtenschwachen Jahrgänge – der Wirtschaft gut ein Viertel weniger Nachwuchskräfte zur Verfügung stehen werden als in den *Baby Boom*-Jahren.

Aber Politik und Wirtschaft – und damit unsere Gesellschaft – brauchen Frauen nicht nur aus wirtschaftlicher Notwendigkeit, nicht nur, um die spürbare Verknappung qualifizierter Arbeitskräfte in einer Zeit steigender Anforderungen abzudecken. Wir brauchen Frauen bei der Lösung einer Reihe von beängstigenden Problemen, mit denen sich die nächste Generation von Führungspersönlichkeiten auseinandersetzen muß. Probleme, die zur Zeit fast unlösbar scheinen und die mit herkömmlichen Denkschemata eben auch nicht lösbar sind: vom Pulverfaß der internationalen Verschuldung über den eventuellen Beginn einer neuen Völkerwanderung (die »Dritte-Welt«-Vorstellungen zum Verschwinden bringen könnte) bis zur Verknappung unserer wichtigsten Lebensquellen wie Luft, Wasser, Baumbestand. Nicht zuletzt wird sich die kommende Generation auch mit der AIDS-Bekämpfung auseinandersetzen müssen, deren Ausmaß noch gar nicht abschätzbar ist.

Angesichts dieser gigantischen Probleme, zu deren Lösung es jedes bißchen an Intelligenz und Enthusiasmus, an Einsatzfreudigkeit und Zielstrebigkeit *beider* Geschlechter braucht, scheint es absurd, Frauen und Männer weiterhin einen aufreibenden Geschlechterkampf innerhalb von Firmenhierarchien austragen zu lassen – zumal es gerade diese Perspektive ist, die so manche junge Frau davon abhält, sich für eine Management-Position zu entscheiden.

Diesen jungen Frauen fehlt unter anderem das, was ihren männlichen Kollegen in großer Auswahl zur Verfügung steht: Vorbilder. Und hier, bei der Suche nach Vorbildern, nach Markierungen am Rande des steinigen Karriere-Wegs, besteht eine Gefahr: Frauen dürfen sich nicht in erster Linie an männlichen *success stories* orientieren. Das soll die Verdienste von Führungspersönlichkeiten wie Bill Gore (Goretex), Lee Iacocca (Chrysler) oder Jan Carlzon (SAS) durchaus nicht schmälern. Aber sie werden in ihrem Denken und Handeln eher als Vorbilder für männliche Nachwuchskräfte hingestellt; denn Management-Bücher sind nach demselben Muster gestrickt wie Geschichtsbücher: *Männer handeln, Frauen kommen vor.* Daher kann ein Blick in die Vergangenheit auch nicht helfen: Weder Alexander der Große und Cäsar, noch Napoleon und Bismarck können für Frauen richtungsweisend sein. Denn abgesehen davon, daß ihre Namen meistens mit kriegerischen Auseinandersetzungen verbunden sind, liegen ihre Verdienste wohl weitgehend im Auge des Beschauers: Waren sie nun kühne Visionäre, erfolgreiche Strategen und siegreiche Eroberer? Oder waren es Männer, die herrschsüchtig und machtgierig buchstäblich über Leichen gingen?

Wie immer die Antwort lauten mag, das Interessante daran ist, daß Geschichtsbücher – wie die Geschichtsschreibung überhaupt – dem männlichen Selbstverständnis unschätzbare Dienste leisten. Die deutsche Publizistin Marielouise Janssen-Jurreit meint dazu:

> »Geschichtsschreibung dient der Selbstfeier des Mannes, sie ist die Aufzeichnung seiner Taten und die Verherrlichung maskuliner Werte. Sie ist der große Tank, aus dem die männliche Identität gezapft wird, und dient der Mythologi-

sierung großer Männer. Das Bild, das von ihnen entsteht, ist eine Komposition, die auf die psychologischen Bedürfnisse der männlichen Geschichtskonsumenten zugeschnitten ist. Nach Ansicht der meisten Geschichtsphilosophen und Historiker des 19. und 20. Jahrhunderts besitzt nur der Mann geschichtliche Eigenschaften. [. . .] Frauen nehmen [an der Geschichte] nicht teil, sie beeinflussen sie nur atmosphärisch; wenn sie darüber hinausgehen, wird es von der Geschichtsschreibung verurteilt.«[1]

Die Erkenntnis ist richtig, wenn auch nicht neu. Schon die eloquente Vorkämpferin für die Gleichwertigkeit von Mann und Frau, Hedwig Dohm, hat in einem ihrer aufrüttelnden und aufrührerischen Texte geschrieben:

»Die Männer meinen, die Eigenschaften, die sie den Frauen absprechen, haben sie selber. Sie sehen sich wie Schauspieler auf der Bühne des Lebens stehen, und der Direktor, der liebe Gott, hat sie für das Heldenfach engagiert, für das Tatkräftige, das Dämonische, Gewaltige und Starkgeistige – den Frauen aber sind die naiven und sentimentalen Fächer zugefallen.«[2]

Das ist 1902 geschrieben worden. Leider hat sich nicht sehr viel geändert, obwohl die Geschichte voll ist von großen und großartigen Frauen. Ich meine jetzt nicht die sprichwörtliche »große Frau«, die hinter jedem »großen Manne« steht. ich meine die großen Frauen, die selbst einen Schatten geworfen und nicht im Schatten eines Mannes gestanden haben.

Sinn dieses Buches ist es daher, Führungsfrauen aus den verschiedensten Geschichtszeiten und -räumen vorzustellen und sie als weibliche Vorbilder anzubieten. Dabei geht es jedoch nicht darum, nur die Erfolge in den Mittelpunkt zu stellen. Im Gegenteil: Manch eine Frau bietet sich vielleicht ebensowenig zur Nachahmung an wie Philipp II. oder Friedrich der Große. Aber man lernt bekanntlich am meisten aus Mißerfolgen, und da Frauen ja offenbar glauben, das Rad immer wieder neu erfinden zu müssen, anstatt offen über ihre Erfahrungen, ihre Erfolge – und, noch wichtiger, ihre Mißerfolge – zu sprechen, gibt es in diesem Buch auch Anschauungsunterricht darüber, wie man es möglichst *nicht* machen sollte.

So gelten diese Frauen nicht nur als Vorbilder – oder als eher abschreckende Beispiele –, sondern sie sind auch gleichzeitig die Verbindung zu unserer eigenen Vergangenheit. Und damit Bausteine zu einem weiblichen Selbst-Verständnis, das unabdingbar ist, um sich in der durchaus nicht sanften Welt des *business* ohne Identitätsverlust behaupten zu können. Mit den Worten eines Mannes, der sich als Historiker des Wertes dieser Nabelschnur zur Vergangenheit durchaus bewußt ist: »Wenn eine Zivilisation sich um jeden bewußten Kontakt mit ihrer Geschichte brächte, so würde sie nicht lange heil bestehen«, meint Golo Mann.[3] Und an anderer Stelle bekräftigt er:

> »Die Geschichte ist nicht tot. Durch das, was vor uns war, sind wir geworden, was wir sind, und können uns von ihm nicht losreißen. ›Treibe die Natur mit der Heugabel aus, sie wird doch immer wieder hereinkommen‹, sagt Horaz; dasselbe gilt für die Vergangenheit. So wie der einzelne durch alle Erfahrungen seines Lebens, von frühester Kindheit an, konstituiert ist, gehört die Vergangenheit zum gegenwärtigen ›Ich‹ eines Volkes; und was für den einzelnen das Gedächtnis ist, ist für die Völker die Geschichtsschreibung.«[4]

Wie recht er hat! Und wie ermutigend und tröstlich zu wissen, daß wir alle Glieder einer langen Kette sind, aber auch, wie individuell wir sind: »Indem wir uns geschichtlich vergleichen, erfassen wir unsere eigene Herkunft, das Ähnliche, sich Wiederholende, und dann auch das Einzigartige unserer eigenen Erfahrung.«[5]

Nicht zuletzt interessiert aber hier auch die Frage: Haben diese Frauen anders geführt? Und wenn ja, wie kann die kommende Generation von Führungsfrauen der Gefahr der Anpassung an überholte männliche Verhaltensmuster entgehen und ihr weibliches Anderssein zum Besten des Unternehmens, der Wirtschaft und der Gesellschaft in Bestehendes integrieren?

Doch schließlich sollen diese Seiten jungen Frauen Mut machen, sich der Begegnung mit Unbekanntem zu stellen, Neues zu denken und zu verwirklichen und bei der Bewältigung von Schwierigem zu wissen, daß sie Orientierungshilfen bei ihren

Geschlechtsgenossinnen in der Vergangenheit finden können. »Die Geschichte aller Zeiten, und die heutige ganz besonders, lehrt, daß diejenigen auch vergessen werden, welche an sich selbst zu denken vergaßen!« erkannte eine der Frauen, die in diesem Buch porträtiert wird: Louise Otto-Peters, die dafür gekämpft hat, daß Frauen politisch mündige, informierte Bürgerinnen werden. Und sie meinte weiter: »Mitten in den großen Umwälzungen, in denen wir uns alle befinden, werden sich die Frauen vergessen sehen, wenn sie selbst an sich zu denken vergessen!«[6]

Das Zitat ist rund hundert Jahre alt. Wir wissen alle, daß in den Umwälzungen des 19. Jahrhunderts die Frauen sehr wohl vergessen worden sind, sogar weitgehend bei den Sozialisten, die doch eine auf Gleichwertigkeit beruhende Gesellschaftsordnung anstrebten. Die folgenden Seiten sind daher nicht zuletzt auch in der Hoffnung darauf geschrieben, daß sich zwei Entwicklungen abzeichnen werden:

- daß sich die Frauen in Zukunft ihres Wertes, ihrer Identität und ihrer Erfolge bewußt sind und mit der Selbstverständlichkeit eines intakten Selbst-Verständnisses an ihre Aufgaben herangehen;
- daß sich die Männer, die dieses Buch lesen und die zur Zeit noch weitgehend für die Gestaltung von Unternehmenskulturen zuständig sind, dessen bewußt werden, was die Verfasserin des Buches *The Androgynous Manager*, Alice Sargent, so formuliert: »Der dem Manager der achtziger Jahre angemessene Stil ist eine androgyne Mischung, welche die traditionell besten Eigenschaften von Männern und Frauen miteinander kombiniert.«[7]

Die Probleme der Zukunft betreffen uns gemeinsam; sie zu lösen, gibt uns eine gemeinsame Aufgabe auf. Könnten da nicht gemeinsame Vorbilder – zur Abwechslung einmal weibliche – bei der Lösung Hilfe leisten?

Die Frauen der Antike – gar nicht so antiquiert …

Die Frauen der Antike. Wie bitte? Hat es denn erwähnenswerte Frauen im Altertum gegeben? Davon müßte mir doch die eine oder andere in Erinnerung geblieben sein … Oder könnte es sein, daß sie im Geschichtsunterricht schlicht und einfach unterschlagen worden sind?

Es könnte nicht nur sein, es kann sein, bzw. es ist so gewesen. Ich weiß nicht, wie viele Male meine Lehrer/innen am Gymnasium die Antike von A bis Z durchgenommen habe Ich habe zu einer Zeit Geschichtsunterricht gehabt, als in Deutschland die großen Wunden des »Tausendjährigen Reiches« noch offenklafften. Zwischen 1948 und 1954 war »Geschichte« ein heikles Fach. Man hätte ja schließlich die eigene Rolle oder die der nächsten Anverwandten und Freunde unter die Lupe nehmen müssen, wenn man sich zu tief in die jüngste Vergangenheit gewagt hätte. Was lag da also näher, als sich an das zu halten, was nicht Jahre, sondern einige sichere Jahrtausende zurücklag?

So sind Mesopotamien, Sparta und Athen sowie das »alte Rom« Schauplätze des Geschichtsunterrichts gewesen, den ich »genossen« habe, bzw. der mich zu Tränen gelangweilt hat. Noch heute erinnere ich mich an Schülersprüche wie »3-3-3 : bei Issos Keilerei« oder an die Schlacht bei den Thermopylen. Obwohl ich mir die an sich aufregende Geschichte mit den von einer Wölfin gesäugten Knaben Romulus und Remus nie so richtig vorstellen konnte, waren sie mir näher als Kleopatra. Kunststück, wenn ich doch nie von ihr gehört hatte!

Denn Frauen hat es in diesem Geschichtsunterricht nicht gegeben, zumindest nicht, soweit er die Antike betraf. Wohin hätte das auch geführt, wenn die eher antiquierten Lehrer/innen meiner Jugend sich mit solch einer dämonischen *femme fatale* hätten auseinandersetzen müssen …? Nein, nein, da waren die ewig zur Schlacht bereiten Männer doch viel sichere Kandidaten für garantiert langweilige Übermittlung von Jahreszahlen, verbunden mit kriegerischen Ereignissen. Daß es an vielen Schulen heute weitgehend auch noch so zu sein scheint, gibt zu denken.

Erst viel später habe ich sie entdeckt, die Frauen der Antike. Erst als reife Erwachsene habe ich über die große ägyptische Königin gelesen, von den griechischen Künstlerinnen und Philosophinnen gehört, über die Vermögens- und Erbrechte der Römerinnen gestaunt. Dem war allerdings eine intensive Beschäftigung mit den Frauen der Bibel vorausgegangen, von denen einige in meiner Lizentiatsarbeit über Novellen in der Bibel abgehandelt worden sind. Auch von ihnen hatte ich natürlich nichts im Schulunterricht gehört.

Die drei Frauen, die hier die Antike repräsentieren, haben über einen Zeitraum von zweitausend Jahren gelebt. Auf der Suche nach unserer Vergangenheit können sie uns zumindest von einem Phänomen überzeugen: Es gibt wirklich nichts Neues unter der Sonne. Liebe und Haß, Großzügigkeit und Neid, Ethik und Skrupellosigkeit sind Teil ihrer Biographien. Aber alle drei könnten den heutigen – und angehenden Führungsfrauen ein paar Lektionen in »Führungsverhalten« erteilen – nicht zum Schlechtesten der Lektionsempfängerinnen . . .

Hatschepsut

1490–1470 v. Chr. – Regierungszeit

Ihr Stiefsohn wäre mehr als zufrieden. Schließlich hat er einen guten Teil seinen Lebens darauf verwendet, die hinterlassenen Spuren seiner Stiefmutter zu verwischen. Dies ist ihm zu seinen Lebzeiten auch in erstaunlichem Ausmaß gelungen. Aber daß diese Bestrebungen weit über seinen eigenen Tod hinaus noch solche Früchte tragen würden – das hätte vielleicht sogar Thutmosis III. überrascht. Tatsache ist, daß es viele angesehene Historiker gibt, die es nicht für nötig gehalten haben, die erste geschichtlich identifizierbare große Führungsfrau auch nur zu erwähnen, geschweige denn, ihr den Tribut zu zollen, der ihr zusteht.

Ich habe daher längst meine Geschichtsbücher bzw. deren Autoren in zwei Kategorien eingeteilt: zur einen gehören diejenigen, in deren Büchern sie vorkommt, und dann gibt es die anderen – die nämlich, in deren Geschichtsschreibung Frauen nur vorkommen, wenn es unumgänglich ist. Bei dem ersten weiblichen Pharao scheint es vielen umgänglich gewesen zu sein.

»Vor dreieinhalb Jahrtausenden bekam in Ägypten die Sonne eine Tochter: Hatschepsut.« So fängt der Klappentext eines Buches über die große Königin Hatschepsut an.[1] Das war sicher das erste Mal, daß die Sonne etwas so Ungehöriges getan hatte: die Herrscher Ägyptens waren alle Söhne des Sonnengottes, also Männer. Und nun kommt da dieses aufgeweckte kleine Mädchen daher und wird, auf Geheiß ihres Vaters, mehr oder weniger wie ein Sohn erzogen. Das Bogenschießen und das Lenken des Streitwagens wird sie erlernen. Und dieser Vater, der göttliche Thutmosis I., lehrt sie auch die Kunst des Regierens und der Kriegsführung. Das Schicksal wird ihr ersparen, letzteres in der Praxis erproben zu müssen. Aber für das Wissen um die Geheimnisse des Regierens wird sie später dankbar sein – später, wenn sie zuerst Regentin und dann die erste Frau auf dem Thron der Pharaonen ist.

Wir wissen nicht sehr viel über Hatschepsut, zu wenig, um hier im Detail auf ihre Erziehung, ihren Charakter und ihre Führungsqualitäten einzugehen. Die »Biographie« der neuseeländischen Autorin Pauline Gredge, die sich auf über fünfhundert Seiten mit dem Leben der ersten großen Frau in der Geschichte befaßt, ist fiktiv und basiert nur auf dem wenigen, was auch andere Geschichtsschreiber wissen oder hätten wissen können. (Davon abgesehen, ist es ein äußerst lesbares Buch, das kompetent über den sozio-kulturellen Hintergrund einer Königstochter am Pharaonenhof orientiert.) Wir können nur anhand einer mehr als zwanzigjährigen Regierungstätigkeit Rückschlüsse ziehen: auf ihre zweifellos vorhandenen Führungsfähigkeiten wie auch auf eine gewisse Grundhaltung in bezug auf Verantwortung, Prioritäten und die Handhabung der Finanzen. Und da ist die Bilanz zufriedenstellend.

Hatschepsut wird gemäß dem Willen ihres Vaters als seine Nachfolgerin auf dem Thron der Pharaonen erzogen. Dies ist sicher ein nicht zu unterschätzender Motivationsfaktor. Schließlich wissen wir aus psychologischen Untersuchungen seit langem, wie wichtig es ist, von frühester Jugend an zu Eigenständigkeit und Übernahme von Verantwortung angehalten zu werden. Und über die oft so ausschlaggebende Vater/Tochter-Beziehung ist inzwischen auch sehr viel geschrieben worden . . . Sie soll also eines Tages Herrscherin über das damals größte Reich werden, und das ist höchst ungewöhnlich – aus mehreren Gründen.

Wenn auch in der 18. Dynastie, der Hatschepsut angehört, die Frauen eine außergewöhnlich bedeutende Rolle gespielt haben müssen, so waren sie doch noch weit davon entfernt, selbst zu regieren; ihre Rolle war eher die einer hochgeschätzten Ratgeberin und Partnerin. Der Pharao gilt als Sohn des Reichsgottes Amun, als göttlich also. Und der Thron wird nur an männliche Nachkommen vererbt, die sich allerdings, zur Intensivierung ihrer Göttlichkeit, mit ihren Schwestern vermählen. Kein Problem im Falle von Thutmosis I., der sowohl einen Sohn als auch zwei Töchter hat. So wäre es also normal gewesen, den Thron auf den Sohn Thutmosis II. zu vererben, der dann Hatschepsut – die ältere Schwester stirbt in jungen Jahren – heiraten würde. Und so ist es auch zuerst geschehen. Trotzdem muß der Vater seiner Tochter mehr zugetraut haben als seinem Sohn; sie war als seine heimliche Nachfolgerin bestimmt. Und er scheint sich nicht geirrt zu haben: Der Sohn regiert einige Jahre, zusammen mit seiner Schwester, und geht danach in der Geschichte unter, ohne bleibende Spuren hinterlassen zu haben. Er scheint nicht einmal genug Zeit gehabt zu haben, um sein Grab im Tal der Könige zu vollenden.

Hatschepsut, seine Schwestergemahlin, ist Mitregentin an der Seite des weichlichen, nicht sehr intelligenten Mannes. Sie wird es als Praktikum für ihre eigentliche Bestimmung angesehen haben. Jedenfalls heißt es, daß sie die Alleinherrschaft erzwungen habe. Ob das nötig war, bleibe dahingestellt, denn Thutmosis II. war Wein, Weib und Gesang viel eher zugetan als den Regierungsgeschäften. Dennoch ist es diese Mitregentschaft, die Hatschepsut ihre ersten Bewährungsproben auferlegt. Thutmosis II. steht unter dem Einfluß eines gefährlichen Priesters, der Hatschepsut nicht anerkennt und keine Gelegenheit ausläßt, gegen sie zu intrigieren. Und der Priester ist nicht der einzige, der das tut. Es gibt da noch eine ebenso gefährliche Nebenfrau. Die Wichtigkeit von Thutmosis II. für seine Schwester besteht nicht so sehr in dem, was er zu Lebzeiten getan oder gelassen hat, sondern darin, daß er – nebst einer Tochter, die er mit Hatschepsut hatte – mit dieser Nebenfrau einen männlichen Nachkommen zeugte, der als Thutmosis III. in die Geschichte eingehen wird. Von den drei Männern namens Thutmosis wird er der weitaus schwierigste für Hatschepsut sein, vielleicht auch der einzige, der ihre Größe voll erkannt hat . . .

Wenn Thutmosis I. 1493 gestorben ist und der Anfang der Regierungszeit seiner Tochter mit 1490 bezeichnet wird, so kann sein Sohn nicht sehr lange mitregiert haben. Bei dessen Tod übernimmt Hatschepsut die Regentschaft für ihren unmündigen Stiefsohn – zugleich auch ihr Schwiegersohn, denn er wird mit ihrer Tochter verheiratet –, aber schon nach zwei Jahren bekräftigt sie das, was sie als ihre wahre Bestimmung angesehen hat, und läßt sich als »weiblicher Horus« und »Tochter des Re« feierlich zum Pharao krönen.

Eine der Führungseigenschaften Hatschepsuts wird hier deutlich: die Erkenntnis, daß jemand, der führt, Menschen braucht, die sich führen lassen. Die Umsetzung dieser Erkenntnis in die Praxis ist eine sorgfältig geplante ideologische Kampagne, die der offiziellen Thronbesteigung vorausgeht. Amun-Re, so läßt sie verbreiten, habe als Thutmosis I. die Königin gezeugt, und zwar in der ausdrücklichen Absicht, dem Lande einen neuen Pharao zu schenken. Die Göttin Hathor habe dann als heilige Kuh das Kind gesäugt. Und um die göttliche Herkunft zu bekräftigen, wird es schließlich Amun selbst sein, der Hatschepsut die Doppelkrone des vereinigten ägyptischen Reichs aufs Haupt setzt: Die Szene ist an der Spitze des Obelisken in Karnak festgehalten.

Bei dieser Zeremonie hat die junge Königin noch auf den zeremoniellen Bart der Könige verzichtet; später jedoch trägt sie ihn bei offiziellen Anlässen. Dieses bewußt männliche Auftreten einer jungen Frau mag auf viele provozierend gewirkt haben, aber die große Schar der Höflinge, die der Königin zutiefst ergeben waren, wird auch darin ein Zeichen ihrer verdienten Größe gesehen haben.

Es gibt, wie gesagt, nicht viel, was wir verläßlich von der ersten Frau auf dem Thron der Pharaonen wissen, aber das Wenige läßt gewisse Rückschlüsse zu. Hatschepsut ist in die Geschichte eingegangen für zwei Verdienste: Sie hat sich, selbst in einem Land, das traditionell mit Baukunst in Verbindung gebracht wird, als außergewöhnlich aktive und großzügige Bauherrin gezeigt – und sie kann zwanzig Jahre friedlicher Herrschaft für sich in Anspruch nehmen. Gerade in letzterem führt sie den Reigen großer Frauen an, denen Krieg zutiefst zuwider war: Elizabeth I. von England, Kaiserin Maria Theresia von Österreich oder Golda Meir sind einige ihrer großen Nachfolgerinnen. Hatschepsut hat früh begriffen, daß Handelsexpeditionen mehr bringen als Expansionskriege, und ihr größtes historisches Verdienst ist zweifelsohne die Expedition nach Punt, das heute allgemein mit Somaliland identifiziert wird. Fünf Schiffe sendet sie dorthin, unter der diplomatisch geschickten Leitung des Mannes, den sie geliebt hat: ihres Architekten und Baumeisters Senmut, dem allein sie die delikate Mission zutraut. Mit dieser freiwilligen Trennung von ihrem Günstling – einer Trennung auf unbekannte Zeit und mit ungewissem Ausgang – hat sie u.a. bewiesen, daß sie sehr wohl in der Lage war, ihr privates Glück hinter das Staatswohl zu stellen.

Der Fürst von Punt und seine Gemahlin nehmen die Fremden in Ehren und Gastfreundschaft auf, und aufgrund der ausgehandelten Übereinkommen können diese Gäste nach zweieinhalb

Jahren mit fünf reich beladenen Schiffen in ihre Heimat zurückkehren. Ebenholz und Elfenbein, Pfeffer und Weihrauchkörner, Gold und Leopardenfelle bilden einen Teil der Ladung. Die »Mitbringsel« stärken Hatschepsuts Ansehen, aber mehr als das fördern sie ihr Ansehen als ein Pharao, der die Handelsbeziehungen zu den Nachbarländern höher bewertet als irgendein Vorgänger auf dem Pharaonenthron.

Die Expedition nach Punt läßt sich von uns Heutigen noch nachvollziehen: Sie ist auf einem Relief im Tempel Der-El-Bahari in allen Einzelheiten zu sehen. Und es ist dieser Terrassentempel, der auch heute noch als Ruine die Königin als großzügig denkende, ästhetisch überzeugende Erbauerin ausweist. Diese Spur konnte selbst ihr Stiefsohn und Mitregent Thutmosis III. nicht verwischen, obwohl die Geschichte ihn für den Tod des ersten weiblichen Pharao verantwortlich macht. Es heißt, er habe sie, angestachelt von seiner intriganten, haßerfüllten und besessen ehrgeizigen leiblichen Mutter, gezwungen, den Giftbecher zu leeren. Der danach einsetzende Bildersturm – den einige Historiker allerdings erst einer fünfzig Jahre später agierenden Königsgemahlin zuschreiben – hat dann die meisten Spuren Hatschepsuts verwischt.

Die Ergebnisse der Handelsmission nach Punt, der Terrassentempel von Der-El-Bahari sowie die eine oder andere erhaltene Statue – nicht zuletzt die Granitbüste im New Yorker Metropolitan Museum of Art – sind die Spuren, die zählen; sie belegen die Existenz einer Frau, die Unerhörtes wagte und damit ihrem Land eine Generation lang Frieden und Wohlstand schenkte.

Kleopatra VII.

69/70–30 v. Chr.

Vielleicht die letzte der eklatanten Fehlinterpretationen dieser Frau ist in unserer Zeit in Hollywood geschehen: die Besetzung der Rolle der Kleopatra mit Elizabeth Taylor. Die wirkliche Kleopatra hätte sich sicher amüsiert; vielleicht wäre sie aber auch ein wenig irritiert gewesen. Sie war nämlich sehr stolz darauf, direkte Nachfahrin von Alexander dem Großen und damit »eigentlich« Griechin zu sein. Ihr Haar war wahrscheinlich nicht so blauschwarz wie das des Hollywoodstars, wobei sie es oft genug hinter kunstvollen Perücken versteckte und nicht unbedingt mit einer klar definierten Haarfarbe identifiziert wird. Ihre Haut war hell, die Augen grün – und Denken und Handeln waren elitär, wie es einer Ptolemäerin zukam. Ihre Verführungskünste waren untrennbar mit einer phänomenalen Intelligenz gepaart und hätten sicher weitgehend auf ein Taylorsches Dekolleté verzichten können. Das Geheimnis ihres physischen Erfolgs war, nebst den intellektuellen Fähigkeiten, eine ungeheure Ausstrahlung, die auf Vitalität beruhte, nicht auf Schönheit. Aber sei's drum: Hollywood hat das Seine dazugetan, eine Frauengestalt, die sich vor zwei Jahrtausenden die beiden größten Männer ihrer Epoche zu Partnern erkor, nicht ganz in der Versenkung verschwinden zu lassen. Es ist an uns, unter den Legenden die Wahrheit, soweit sie uns bekannt ist, herauszuschälen.

Und da sind wir nun um einiges besser daran als bei Hatschepsut. Selbst patriarchalische Geschichtsprofessoren kommen nicht an der Tatsache vorbei, daß Kleopatra Herrscherin über das damals reichste Land der Welt war und als solches eine ernst zu nehmende Gesprächspartnerin für den größten Eroberer der damaligen Zeit, Julius Cäsar. Als das tonangebende Reich der Epoche vor und nach der Zeitwende in die Hände von Cäsars Nachfolger Antonius überging, war es ebenso selbstverständlich, daß der neue römische Herrscher versuchte, sich mit der mächtigen ägyptischen Königin zu einigen. Daß bei beiden Begegnungen Geschäftliches und Privates sich innig miteinander vermengten, war nicht zwingend, ist aber ein Zeugnis für die Wirkung dieser Frau auf Männer, die ihrem Niveau entsprachen.

Die Fakten also: Das, worauf Kleopatra am meisten stolz war, war ihre Herkunft. Als direkte Nachfahrin Alexanders des Großen hätte sie als Nationalität ohne Zögern »Griechin« angegeben. Ihr Regierungssitz in Alexandria war zwar in Ägypten, aber war nicht schon der Name der Stadt ein deutlicher Hinweis auf ihren Ahnen? Und zeugte nicht vieles in dieser Stadt mit annähernd einer Million Einwohnern von der Größe des Geschlechts, dem sie entstammte? Hatte nicht die einmalige Bibliothek Alexandria zum Forschungszentrum der Welt gemacht? Und die Paläste! Von diesen Palästen können wir uns heute kaum noch eine Vorstellung machen; ihre Größe und ihr Luxus gehören vergangenen Zeiten an.

Allerdings hatte Ägypten nicht mehr soviel Grund, stolz zu sein. In den letzten hundert Jahren, seit dem Tode Ptolemäus' VI., war es mit dem Land bergab gegangen. Seine Nachfolger hatten weder die gesellschaftliche Stabilität noch die politische Eigenständigkeit bewahren können. Der römische Senat diktierte die Politik, römische Truppen waren in Alexandria stationiert. Ptolemäus XII. war von den Römern inthronisiert worden, und seine Tochter Kleopatra VII. hatte mitansehen müssen, wie ihr Vater und ihr Onkel sich von den Römern hatten demütigen lassen müssen. Als sie, zusammen mit einem ihrer fünf Geschwister, ihrem Bruder Ptolemäus XII. nämlich, den Thron erbte, war sie sich der römischen Macht durchaus bewußt. Zwar waren diese militärisch orientierten Herrscher in ihren Augen Emporkömmlinge – schließlich zählten sie nicht zu der für sie einzig möglichen Menschengruppe, den Hellenen –, aber pragmatisch, wie sie war, sah sie durchaus die Möglichkeit einer Zusammenarbeit. Auf gleichberechtigter Basis selbstverständlich. Oder vielleicht sogar ein bißchen gleichberechtigter als die Eroberer ...

Wenn es etwas gibt, was alle geschichtlichen Quellen belegen, dann ist es Kleopatras großer Ehrgeiz, der, gemäß dem Auge des jeweiligen Beschauers, entweder als Ungeheuerlichkeit oder als Antriebsfaktor bezeichnet wird. »Ich bin die siebte Kleopatra, aber ich will, daß die Welt alle anderen vergißt und sich nur an mich erinnert«, soll sie gesagt haben.[2] Zuzutrauen wäre es ihr – und geschafft hat sie es allemal. Ihr Ehrgeiz war gepaart mit Dominanzansprüchen: eine Ptolemäerin gab sich nicht mit dem zweiten Rang zufrieden. Und der erste Rang bedeutete nichts weniger als die Wiederherstellung des hellenistischen Reichs, wie es einst von ihrem großen Ahnen Alexander begründet worden war. Das Interessante an diesem Plan ist, daß es ihr fast gelungen wäre, ihn zu verwirklichen. Kleopatra hatte das, was heute an erster Stelle im Zusammenhang mit dem Wort *leadership* genannt wird: eine Vision. Und sie setzte alles, aber auch wirklich alles daran, diese Vision zu einer Realität werden zu lassen. Klug genug, zu wissen, daß sie das nicht im Alleingang schaffen würde, machte sie sich hintereinander die beiden Männer zu Partnern, die ihr dabei hätten helfen können.

Ihre »legendäre« Schönheit ist genau das: eine Legende. Die römischen Geschichtsschreiber und Schriftsteller gehören zwar nicht zu ihrem »Fan-Club«, aber Plutarch hat immerhin folgendes von ihr gesagt: »Ihre Schönheit, so hören wir, war nicht so unvergleichlich, daß sie jeden, der die Königin erblickte, sofort in ihren Bann zog. Aber die Anmut, die sie ausstrahlte, war unwiderstehlich. Ihre Persönlichkeit und ihre Worte übten eine besondere Anziehungskraft aus, dazu gesellte sich eine Charakterstärke, die in allen ihren Worten und Taten fühlbar wurde und der sich niemand, der ihr begegnete, entziehen konnte. Es war ein Genuß, den Klang ihrer Stimme zu vernehmen ...«[3] Derselbe Biograph, der hier Plutarch zitiert, spricht wenig später von einer »reizvoll-häßlichen Frau mit großem Mund oder einer zu langen gebogenen Nase, die sie vom Vater geerbt hatte«.[4] Er glaubt aber, daß ihre Augen eine besondere Anziehungskraft auf ihre Umgebung ausgeübt haben müssen, und Augen sind ja auf Münzen – den einzigen Zeugen jener Zeit, die wir haben – nicht wiederzugeben. Wie dem auch sei: die klassische Schönheit, als die Hollywood sie porträtiert hat, war sie auf keinen Fall. Dafür hochintelligent, vieler Sprachen mächtig, mit dem formvollendeten Gebaren einer Frau, die aus dem vornehmsten Königshaus der Welt stammte und die mit Charme und Esprit den Boden vorbereitete für die strategischen Schachzüge, die sie sorgfältig zu Ende gedacht hatte.

Als Cäsar Alexandria erreicht, um dort eine Rebellion eines

seiner Generäle erfolgreich zu bekämpfen, sieht er es gar nicht gerne, daß der Premierminister Pothinus, Eunuch und engster Berater des blutjungen Ptolemäus XII., dessen Schwester in die Verbannung geschickt hat. Ob er nun nach ihr gesandt hat, oder ob sie aus eigener Initiative den Kontakt mit ihm gesucht hat, ist ungewiß. Jedenfalls liegt es in ihrem Interesse, Cäsar ihren Standpunkt vorzutragen, und sie muß eine Reihe von Tricks anwenden, um aus ihrem Hauptquartier jenseits der Grenze zu Palästina nach Alexandria zu gelangen, wo Cäsar sich im Regierungssitz der Ptolemäer installiert hat. Dies ist die Episode mit dem Teppich, die mehr oder weniger belegt ist: Sie soll sich in einen Teppich haben wickeln lassen, um dann von einem sizilianischen Kaufmann in den Palast geschmuggelt zu werden. Einundzwanzig Jahre ist sie alt, als sie vor dem erstaunten und amüsierten Feldherrn und Herrscher ausgewickelt wird. Der 52jährige erfahrene Frauenkenner hat sich seinerseits offenbar sofort von ihrem Charme und Geist einwickeln lassen, und aus der geplanten politischen Zusammenkunft wird zuerst einmal eine große Liebesbeziehung. Schnell lernt der gewiefte Politiker aber seine junge Geliebte als gleichwertige Partnerin kennen: ihr Reichtum, ihre Großzügigkeit, ihre Armeen und ihr politisches Gespür kommen ihm sehr gelegen. In leuchtenden Farben malt sie ihm ihre Vision aus: nach Alexanders Muster die zivilisierte Welt zu erobern und als gleichberechtigtes Paar über sie zu herrschen. (Dabei wird sie den pragmatischen Aspekt nicht erwähnt haben: eine ptolemäische Königin konnte nicht ohne Gatten herrschen.) Cäsar hört zu und erwägt die Möglichkeiten.

Unter den vielen Dingen, die Kleopatra verstand, war die Kunst, das Nützliche mit dem Angenehmen zu verbinden oder, anders ausgedrückt, auf *An*spannung *Ent*spannung folgen zu lassen. Geschichtlich belegt ist die Kreuzfahrt auf dem Nil, die sie für Cäsar inszeniert. Für einmal macht sie den kriegsgewohnten Mann auf einer hundert Meter langen, ganz in griechischem Stil ausgestatteten Barke vergessen, daß er an sich genügsam ist, eher an Kost und Logis der Armeelager gewöhnt. Und natürlich drängen sich Legenden um diese orientalisch-opulente Luxusfahrt eines glücklichen Paares geradezu auf. Die meisten können wir allerdings vergessen: Kleopatra ist schwanger, im achten Monat ungefähr, und wird wohl kaum das haben bieten können und wollen, was die Fama ihr an Verführungskünsten auf dieser Reise angedichtet hat. Sie wird auch anderes im Kopf gehabt haben, denn Cäsar muß dringend nach Rom zurück, wo alles drunter und drüber geht und seine Anwesenheit überaus nötig ist, um eine drohende Rebellion im Keim zu ersticken. Hätten seine Soldaten nicht gemeutert, er wäre mit seiner Geliebten bis nach Äthiopien gefahren. So aber steht das Paar kurz vor einer Trennung, und da gibt es noch vieles zu besprechen, zu regeln, zu planen...

Nie wieder wird die Beziehung zu Cäsar so sein, wie sie in Ägypten war. Einige Wochen nach der Trennung macht sich Kleopatra auf den Weg nach Rom; spät genug, um die langen Triumph-Festlichkeiten, die Cäsar bereitet werden, zu verpassen. Es wäre auch äußerst peinlich für sie gewesen, anwesend zu sein, während man ihre Halbschwester Arsinoë als Gefangene im Triumphzug durch Rom führt. Nicht daß eine übergroße Liebe die beiden verbindet – Kleopatra wird später auf der Hinrichtung dieser Schwester, deren Verrat sie nie verzeihen konnte, bestehen –, aber eine Königin ihres Ranges setzt sich nicht dieser Art von Peinlichkeit aus.

Rom reagiert mit gemischten Gefühlen auf die fremde Frau. Natürlich ist Cäsar verheiratet, und ebenso natürlich hat er viele Mätressen gehabt. So weit, so gut. Aber diese hier hat zuerst einmal ein Baby mitgebracht, dessen Vaterschaft Cäsar anerkennt. Und dann ist sie keine Frau, die man so einfach übersehen kann. In Cäsars Landhaus, das er ihr zur Verfügung gestellt hat, hält sie sozusagen Hof. Mit luxuriöser Großzügigkeit, perfekten Umgangsformen und ungeheurem Charme zieht sie nach und nach große Teile des römischen Adels auf ihre Seite. Mit der Zahl ihrer Anhänger wächst gleichzeitig die Zahl der Neider und Gegner.

Aber nicht nur die Zahl *ihrer* Gegner wächst, auch die der Widersacher Cäsars. Wir wissen nicht, inwieweit sie Cäsars Einstellung und Haltung beeinflußt hat. Aber ihr späteres Verhalten zeigt, daß sie keinerlei Verständnis hatte für die Art von (Rede-) Freiheit, die der römische Adel für sich in Anspruch nahm. Wenn sie Cäsar zu Unnachgiebigkeit angestachelt hat, dann wird sie auf diese Art zu einer Entwicklung beigetragen haben, die in der Ermordung Cäsars ihren traurigen Abschluß fand. Jedenfalls macht der Tod des Mannes, mit dem sie ihre ehrgeizigen Eroberungs- und Regierungspläne hätte verwirklichen können, diesen Plänen ein abruptes Ende. Manch eine andere Frau hätte vielleicht aufgegeben, besonders nachdem es nach der Testamentseröffnung überaus klar wurde, daß sie in keiner Weise offiziell anerkannt gewesen war. Kleopatra jedoch hat das weggesteckt wie vieles andere und kehrt nach Alexandria zurück – eine Königin auf dem Wege zu ihrem nächsten Schachzug.

Kleopatra reist nicht allein; sie ist in Begleitung ihres fünfzehnjährigen Halbbruders, Gemahls (nach ägyptischem Recht heirateten Bruder und Schwester im Sinne einer Intensivierung des königlichen Blutes; so ist Kleopatra, die die Ehe mit ihrem Halbbruder allerdings nie vollzogen hat, das Endprodukt einer längeren Epoche von Inzucht) und Mitregenten. Ein Papyrus vom 16. Juli 44 v. Chr. weist neben dem Namen der Königin auch seinen Namen auf.

Damit ist also belegt, daß er die Rückreise nach Ägypten überlebt hat. Kurz darauf muß er jedoch gestorben sein, denn es ist nachweisbar, daß er im September bereits tot war. Hat ihn die liebe Schwester vergiften lassen? Mehr als ein Historiker der Antike hat sich mit dieser Frage eingehend beschäftigt. Ein schlüssiger Beweis für die Anschuldigung ist nie erbracht worden. Das Gegenteil aber auch nicht. Eine Frau, die drei Jahre später die Hinrichtung ihrer Halbschwester betreiben wird, kann auch ihren unerwünschten und lästigen Mitregenten haben ermorden lassen. Kleopatras Ziel war es, Cäsarion – das Kind der ptolemäischen »Königin aller Könige«, wie sie sich später nennen lassen wird, und des römischen Imperators – die Erbfolge zu sichern. Was hätte ihr da gelegener kommen können, als den Mitregenten aus dem Weg geschafft zu haben?

Ich möchte diese Episode ihres Lebens keinesfalls verharmlosen; es muß aber darauf hingewiesen werden, daß das brutale Beiseiteschaffen eines politischen Gegners oder unerwünschten Partners damals nicht denselben Stellenwert hatte wie heute. Jede Epoche hat ihre Art der Gewalttätigkeit und ihren eigenen Moralkodex. Was uns heute der Terrorismus, die Flugzeugentführung oder der politische Rufmord sind, war der Antike der Giftmord oder die Hinrichtung von »Störenfrieden«. Tatsache ist, daß nach dem Tod Ptolemäus' XIV., des zweiten Halbbruders aus der Dynastie, der Weg zur Alleinregentin frei ist – abgesehen von der Tatsache, daß eine Ptolemäerin eben nicht alleine herrschen darf...

Wenn sie also doch noch ans Ziel ihrer Wünsche kommen will, so muß sie einen ebenbürtigen Partner finden. Kein Wunder daher, daß sie mit Interesse die Entwicklung in Rom verfolgt. Dort erhebt der knapp zwanzigjährige Adoptivsohn und Erbe Cäsars, Octavian, Anspruch auf Alleinherrschaft – ein Anspruch, den ihm der erfahrene, gut zwanzig Jahre ältere Marcus Antonius streitig macht. Gegen beide richtet sich die Gruppe der Mörder Cäsars, angeführt durch Brutus und Cassius. Die Entscheidung fällt auf dem Schlachtfeld: Brutus und Cassius verlieren dabei das Leben, ihre Anhänger werden besiegt, und das große Römische Reich wird unter Octavian und Marcus Antonius aufgeteilt. Da die reichen Länder des Ostens letzterem unterstellt werden, ist er von diesem Moment an Kleopatras Gesprächspartner.

Sie wird schon bald Gelegenheit haben, zu erfahren, welchen Ton sie dabei anschlagen muß. Marcus Antonius ist grobschlächtiger als Cäsar, verfügt nicht über dessen Weisheit und Raffinement. Aber er ist ein erfolgreicher Feldherr und Realpolitiker, ein Frauenheld, ausgestattet mit Trinkfestigkeit und einem großartigen Sinn für Humor, der ihn sehr umgänglich macht; er ist in dritter Ehe verheiratet mit Fulvia, einer der bedeutendsten Frauen Roms. Noch einmal sei hier Plutarch zitiert: »Kleopatra hatte es Fulvia zu verdanken, daß sie Antonius daran gewöhnt hatte, sich einer Frau zu unterwerfen; denn als er sie kennenlernte, hatte eine Frau ihn bereits gezähmt und daran gewöhnt, sich weiblichen Launen anzupassen.«[5] Auf alle Fälle weiß die ägyptische Königin, daß sie es mit einer fast ebenbürtigen Rivalin aufnehmen muß. Aber sie ist entschlossen, Marcus Antonius davon zu überzeugen, daß die formidable Fulvia noch übertroffen werden kann und daß eigentlich Kleopatra die richtige Königin an seiner Seite sei. Das bedeutet natürlich, daß sie ihn auch als Frau überzeugen muß – und das dürfte ihr nicht schwergefallen sein.

Zu den vielen hervorragenden Fähigkeiten dieser Frau gehört die, daß sie eine meisterhafte Regisseurin großartig inszenierter Auftritte ist – in denen sie selbstverständlich die Hauptrolle spielt. Die Zeit der Teppich-Episode liegt weit zurück; jetzt ist die Zeit der königlichen Auftritte gekommen. Noch einmal wird eine Bootsfahrt inszeniert: Marcus Antonius hat die Ptolemäerin zu sich beordert – nicht eingeladen, wohlgemerkt –, nach Tarsus, wo er sich die etwas zwielichtige Rolle Kleopatras während der entscheidenden Machtkämpfe in Rom persönlich von ihr erläutern lassen will. Zu lange hat sie gezögert, sich klar zu der einen oder anderen Partei zu bekennen, als daß man ihr blindlings vertrauen könnte. Und er muß ihr zeigen, wer von jetzt an – auch in ihrem Land – tonangebend sein wird. »Armer Marcus Antonius!« ist man versucht auszurufen, angesichts der Spielerin auf der anderen Seite des Netzes …

Kleopatra wartet eine Weile, bevor sie sich bequemt, der Aufforderung nachzukommen. Immer darauf bedacht, ihre Stellung und die damit verbundene Würde zu demonstrieren, denkt sie nicht daran, sich einfach irgendwohin kommandieren zu lassen. Und wenn sie dann schon nach Tarsus muß, dann soll diesem Römer, den sie schon lange kennt, Hören und Sehen vergehen … Auf einer großen Barke, die mit jedem erdenklichen Luxus und den schönsten Frauen des Hofes als Besatzung ausgestattet ist, segelt die Königin eine Lagune nach Tarsus hinauf. Sie selbst liegt unter einem goldbrokatenen Baldachin. Musik und Düfte umwehen das Schiff, das von einer großen Menschenmenge zu beiden Seiten des Ufers begleitet wird. Die Menschen jubeln ihr zu. Verständlich, denn in einer geschickt geplanten Kampagne hat sie verbreiten lassen, daß Aphrodite gekommen sei, um sich mit Dionysos zu vereinen. Von Anfang an stellt sie diesen politischen Akt, in dem ihr die untergeordnete Rolle zugedacht ist, in einen höheren religiösen Zusammenhang: sie macht daraus die irdische Manifestation der himmlischen Hochzeit von zwei großen Gottheiten, mit denen die Ägypter vertraut waren, die sie als Isis und Osiris kannten. Kleopatra als irdische Vertreterin der größten Göttin der Antike: kein schlechter Hintergrund für den großen Auftritt, der jetzt stattfindet.

Antonius erwartet sie in Tarsus – auf einem Thron in der Mitte des Marktplatzes. Nach und nach zieht es die Menschenmenge um ihn herum zum Hafen, wo sich die große Königin anschickt, Anker zu werfen, und schließlich sitzt Antonius verlassen auf dem Marktplatz. So hat er sich das wohl kaum vorgestellt. Kleopatra bemüht sich auch nicht zu ihm. Als kluge Frau und Politikerin weiß sie aber, daß sie ihn das Gesicht wahren lassen muß. So lädt sie ihn nicht ein, mit ihr auf der Barke zu dinieren, sondern sie bittet ihn darum mit formvollendeter Höflichkeit. Ebenso höflich – und wahrscheinlich auch vor Neugier berstend – akzeptiert Antonius die Einladung und erscheint in Begleitung einer großen Entourage. Damit hat Kleopatra gerechnet: noch nie haben die römischen Militärs solch einen Luxus, soviel Üppigkeit, soviel weibliche Schönheit und soviel Großzügigkeit erlebt. Beladen mit kostbaren Geschenken, verlassen sie die Barke – der Isis/Aphrodite mit Haut und Haaren ergeben. Antonius dürfte Mühe gehabt haben, sich dem überwältigenden Eindruck dieser Frau und ihres bühnenreifen Auftritts zu entziehen. Und wenn es auch noch Jahre dauert, bis die beiden als offiziell verheiratetes Herrscherpaar über ein enormes Reich gebieten, so ist das Bankett auf der Barke der Ausgangspunkt für den größten *merger* der Antike.

Kleopatras Ehrgeiz, das ehemalige ptolemäische Reich wiederherzustellen und sich an der Spitze dieses Reiches zu sehen, bestimmt ihr weiteres Vorgehen. Es ist hier nicht der Platz, alle Hochs und Tiefs nachzuzeichnen, die ihr politisches Wirken durchzogen haben. Aber eine Zusammenfassung dessen, was wir als Führungsqualitäten herausschälen können, ist angebracht.

Zum einen hat sie ihre Vision nie aus den Augen gelassen. Auch als das Schicksal ihr mit dem Tod Cäsars einen Strich durch die sorgfältig ausgeklügelte Rechnung machen wollte, hat sie nicht aufgegeben: strategisch klug hat sie sich auf das Nächstbeste konzentriert, bzw. auf den Nächstbesten, dem sie an Mut, Energie und visionärer Kraft überlegen war. Neben dem Visionären verfügte sie aber über genügend realpolitisches Gespür, um zu erkennen, was machbar war, und ihren Weg schrittweise unter die königlichen Füsse zu nehmen. Sie war nicht nur hochintelligent und gebildet, sondern auch klug und höflich. Sie war großzügig, aber nicht leichtsinnig. Sowohl Cäsar als auch Antonius mußten in zähe Verhandlungen mit ihr eintreten, wenn sie Truppenkontingente, Flotten oder sonstige Unterstützung von ihr wollten. In ihr treffen wir auf eine ungewöhnlich resolute Frau, die gewohnt ist, Entscheidungen zu treffen, sie durchzuführen und dazu zu stehen, auch wenn sie sich als Fehlentscheidungen herausstellen würden.

Bei allem politischen Wirken war sie auch, und ausgeprägt,

Frau. Nicht zuletzt zeugen die fünf Schwangerschaften davon, die sie ohne großes Aufhebens hinter sich gebracht hat. Es wird ihr nicht leichtgefallen sein, die beiden Männer, die sie geliebt hat (und entgegen allen anderslautenden Verleumdungen glauben seriöse Historiker, daß es die einzigen Männer in ihrem Leben gewesen sind), immer wieder in Kriege und Schlachten ziehen zu sehen. Die Trennung von Marcus Antonius dauert drei Jahre – eine Zeit, in der er, inzwischen Witwer, Octavians Schwester Octavia heiratet, mit der er nicht gerade unglücklich ist. Die Kunde dieser neuen, legalen Beziehung zu einer schöneren, jüngeren und äußerst tugendhaften Frau wird Kleopatra nicht unbedingt zu Freudenschreien veranlaßt haben. Die übrige Welt allerdings begrüßte diese Ehe und sah darin eine Garantie, daß der schreckliche Bürgerkrieg zwischen den Anhängern Octavians und denen Antonius' nun endgültig vorüber war. Wir wissen nicht einmal, ob es zu der Zeit eine Privatkorrespondenz zwischen ihr und dem Mann, von dem sie schon zwei Kinder hatte, gegeben hat. Vielleicht hat ihr der Astrologe, von dem sie sich die Nachrichten über das Leben ihres fernen Geliebten holte, prophezeit, daß sie schließlich auch aus diesem Kampf als Siegerin hervorgehen würde ... Nie jedoch scheinen privater Kummer oder privates Glück ihr den Verstand geraubt zu haben. Königliche Würde hat ihr erlaubt, mit königlichem Kummer souverän umzugehen – und mit endloser Geduld auf bessere Zeiten zu warten.

Ob es Geschenke oder sogar Bestechungsgelder waren, die ihre Umwelt ihr loyal ergeben sein ließen, wer kann das noch nachvollziehen? Jedenfalls passierte es auch in der Antike nicht alle Tage, daß die engsten Vertrauten ihrer Herrin in den Tod folgen, wie das bei den beiden Hofdamen geschehen ist, die in der Stunde ihres Todes bei ihr waren. Dann dieser Tod überhaupt: Stolz bis zum letzten Atemzug, obwohl gebrochen von der Tatsache, daß der besiegte Antonius in ihren Armen gestorben ist, ergibt sie sich nicht dem Sieger. Ihr Verhandlungsangebot an Octavian, das sie ihm aus der bedrängten Lage in selbstgewählter Verbarrikadierung heraus zukommen läßt, wird nicht akzeptiert. Als kostbarstes Beutestück in einem römischen Triumphzug zu fungieren, war für sie undenkbar. Ob es eine Schlange war oder zwei, ob sie sich in die Brust oder den Oberarm hat beißen lassen, ob sie sich überhaupt auf diese Art den Tod gegeben hat – wie wichtig ist das? Was zählt, ist, daß sie kompromißlos ihren Weg zu Ende gegangen ist: eine Legende, mit 39 Jahren. Selbst Octavian war so beeindruckt von der Erzfeindin Roms, daß er sie mit allen königlichen Ehren neben Antonius hat beisetzen lassen und veranlaßt hat, ihr Grabmal zu vollenden. Horaz, der wirklich nicht zu ihren größten Bewunderern gezählt werden kann, hat ihr Verse gewidmet, die für sie sicher die schönste Grabinschrift gewesen wären:

Sie wählte eine edle Art zu sterben,
Sie scheute nicht – wie eine Frau – den Dolch
Und suchte nicht, auf schnellem Schiff Ägypten zu verlassen,
Um fremde Küsten anzusteuern.

Sie blickt hinüber zum verlassenen Palast,
Lächelnd, mit ruhiger Hand ergreift sie
Die bösen Vipern, bis tödliches Gift
Ihr in die Adern dringt.

Dann stirbt sie todesmutig, mutiger denn je,
Zu stolz, um im Triumph davongeführt zu werden;
Entthront, begleitet von den Schiffen Octavians.
Kleopatra war dazu nicht bereit.[6]

Die Politik, die sie zusammen mit Antonius verfolgte, war positiver und konstruktiver als die ihres Gegners Octavian, der als Kaiser Augustus zu einer legendären Figur wurde. Über den eigenen Ehrgeiz hinaus sah Kleopatra das größere Ganze, und dieses Ganze war nichts weniger als eine Vereinigung von Ost und West. Kleopatra – und mit ihr Antonius – strebte eine wirkliche Partnerschaft an zwischen Hellenismus und dem, was man mit »Romanitá« bezeichnen kann. Die Seeschlacht bei Actium, in der sich das Schicksal für Octavian und gegen das Herrscherpaar entschied, war tatsächlich ein Zusammenprallen von Orient und Okzident. Die Welt war noch nicht reif dafür, und es ist Kleopatras Schicksal, das sie mit vielen Visionären teilt, zu früh geboren zu sein. Gut dreihundert Jahre später wird mit der Gründung von Konstantinopel das Byzantinische Reich entstehen – und damit die Verwirklichung der von ihr angestrebten Partnerschaft von Ost und West.

Theodora von Byzanz

497 ca.–548

Die Dritte im Bunde der antiken Frauen, deren Wirken geschichtlich belegt ist, hat voll von dieser Ost/West-Partnerschaft profitieren können. Leider gibt es nur eine Quelle, die uns in größerem Detail Auskunft über ihr Leben und Wirken gibt. Das ist für die historische Betrachtungsweise immer gefährlich, aber hier ist es geradezu tödlich, denn diese Quelle ist doppelzüngig. Es ist Prokopius, Hofbeamter und Geschichtsschreiber am byzantinischen Hof Kaiser Justinians I. In der offiziellen Version erscheint die Kaiserin so, wie sie sich im Chor der Kirche San Vitale in Ravenna den Augen des Betrachters bietet: als eine Frau von königlicher Würde, voller Anmut und Hoheit. Daneben gibt es aber auch eine nicht veröffentlichte »Anecdota«, eine Sammlung von bösartigen, rufmordenden Geschichtchen und Anmerkungen, die die Kaiserin in einem ganz anderen Licht zeigen. Der Vollständigkeit halber seien sie hier kurz erwähnt.

From rags to riches könnte der amerikanische Titel über ihrer Lebensgeschichte lauten. Aus dem Lumpenkind wird tatsächlich eine reiche Kaiserin, aber aus der Frau mit dem eindeutig zweideutigen Vorleben wird auch eine tugendhaft-religiöse Landesherrin. Schauen wir uns das an, was sich nachweisen läßt.

Um 497 wird Theodora als Tochter eines Bärenwärters geboren. Vom Säuglingsalter an schnuppert sie Zirkus- und Varietéluft, und es verwundert sicher nicht, daß sie »Schauspielerin« wird – in zweitklassigen Varietés. Es heißt, ganz Konstantinopel habe sie für ihre schlüpfrigen Pantomimen verachtet, sich gleichwohl aber köstlich darüber amüsiert. Der Vorwurf der Prostitution taucht auf; auch das sollte in diesem Milieu nicht verwundern. Ein Zeitgenosse, der sie gut kennt, nennt sie ganz schlicht »Theodora, die Hure«. Daneben soll sie Schwangerschaftsunterbrechungen vorgenommen haben, mit großem Erfolg – an anderen, denn sie selbst gebiert ein uneheliches Kind. Dann wird sie die Geliebte eines Syrers, und ihre Spur verliert sich für eine Weile. Als Theodora wieder auftaucht in Konstantinopel, ist sie arm, aber ehrlich und verdient sich ihren Lebensunterhalt mit – Spinnen.

Soweit die nicht unumstrittene Vorgeschichte, die jedoch ein gut Teil Wahrheit beinhalten muß. Besonders ihre Wandlung muß überzeugend gewirkt haben, denn als Justinian zum Kaiser gekrönt wird und an seiner Seite Theodora zur Kaiserin, hat niemand etwas gegen sie vorgebracht, »not even a priest showed himself outraged« heißt es bei Prokopius.[7] Aber noch ist sie nicht Kaiserin, nicht einmal die Frau Justinians, und der ist auch noch nicht Kaiser, sondern zuerst einmal Neffe von Justin I., einem über 70jährigen ehemaligen Senator, dem seine Ruhe über alles geht und der deshalb seinen Neffen als Regenten eingesetzt hat. Justinian selbst entstammt ärmlichen Verhältnissen und wird von seinem Onkel nach Konstantinopel gebracht, wo ihm eine erstklassige Erziehung zuteil wird. In der Armee scheint er sich so ausgezeichnet zu haben, daß er nach neunjähriger Regentschaft beim Tode seines Onkels zum Nachfolger erkoren wird. Es scheint jedoch, daß er eher zum Philosophen, Dichter, Rechtsgelehrten und Theologen taugte als zum schnell entschlossenen, mutigen Feldherrn. Oft hat er seine Ansichten denen seiner Berater und Freunde untergeordnet, wobei nicht zuletzt seine spätere Gemahlin eine große Rolle spielte. Im Gegensatz zu ihr scheint er nicht sehr viel von gutem Essen und Trinken gehalten zu haben, konnte äußerst diszipliniert abstinent leben und trotzdem Verständnis haben für weniger Charakterstarke, denen gegenüber er großzügig und verzeihend gewesen sein soll. Offen für ehrliche Kritik, war er für alle und jeden zugänglich und empfing auch die sozial Niedrigsten.

Gleichzeitig hatte er die Unsicherheiten, die vielen Emporkömmlingen anhaften: Seiner Stellung offenbar nie ganz sicher, entfaltete er einen ungeheuren Pomp und bestand auf kompliziertem Zeremoniell bei Staatsaktionen, einschließlich dem Fußkuß. Theodora hat ihn aus ähnlichen Motiven heraus darin bestärkt. Ihre Liebe zum Luxus ist überliefert; ihr Hang zu üppigen Juwelen und kostbaren Roben schlug schnell einmal in krankhafte Habgier um. Mit dem prunkhaften Auftreten versuchte sie jede Spur ihrer Herkunft und ihres Vorlebens zu tilgen; ihre Unersättlichkeit hielt sie nicht davon ab, politische Gegner zu verbannen und sich deren Schätze anzueignen. Daß sich menschliche Verhaltensmuster nicht wesentlich ändern, hat Imelda Marcos in unseren Tagen bewiesen . . .

Trotzdem: Der über vierzigjährige Justinian verliebt sich in die Mittzwanzigerin, macht sie erst zu seiner Geliebten, dann zu seiner Frau, und schließlich zu seiner ebenbürtigen kaiserlichen Partnerin. Obwohl Theodora ihre Charakterschwächen hatte, dem Luxus frönte und mehr als einmal die Anordnungen ihres kaiserlichen Gemahls kurzerhand für null und nichtig erklärte, um selbst das Steuer in die Hand zu nehmen – er scheint sie bis an ihr Lebensende geliebt zu haben. Vielleicht nicht zuletzt, weil sie ihm in den Staatsgeschäften überlegen war – und weil er ihr die Erhaltung des Throns verdankte. Ihre Intelligenz und ihr Mut sind die ausschlaggebenden Faktoren für ihr Führungsverhalten gewesen; besonders letzterer hat die Historiker beeindruckt.

In Konstantinopel herrschten bürgerkriegsähnliche Zustände: kleinere Zusammenstöße zwischen den »Grünen« und den »Blauen«, den Reichen und den nicht so Privilegierten, erforderten ein sorgsames Auge. Aber die beiden Parteien waren unter Kontrolle zu halten – bis sie einen gemeinsamen Feind haben, sich verbünden und die »Nika«-Revolte anzetteln. Diesmal gilt es Ernst: die Gefängnisse werden geöffnet und die Gefangenen befreit; Polizisten und unliebsame Beamte werden auf offener Straße getötet, Feuer an verschiedenen Orten entzündet. Die Menge fordert die Köpfe von zwei besonders mißliebigen Regierungsbeamten; Justinian gibt nach. Trunken von Erfolg, ernennen die Rebellen jetzt einen Gegenkaiser, der bei den Spielen im Hippodrom die kaiserliche Loge belegt.

Was tut Justinian inzwischen? Er, der sich nie so gut auf Kriegsführung und Attacke verstanden hat, versteckt sich im Palast und ist bereit, klein beizugeben. Dies ist der Moment für Theodoras geschichtliches Auftreten. Sie scheint begriffen zu haben, daß man kaiserliche Würde nicht nur durch Anlegen prunkvoller Roben erlangt, sondern sie auch vorleben muß. Eine Kaiserin – egal, was ihr Herkommen und ihr Vorleben – flieht also nicht einfach und überläßt einer aufrührerischen Menge den Palast. Sie überzeugt ihren Gemahl von dieser Haltung ebenso wie den fähigen General Belisarius. Inspiriert von der Kaiserin, geht der Oberbefehlshaber der Armee mit einem besonders schlagkräftigen

Teil seiner Truppen in den Hippodrom und macht Ordnung: am Ende bleiben 30000 Tote liegen, aber der Thron ist gerettet, und zwar für die nächsten dreißig Jahre.

Das Ganze ist 532 passiert, knappe fünf Jahre nach der Thronbesteigung. Von da an ist Theodora auch offiziell die eine Hälfte des kaiserlichen Teams. Dekrete tragen von jetzt an beider Namen; sie hat ihren festen Sitz im Kaiserlichen Rat, einem Gremium, dem sonst nur Männer angehören. Ihr Name erscheint neben dem ihres Gemahls auf dem Staatssiegel, und die Beamten müssen ihren Amtseid auf Kaiserin und Kaiser leisten. Theodoras Hauptbetätigungsgebiete sind die Außenpolitik einerseits und die Kirchenpolitik anderseits. Ihre aktive Rolle auf diplomatischem Gebiet ist ebenso erwiesen wie ihre Kirchenbauten und Klostergründungen, ihre rebellische Haltung dem Papst und der Orthodoxie gegenüber ebenso wie die Versuche, die spätere religiöse Intoleranz ihres Mannes abzuschwächen. Wahrscheinlich eingedenk ihrer eigenen Vergangenheit, nimmt sie sich besonders der Frauen an, die ihres Lebens als Prostituierte müde sind und eine innere Umkehr vollziehen wollen. Für sie gründet sie ein »Kloster der Reue«. Je älter sie wird, desto strenger wird ihre Moral, so daß sie nicht zuletzt ihre Führungsrolle auch auf moralisch-kirchlichem Gebiet wahrgenommen hat.

Ihr aktives Wirken im Staat – es ist das erste Mal, daß ein Kaiser die Macht mit seiner Gemahlin teilt – läßt ihrem kaiserlichen Gemahl genügend Zeit, sich seinem Lebenswerk zu widmen: der Gesetzessammlung, die unter seinem Namen in die Geschichte eingehen sollte. Der »Justinianische Kodex«, eine der großen Sammlungen von Gesetzen und Verordnungen in der westlichen Welt, hat dem Kaiser seine Rolle in der Geschichte gesichert. Er war nicht unbedingt fürs Regieren geschaffen, und wie aktiv Theodora die Staatsgeschäfte geleitet haben muß, wird besonders ersichtlich nach ihrem Tode (548). Justinian kann und will nicht allein regieren; er überläßt die Staatsgeschäfte seinen Untergebenen und widmet sich nur noch der Theologie. Seine 38jährige Regierungszeit zerfällt in zwei Perioden: Politische Geschichte hat er, an der Seite einer fähigen und mutigen Frau, in den ersten gut zwanzig Jahren seiner Amtszeit gemacht; die restlichen siebzehn Jahre verbringt er mit dem Studium und Verfassen von theologischen Schriften.

Habgier und Großzügigkeit, Rachsucht und Gnade, Strenge und Fürsorglichkeit, hohe Intelligenz und niedere Motive : all das existiert Seite an Seite in Theodora, der ersten politisch aktiven Kaiserin und der letzten am Ende des großen Römischen Reiches. Sie muß nicht unbedingt als Vorbild für heutige Führungsfrauen gelten, aber sie hat mindestens einen Beweis erbracht: Herkunft und Jugendsünden müssen kein Hinderungsgrund für eine erfolgreiche Führungsrolle sein.

Klosterfrauen: motivierte Managerinnen im Dienste der Kirche

1988 hat die westliche, industrialisierte Welt ein ganz spezielles Jubiläum feiern können: sie hat den 25. Geburtstag der »Pille« öffentlich begangen. Ich weiß nicht, wie lange und weit man suchen müßte, bis man etwas findet, was das Leben der Frauen derart verändert hat. Gesteht man in der Rückschau diesem epochemachenden Medikament am Anfang seiner Geschichte eine Experimentierphase von einigen Jahren zu, so können wir inzwischen auf rund zwei Jahrzehnte gesellschaftlich sanktionierter Geburtenkontrolle zurückblicken. Die Biographie der Frau des ausgehenden 20. Jahrhunderts muß daher radikal anders sein als die ihrer Vorgängerinnen in all den anderen Jahrhunderten.

Nichts illustriert besser, was die Naturalisten im letzten Drittel des 19. Jahrhunderts meinten, wenn sie als Basis für ihre literarischen Figuren festhielten, daß ein Mensch von drei Faktoren geprägt wird: von der genetischen Erbmasse, von der Umwelt bzw. Erziehung und – von der geschichtlichen Situation, in die er hineingeboren worden ist. Die geschichtliche Situation für ein Mädchen des Jahrgangs 1980 zum Beispiel läßt sich kaum noch vergleichen mit der eines Menschen, der das Schicksal hatte, im Mittelalter als Mädchen geboren zu sein. Dem Faktor »Milieu und Erziehung« kommt natürlich auch heute noch eine gewisse Bedeutung zu: er kann immer noch Grundlage für ein beruflich-gesellschaftliches Weiterkommen sein, muß aber nicht mehr Hinderungsgrund für eine Karriere sein. Viel ausschlaggebender ist jedoch die »geschichtliche Situation«, und das in besonderem Ausmaß für Frauen. Denn Frauen stehen heute buchstäblich alle Möglichkeiten offen – wobei niemand gesagt hat, daß einem die Chancen in den Schoß fallen.

Wie anders die Situation der Frauen im Mittelalter, in der Renaissance, im Barock – in den Zeitaltern also, die der großen Epoche der Aufklärung vorausgingen! Man muß sich immer wieder vor Augen halten, daß ein Frauenleben bis in unsere Zeit in erster Linie bestimmt wurde durch den Fruchtbarkeitsfaktor, und zwar im positiven wie im negativen Sinne. Ob Dynastien begründet oder gefestigt wurden, hatte sehr viel mit der Gebärfähigkeit der Ehegattinnen zu tun. Und ob eine Frau ihre intellektuellen Fähigkeiten einsetzen und ausleben durfte, hing sehr davon ab, inwieweit sie zu dem Typus Frau gehörte, der alle Jahre wieder mit schöner Regelmäßigkeit schwanger wurde. Dem waren ja die allermeisten verheirateten Frauen ausgesetzt. Begreiflich, daß sich nicht jede danach drängte.

Was aber tat eine Frau im Mittelalter, wenn sie sich ihrer Gebärfähigkeit entziehen und statt dessen lieber malen oder schreiben, komponieren oder korrespondieren wollte? Nun, wenn Milieu und Erziehung es ihr gestatteten – und die Eltern ihr eine entsprechende »Mitgift« zur Verfügung stellten –, konnte sie sich in ein Kloster einkaufen. Es gab viele Klöster, die dem Adel und dem gehobenen Bürgertum vorbehalten waren: Lebensgemeinschaften, die Frauen von Rang und Intelligenz eine Alternative zu Eheleben und Mutterschaft sein konnten. Oft waren es praktisch-ökonomische Erwägungen, die den Eintritt eines jungen Mädchens ins Kloster bestimmten. Reichten die finanziellen Mittel der Familie zum Beispiel nur für die eheliche Mitgift der ältesten Tochter, so waren die jüngeren fast automatisch zu einem Leben im Kloster bestimmt, denn die Einkaufssumme dort war geringer, als eine eigentliche Mitgift hätte sein müssen.

Neben den Frauen, die aus echt religiösen Motiven heraus das Kloster wählten oder aus den oben erwähnten wirtschaftlichen Gründen dorthin »abgeschoben« wurden, gab es auch eine beträchtliche Anzahl von unehelichen, verwachsenen oder geistig zurückgebliebenen Töchtern, die in die Obhut der frommen Schwestern gegeben wurden. Und schließlich dienten die Klöster auch als eine Art Kerker für Frauen, die aus politischen Gründen in Ungnade gefallen oder ihren Ehemännern unliebsam geworden waren.

Man muß sich diese Klöster daher etwas anders vorstellen als diejenigen, die wir aus unserer Zeit kennen. Wie sehr sie sich unterscheiden, kann man zum Beispiel aus all den Verordnungen und Mahnschriften ersehen, die Bischöfe und Kirchengelehrte herausgaben, um dem Sittenzerfall zu steuern. Offensichtlich hatten sie ihre Mühe mit Nonnen, die nach wie vor über große private Vermögen verfügten und beträchtliche Summen davon für Luxusgüter ausgaben. Ebenso gibt es unzählige Kleiderverordnungen, die das Tragen von modisch-eleganter Bekleidung und Schmuck innerhalb und außerhalb der Klostermauern verbieten. Moralschriften aus dem 13. und 14. Jahrhundert erstaunen durch den immer wiederkehrenden Vorwurf an Nonnen, »sie sännen stets auf neue Ausreden, um ihr Gebäude zu verlassen und sich mit ihren Liebhabern treffen zu können«.[1] Und die Gewohnheit, mit jugendlichen (männlichen) Besuchern zu singen und zu tanzen, wird ebenso getadelt wie die Sucht, ihr Domizil ohne ausreichenden Grund und für längere Perioden immer wieder zu verlassen. Reformprogramme gab es natürlich auch, und eins davon schlägt vor, daß »vor allem die Aufnahme von Nonnen gegen Bezahlung sowie die Wahl ungeeigneter bzw. unwürdiger Frauen für das Amt einer Äbtissin oder Priorin«[2] abgeschafft würden.

Die Forderung nach geeigneten bzw. würdigen Frauen für die Position der Klostervorsteherin war nicht ungerechtfertigt, denn Äbtissinnen waren Führungsfrauen mit großer finanzieller und moralischer Verantwortung. Die zusammengewürfelte Schar der Kloster-Bewohnerinnen, die aus den unterschiedlichsten Motiven zusammengekommen waren, warf manch ein Führungsproblem auf; die Verwaltung von Ländereien erforderte Management-Qualitäten, und die religiös-moralische Aufgabe, der Schwesterngemeinschaft als Vorbild zu dienen, verlangte besondere Charaktereigenschaften. Daneben mußten diese Frauen gebildet sein und selbstverständlich des Lesens und Schreibens kundig, waren doch Klöster der Ort, wo Bücher abgeschrieben und illustriert wurden, wo sogar hie und da Internatsschulen für die Kinder des Adels angegliedert waren.

Daneben waren die Äbtissinnen einem ständigen Machtkampf ausgesetzt. Neben dem Respekt und der Wertschätzung für Nonnen gab es nur allzu viele Priester, Äbte, Bischöfe und Kirchenväter, die den Ordensfrauen ausgesprochen feindlich und voller Verachtung gegenüberstanden. In der Verlautbarung des Klosters Marchthal heißt es zum Beispiel nach Auflösung des weiblichen Ordenszweiges: »Da es auf dieser Welt nichts gibt, was in seiner Schlechtigkeit den Frauen gleichkommt, und das Gift von Vipern und Drachen dem Mann weniger schadet als ihre Nähe, verkünden wir hiermit, daß wir zum Wohle unserer Seele, unseres Leibes und unserer Besitztümer von nun an keine Schwestern mehr in unseren Orden aufnehmen und uns von ihnen wie von wildgewordenen Hunden fernhalten werden.«[3] Eine klare Aussage. Es ist anzunehmen, daß die Marchthaler Mönche einiges über ihre eigene Standfestigkeit gewußt haben ...

Von solchen vitriolischen Aussagen einmal abgesehen, muß festgehalten werden, daß Äbtissinnen keine kanonische, sondern nur organisatorische bzw. führende Autorität besaßen. Einige von ihnen genossen allerdings großes Ansehen innerhalb der Kirchenverwaltung der Diözese ihres Klosters. So konnten sie Bezirkssynoden einberufen, Priester-Ernennungen bestätigen und dafür sorgen, daß ihr Kloster in den Genuß der kirchlichen Abgabe des »Zehnten« kam. Äbtissinnen mit Lehnsrechten übten beträchtliche weltliche Macht aus: sie verfügten Bußgelder, beglaubigten Verkauf oder Verpachtung von Grundbesitz, genehmigten die Veranstaltung von Märkten und Messen und urteilten Verbrecher ab. Jegliche religiöse Amtsausübung war ihnen jedoch versagt, egal, ob sie aus dem Adel, den städtischen Gesellschaftsschichten oder der Landbevölkerung kamen; Nonnen gehörten zur Gruppe der Beter, nicht zum Stand der Priester. Es läßt sich nicht leugnen, daß die mittelalterlich-christliche Einstellung Frauen gegenüber durch und durch ambivalent war, ständig schwankend zwischen zwei Interpretationen des »Wesens der Frau«: Eva als Inkarnation der Sünde und Maria als Sinnbild der Erlösung. Und das drückte sich den Ordensfrauen gegenüber aus: »Wenngleich beiden Geschlechtern von seiten der Kirche derselbe Anteil an Gnade und Erlösung zugestanden wurde, so wurde ihre Gleichstellung innerhalb der irdischen Kirche dennoch abgelehnt.«[4]

Auch hier bestätigen die Ausnahmen der Frauen, die sich selbst in Männerkreisen hoher Wertschätzung erfreuten, nur die Regel. Zwei von ihnen sind hier skizziert; sie stehen stellvertretend für alle die Ordensfrauen, die ihren vielfältigen Aufgaben mit Führungsgeschick, unternehmerischem Denken, Kommunikationsfreudigkeit und unermüdlichem Arbeitseifer nachgekommen sind.

Hildegard von Bingen

1098–1179

Die größte Frau des Jahrhunderts« soll sie genannt worden sein. Na ja, die Inflation der Superlative ist offenbar nicht nur ein Zeichen unserer Zeit, und es war zweifellos leichter, damals, als die Welt noch überschaubar war, solche Bezeichnungen zu applizieren als heute. Aber die Stellung in der Geschichte als eine der ganz großen Frauen des Mittelalters ist ihr gewiß.

Hildegard wird als zehntes Kind des Grafen von Bermersheim auf Burg Böckelheim a.d. Nahe geboren. Bereits im Alter von acht Jahren verläßt sie das Elternhaus: das kränkliche, aber kluge kleine Mädchen wird in die Obhut einer Klausnerin auf dem Disibodenberg gegeben. Das ist schicksalsbestimmend, denn als die Benediktinerinnen dort ein Kloster gründen, ist es für die inzwischen fünfzehnjährige Hildegard nur ein kleiner Schritt, den Schleier zu nehmen. 44 Jahre wird sie am Ort ihrer frühen Jugend bleiben, davon 14 Jahre als Äbtissin des Klosters, in dem sie 1136 von den Nonnen als Nachfolgerin der Vorsteherin Jutta von Sponheim gewählt wird. 1150 zieht sie in das von ihr gegründete Kloster auf dem Rupertsberg an der Nahe, gegenüber von Bingen, ein. Dort stirbt sie 1179 im für damalige Verhältnisse unerhört hohen Alter von 82 Jahren.

Diese Frau nimmt in ihrer vielfältigen Bildung und Tätigkeit den Renaissancemenschen vorweg. Zum einen ist sie in die Kirchengeschichte eingegangen als Seherin, als Prophetin, als Verfasserin vieler geistlicher Lieder, als deren Komponistin sie auch zeichnet, eines Mysterienspiels, zweier Lebensbeschreibungen kirchlicher Persönlichkeiten sowie einer Trilogie von geistigen Büchern. Letztere hat sie allerdings nur widerwillig geschrieben. Sie wollte sie eigentlich gar nicht verfassen, diese Erkenntnisse aus ihren Visionen – bis sie krank wurde und, bezwungen durch ihr Leiden, sich an das Abfassen theologischer Abhandlungen machte, vielleicht als Therapie. Das war allerdings schon ungewöhnlich, daß eine Frau zu theologischen Fragen Stellung nahm. Eine vom Papst eingesetzte Untersuchungskommission erteilte ihr jedoch den päpstlich-theologischen Segen, und der oberste Kirchenvater ermunterte sie persönlich zum Weiterschreiben. Ihr Ruhm verbreitete sich schnell über ganz Europa.

Sie schreibt auch wirklich weiter. Diesmal sind es naturwissenschaftliche Abhandlungen, Bücher über Naturheilkunde und Medizin, von denen eines der bekanntesten *Physika* ist. In der ihr eigenen Unbefangenheit scheut sie sich darin nicht, auch hie und da die mittelhochdeutsche Bezeichnung zu verwenden und sie mit lateinischen Endungen zu versehen, wenn ihr das genaue lateinische Wort nicht einfällt. Und das ist bezeichnend für sie: Ohne Allüren, ohne Pomp, mit großer Bescheidenheit, aber einer beneidenswert naiven Unbekümmertheit wird sie ihren vielfältigen Aufgaben gerecht. Und da sie authentisch ist – etwas, was offenbar vielen heutigen Managern in Seminaren beigebracht werden muß! –, hat sie Erfolg. Die Großen der damaligen Welt in Kirche und Politik sind ihre Partner in etwas, was man vielleicht »Management by Correspondence« nennen könnte. Während sie mit den Bauarbeiten ihres Klosters auf dem Rupertsberg beschäftigt ist, beginnt sie einen ausgedehnten Briefwechsel mit historischen Persönlichkeiten wie König Konrad III. und seinem Nachfolger Friedrich Barbarossa, mit Henry II. von England und seiner Gemahlin Eléonoré von Aquitanien, mit Erzbischöfen, Äbten und Äbtissinnen, mit Priestern und Laien sowie mit den Päpsten ihrer Zeit.

Während sie sich in geistlichen Belangen der Autorität der Kirche unterordnet, läßt sie sich bei der Beantwortung der vielen Bitten um Trost, Rat, Belehrung oder Schlichtung von Streitigkeiten von ihrem Verstand leiten. Und der berät sie gut. Ihre lateinisch geschriebenen Briefe – in einer Sprache verfaßt, die sie nie wissenschaftlich gelernt hat und deren Wortschatz ihr daher nur in begrenztem Ausmaß zur Verfügung steht – zeugen von *common sense*«, Geist und Witz. Daneben verblüfft die unbekümmerte Offenheit, die sie auch höchsten Würdenträgern gegenüber an den Tag legt, besonders dann, wenn sie den Briefempfängern ins Gewissen redet. Ihrer eigenen Persönlichkeit immer treu, kennt sie keine Ehrfurcht vor den Großen ihrer Welt – und wird dafür von ihnen anerkannt und bewundert. Selbstdisziplin bei den zum Teil mehrjährigen Krankheitsperioden, die sie immer wieder ans Bett fesseln, wie das Meistern ihres mehr als vollen Arbeitspensums ringen ihrer Umwelt den größten Respekt ab. Hildegard von Bingen hat das, worum manch eine Managerin von heute sie beneiden würde: natürliche Autorität. Die ist eine Kombination aus Anerkennung ihrer großen Schaffenskraft sowie ihrer Authentizität, dem Fehlen jeglicher Pose, ihrer Ehrlichkeit und einem unbestreitbaren Charisma. Dabei war sie insgeheim nie ganz frei von Zweifeln und Ängsten ...

Geschont hat sie sich auch nie. Um 1165 gelingt es ihr, das leerstehende Augustinerkloster Eibingen bei Rüdesheim zu erwerben, das sie natürlich von ihren Nonnen bewohnen läßt. Die Hochbetagte wird ihrer neuen Führungsaufgabe u. a. dadurch gerecht, daß sie zweimal pro Woche von Bingen nach Rüdesheim reist!

»Führung ist soziales Verhalten, und dieses muß man immer wieder neu lernen und trainieren. [...] Die ›Autorität kraft Amtes‹ gibt es nicht mehr. Um Autorität muß man sich immer wieder aufs neue bemühen, Autorität muß von den Geführten bestätigt, anerkannt werden.«[5] Mit diesen Sätzen schließt das Einleitungskapitel des Buches *Führung 2000*, das uns Heutigen Anregungen und Denkanstöße zum Bereich des Führens geben will. Hildegard von Bingen wird darin nicht als Rollenvorbild erwähnt. Gerade für diesen Aspekt könnte sie jedoch als nachahmenswertes Beispiel gelten.

Teresa von Avila

1515–1582

Auch eine andere große Frau, die sich im Schutze der Kirche zu einer kämpferischen Führungspersönlichkeit entwickelte, könnte als Beispiel gelten: Teresa von Avila. »Das Experiment einer Seele mit Gott«[6] heißt der Titel eines Artikels in der Frankfurter Allgemeinen Zeitung, der zu ihrem 400. Todestag erschienen ist. Experimentierfreudig war sie, das stimmt wohl. Aber noch genauer trifft der Titel eines Kapitels über sie in dem – allerdings nicht sehr wissenschaftlichen fundierten – Buch *Große Frauen der Welt* zu: »Unterwegs in Sachen Gottes«.[7] Das war sie nämlich den größten Teil ihres bewegten Lebens: eine unternehmerisch denkende Nonne, die, anstatt weltlichen Geschäften nachzugehen, sich für die »Sache Gottes« stark machte. Und diese Sache – das erkannte die überaus praktisch veranlagte Frau – brauchte viele Vertreter auf Erden. Je mehr, desto besser, besonders im Hinblick auf diese nordischen Störenfriede, diese Lutheraner, die der »einzig wahren« Religion den Krieg erklärt hatten. Die irdischen Vertreter der Sache Gottes wiederum brauchten feste Ankerplätze, Klöster zum Beispiel. Und davon gab es nach Teresas Ansicht noch lange nicht genug.

Doch wird es etwas dauern, bevor sie ruhelos im ganzen Land umherzieht und ein Kloster nach dem anderen gründet. Die ersten zwei Jahrzehnte ihres erwachsenen Lebens, das sozusagen mit ihrem Eintritt ins Kloster der Karmeliterinnen in Avila im Alter von zwanzig Jahren beginnt, wird sie sich mit ihren Visionen auseinandersetzen müssen. Müssen – denn es ist ihr, einer weltoffenen Frau mit untadeligen Umgangsformen und durchaus adliger Weltanschauung, äußerst peinlich, daß sie von diesen Visionen heimgesucht wird. Pose oder Hysterie sind ihr gänzlich fremd, und sie versucht, mit ihren Verzückungen und Ekstasen fertig zu werden, indem sie sie wissenschaftlich genau und völlig nüchtern analysiert und zu Papier bringt. Sie tut sich schwer, diese Frau von weltkluger Vernunft und zupackender Entschlossenheit, mit ihren inneren Gesichten. Sie wehrt sich lange dagegen, fürchtet sie als Einbildungen, als Versuchung des Bösen.

Und das ist verständlich, denn eigentlich deutet nichts darauf hin, daß diese junge Frau als zukünftige Heilige und einzige Doktorin der Kirchenlehre in die Geschichte eingehen wird. Teresa de Cepeda wird als Tochter eines kastilischen Ritters und einer kränklichen Mutter in Avila geboren. Zwei Generationen zuvor war die Familie des Vaters jüdisch gewesen, zwar getauft, aber heimlich als Juden weiterlebend. In nur zwei Generationen werden aus den reichen Händlern aus Toledo durch Einheirat in adlige christliche Familien sehr fromme, aristokratisch stolze kastilische Adlige. Wie alle Konvertiten bemühen auch sie sich darum, den neuen Glauben besonders nachdrücklich zu leben. Und so liest Teresas Vater der Familie jeden Abend aus dem Leben der Heiligen vor. Teresas Mutter hingegen zieht sich in die Welt der Ritterromane und Versepen zurück, und die Tochter wächst zwischen Vorstellungen von romantischer Liebe und heiligem Märtyrertum auf. Mit zehn möchte sie Nonne werden, mit vierzehn jedoch erblüht sie zu einer schönen jungen Frau, lebens- und liebeslustig. Als sie eines Tages ihrem Vater gesteht, daß sie sich mit einem ihrer Bewunderer zu einem Rendezvous treffen will, beschließt der inzwischen Verwitwete, seine Tochter vorsichtshalber zu den Augustinerinnen in Avila zu geben.

Teresa ist alles andere als glücklich, nicht einmal gehorsam. Ungeduldig erwartet sie ihren sechzehnten Geburtstag und ihre damit verbundene »Befreiung«. Kurz davor wird sie jedoch sehr krank; man fürchtet um ihr Leben. Als sie sich wider Erwarten erholt, ist ihre jugendliche Unbeschwertheit verschwunden; dafür leidet sie an einer Art hysterischer Epilepsie, vielleicht als Reaktion auf die ihr so wesensfremden Beschränkungen. Die Anfälle wiederholen sich und enden jeweils in einem Zustand der totalen Erschöpfung. Ihr Vater nimmt sie aus dem Kloster und schickt sie zu ihrer Halbschwester aufs Land. Reiselektüre ist ein Band von Briefen des Kirchenvaters Hieronymus. Dieses Buch wird ausschlaggebend für Teresa sein, denn nachdem sie nochmals einen heftigen Anfall durchleidet, gibt sie jeden Gedanken an ein weltliches Glück auf und geht – nun freiwillig – als zukünftige Nonne zu den Karmeliterinnen nach Avila zurück. Sie ist knapp zwanzig Jahre alt.

Teresa ist also nicht die »geborene« Heilige, ebensowenig wie sie auf Anhieb die »geborene« Führungsfrau ist. Zuerst einmal, für eine ziemlich lange Zeit, ist sie krank, todkrank sogar hie und da – sei es, als sie versucht, eine homöopathische Kur zu überleben, sei es, als sie zwei Tage lang kalt und bewegungslos im Kloster liegt und die Nonnen bereits ihr Grab schaufeln. Sie überlebt alles. Sogar die eigenen Anfechtungen. Aber als kritischer und pragmatischer Mensch bemängelt sie die laxe Klosterordnung, die den Nonnen erlaubt, in einem gewissen Luxus zu leben, Besucher zu empfangen und sich auf längere Reisen zu begeben. Teresa spürt, daß sie auf diese Weise immer noch den weltlichen Anfechtungen ausgesetzt ist. Und so zeichnet sich schon früh ihre Mission ab: Sie will das Ordensleben reformieren, will zurück zu der einfachsten Lebensweise, will Nonnen, die sich mit den Gelübden von Gehorsam, Armut und Keuschheit nicht so schwertun.

Nur zu gut weiß sie selbst um die Schwierigkeiten. Nach ihrer mirakulösen Heilung wird ihr und dem Kloster die Fähigkeit zugeschrieben, Wunderheilungen zu vollbringen. Von allen Seiten strömen die Menschen nach Avila, um die vom Totenbett Auferstandene zu sehen und selbst geheilt zu werden. Die Äbtissin hält Teresa dazu an, sich so oft wie möglich den Besuchern zu zeigen. Zu ihrem großen Kummer findet Teresa dabei heraus, daß ihr diese Auftritte Freude machen. Als sie eines Tages mit einem Mann spricht, den sie besonders anziehend findet, hat sie eine Vision, daß Christus neben dem Besucher steht. Sie fällt in Trance und muß weggetragen werden.

Sechzehn Jahre lang wird sie solche und ähnliche Visionen haben, die sie allerdings nicht mehr in einen Erschöpfungszustand versetzen, sondern im Gegenteil erfrischen, obwohl sie jeweils vorher gräßliche Schmerzen erleiden muß. Aber sie scheint sogar diese Schmerzen zu genießen; in einer ihrer berühmtesten Textpassagen spricht sie von einem »überaus schönen Engel«, der einen langen goldenen Pfeil »mit vergoldeter Spitze« mehrere Male durch ihr Herz stieß, so daß er ihre Eingeweide durchbohrte. »So real was the pain that I was forced to moan aloud, yet it was so surpassingly sweet that I would not wish to be delivered from it.

No delight of life can give more content. As the angel withdrew the dart, he left me all burning with a great love of God.«[8] Es sind diese und ähnliche Texte, die Teresa zu einer klassischen Fallstudie für psychoanalytische Interpretationen machen. Kein Wunder auch, daß einer der sinnlichsten italienischen Künstler des Barocks, Bernini, offenbar gerade diesen Text als Vorlage zu seiner berühmten Skulptur genommen hat. Die »Verzückung der heiligen Teresa« in der Kirche Santa Maria della Vittoria in Rom hat etwas durch und durch Irdisches – und wird damit der Persönlichkeit der Porträtierten viel gerechter als irgendein Heiligenbild.

Das Irdisch-Pragmatische bleibt nämlich ein Teil ihrer Persönlichkeit. Es liegt nahe, daß ihre Umwelt sie nicht als Heilige, sondern eher als Besessene erlebt. Die Inquisition wird eingeschaltet; jemand, der ihr nahesteht, rät ihr, ihr Leben und ihre Visionen aufzuschreiben. So entsteht ihr berühmtes Werk *Vida* – das von den gestrengen Inquisitoren als ein heiliges Dokument angesehen wird. Mit diesem Rückenwind entschließt sich die inzwischen 47jährige, sich an die Umsetzung ihrer irdischen Vision zu machen: Sie beschließt, ein separates Kloster zu gründen, in dem die Nonnen zu einem asketisch einfachen Leben zurückkehren. Sie verlangt von ihren Ordensschwestern, den »Unbeschuhten Karmeliterinnen«, die Besinnung auf die ursprünglichen Ordensregeln. Tausend Hindernisse werden ihr in den Weg gestellt, und hier zeigt sich eine ihrer hervorragendsten Führungsqualitäten: ihr Durchhaltevermögen. Als ihr zum Beispiel der Orden keine Erlaubnis zur Gründung eines neuen Klosters erteilt, wendet sich die unerschrockene Nonne an den Papst selbst. Es gelingt ihr, ihn zu überzeugen – ebenso wie vier Nonnen, die 1562 mit ihr das neue Kloster des Heiligen Josef in einer engen Straße von Avila beziehen.

Machtkämpfe sind das Resultat dieses Schrittes. Die 180 Nonnen des älteren Klosters fürchten um ihre Privilegien; die Äbtissin verlangt von Teresa, wieder ihre weiße Robe anzulegen, Schuhe zu tragen und sofort ins Kloster zurückzukehren. Teresa gehorcht und wird, da man sie der Arroganz beschuldigt, in ihre Zelle gesperrt. Doch ihr Führungstalent zeitigt schon Wirkung: Als Vertreter der Stadtverwaltung das neue Mini-Kloster schließen wollen, sehen sie sich vier Nonnen gegenüber, die, von ihrer göttlichen Mission durchdrungen, sich schlicht weigern, das Haus zu räumen. Verunsichert ziehen sich die Beamten zurück. Inzwischen arbeitet Teresa aus dem Kloster heraus: Sie macht dem Ordensvorsitzenden klar, daß er Gottes eigene Pläne durchkreuze, bzw. den Heiligen Geist beleidige – er ordnet ihre Freilassung an. Vier weitere Nonnen ziehen mit ihr, als sie durch den Schnee zu ihrem neugegründeten Ordenshaus wandert. Die vier Standfesten erwarten sie schon; jetzt sind es bereits acht Frauen, die bereit sind, Teresa zu folgen.

Und es werden immer mehr. Trotz der äußerst strengen Ordensregeln herrschen Fröhlichkeit und der Geist überzeugter Freiwilligkeit im Kloster. Andere Nonnen und Frauen, die erst nach einem sehr irdischen Leben ins Kloster eintreten, fühlen sich von der Atmosphäre und der Aufrichtigkeit eines Gott geweihten Lebens, wie es hier täglich und stündlich praktiziert wird, angesprochen. Als der oberste Ordensmann der Karmeliterinnen das winzige Kloster besucht, ist er so beeindruckt, daß er Teresa bittet, solche Zellen überall in Spanien zu gründen. Jetzt darf sie sich endlich von ihrer irdisch-praktischen Seite zeigen: Mit Charme und Überzeugungskraft gelingt es ihr, aus den verfallensten Häuser funktionierende kleine Klöster zu machen. Ortsansässige Handwerker sehen sich plötzlich, zu ihrer eigenen Überraschung, voll im Dienste dieser Nonne tätig – gratis selbstverständlich, aber diese einmalige Mischung aus Mission, Authentizität und Kommunikationsfähigkeit, immer begleitet von einem Sinn für Humor, hat sie eben überzeugt.

Wenn nur alles so einfach wäre! Aber ihre Führungsfähigkeiten werden immer wieder auf die Probe gestellt. So soll sie plötzlich Äbtissin ihres ehemaligen Klosters in Avila werden. Die Nonnen dort sind alles andere als begeistert, fürchten sie doch, daß sich ihre ehemalige Mitschwester jetzt für all das, was sie ihr angetan haben, an ihnen rächen wird. Aber Teresa löst diese Aufgabe mit Bescheidenheit und Freundlichkeit, und nach und nach gewinnt sie Loyalität und Sympathie jeder einzelnen. Schließlich sind auch in diesem Kloster die strengen Regeln der Unbeschuhten Karmeliterinnen maßgebend.

Daß es einsam auf dem Gipfel ist, muß auch Teresa erfahren. Die Neider sind damit beschäftigt, ihr Fallen zu stellen, ihre Erfolgssträhne zu unterbrechen. Sie schrecken vor den wildesten

Verleumdungen nicht zurück: Sie wenden sich noch einmal an die Inquisition, mit der Beschuldigung, diese Äbtissin peitsche ihre Nonnen aus und nehme ihnen die Beichte ab, als ob sie ein Priester sei . . . Noch einmal muß sich diese Frau, die Gott in Bescheidenheit und Aufrichtigkeit dienen will, vor irdische Richter begeben. Sie gewinnt auch diesmal: Von allen Anschuldigungen freigesprochen, wird sie von den Inquisitoren aufgefordert, mit ihren guten Werken fortzufahren.

Ein päpstlicher Nuntius jedoch bleibt auf der Seite ihrer Feinde und befiehlt der inzwischen 60jährigen, sich für immer in ein Kloster in Toledo zurückzuziehen. Teresa ist verzweifelt. Aber nicht lange. Sie entschließt sich nämlich, dem päpstlichen Nuntius mit weltlicher, ihm übergeordneter Autorität beizukommen: Sie wendet sich schriftlich an den König. Felipe II. hat ihr *Vida* gelesen und gehört zu ihren Bewunderern. Er gewährt ihr eine Audienz – und Teresa kann auch ihn von ihren guten Absichten und deren ebenso guter Umsetzung überzeugen. Der päpstliche Nuntius muß seinen Befehl zurückziehen und verkündet, daß er falsch informiert gewesen sei . . .

»Unterwegs in Sachen Gottes« ist wirklich die Bezeichnung, die ihr am besten gerecht wird. Sie reist zwischen den vielen Klöstern, die sie gegründet hat und deren geistiger Vorstand sie ist, in Spanien umher – auf sanfte Art führend, inspirierend, korrigierend. Zu dieser Zeit wird sie von einer Unzahl physischer Handicaps begleitet: ihre früheren Anfälle kommen wieder, ihr Magen kann keine Nahrung behalten. Partielle Lähmungen treten hie und da auf. Aber unverdrossen fährt sie weiter von Ort zu Ort. Eine Lungenblutung macht schließlich ihrem Leben in Alva ein Ende. Fröhlich bis zur letzten Stunde, sieht sie dem Tode mit Freude entgegen, in der Überzeugung, nun endlich mit Christus vereint zu sein. 1614 wird sie selig, 1622 heilig gesprochen.

Es ist jedoch nicht die Heilige, die im Zusammenhang mit diesem Buch fasziniert. Neben dem Beispiel fast unvorstellbarer Selbstdisziplin hat uns Teresa noch einiges andere zu geben: Eine Idee, eine Vision zu haben und sie gegen alle Schwierigkeiten zu verteidigen; Führen durch Überzeugungskraft; Authentizität als Basis allen Tuns – eine Authentizität, die sogar die unbestechlich-fanatischen Richter der Inquisition und den nicht so leicht zu beeindruckenden Felipe II. überzeugten. Und bei allem eine Einfachheit und ein Sinn für Humor, die verhinderten, daß ihr ihre Erfolge zu Kopf stiegen. Christus sei auch in den Kochtöpfen, soll sie gesagt haben, wenn sie sich in der Küche betätigte. Und mein Lieblingsausspruch von ihr hat auch heute noch Gültigkeit – für all die streßbeladenen Führungskräfte, die lernen müssen, ihre Arbeitszeit sinnvoll zu planen und mit ihrer Freizeit harmonisch zu kombinieren: »Wenn Rebhuhn, dann Rebhuhn; wenn Fasten, dann Fasten«.

Zum Herrschen geboren?

Die sechs Frauen, von denen im nächsten Abschnitt die Rede ist, sind alle in die Geschichte und die Geschichtsbücher eingegangen – als Herrscherinnen, als (mehr oder weniger) legitime Königinnen. Ihr Machtanspruch basierte auf ihrem Geburtsrecht; sie ererbten ihren königlichen Status oder, wie im Falle von Catherine de Médici, erheiratete ihn aufgrund ihrer noblen Herkunft. Ist es ihnen daher leichter gefallen, ihrer Führungsrolle gerecht zu werden?

Die erste Umfrage, deren Ziel es war, herauszufinden, wieso Frauen sich in Führungspositionen bewähren, ist in den frühen 70er Jahren vorgenommen worden. Damals hatte man gerade das Thema »Frau« in seiner ganzen Bandbreite entdeckt und somit auch wahrgenommen, daß es bereits eine Reihe von Frauen gab, die einer Firma vorstanden, die Führungspositionen in größeren Unternehmen bekleideten, die mit Erfolg auf wissenschaftlichem Gebiet Pionierarbeit geleistet hatten. Und natürlich wollte man herausfinden, wie denn diese Wunderfrauen zu einer so »wesensfremden« Tätigkeit gekommen waren . . .

Die Antwort lautete fast einstimmig, daß sie bereits als Kind für diesen späteren Sonderstatus vorbereitet worden waren. Meistens war es eine starke Vaterfigur, hie und da aber auch eine außergewöhnliche Mutter, die der Tochter von klein auf klargemacht hatte, daß sie dereinst etwas Außergewöhnliches werden würde/sollte/müßte.

Das konnte sowohl aus Bewunderung für dieses Vorbild und durch bewußte Förderung seitens des Vaters oder der Mutter geschehen als auch aus einer Art Haßliebe heraus, aus dem Wunsch, »es« ihm oder ihr zu beweisen. Diese frühe Ausrichtung auf ein bestimmtes Ziel hatte dann die Töchter von Anfang an schon das »richtige« Studium, den »richtigen« Umgang, das »richtige« Hobby wählen lassen – man ist versucht zu sagen, daß sie geradezu einseitig auf dieses elterliche Ziel hin abgerichtet worden waren.

Wenn man heute diese Umfrage wiederholen würde, stieße man sicher immer noch auf eine Reihe von Töchtern ungewöhnlicher Eltern. Längst jedoch gibt es auch all die Frauen, die langsam in eine Führungsposition hineingewachsen sind, die vielleicht sogar erst nach der Familienphase daran gedacht haben, eine eigene Firma zu gründen oder eine neue Verantwortung außerhalb der Familie auf sich zu nehmen, zum Beispiel als Politikerin. Es gibt also genügend Beweise inzwischen, daß es auch ohne frühe Förderung möglich ist, eine Führungsposition zu bekleiden.

Und dennoch täte es gut, schon kleinen Mädchen klarzumachen, daß sie legitime Ansprüche auf eine führende Rolle haben, und sie frühzeitig darauf vorzubereiten. Das, was Simone de Beauvoir schon 1949 in ihrem epochemachenden Werk *Das andere Geschlecht* postulierte, sollte endlich bei der Erziehung von Töchtern zum Tragen kommen: die Prämisse nämlich, daß jeder Mensch ökonomisch eigenständig und somit also von der Erziehung und Ausbildung her in der Lage sein sollte, seinen Lebensunterhalt alleine zu bestreiten. Damit wäre sicher der Weg zum Führungsanspruch nicht mehr so weit, wie er zur Zeit manchen noch erscheint.

Die Frauen in den folgenden sechs Kapiteln hatten die Voraussetzungen für ihre Führungsrolle. Sie hatten auch alle das Problem, die Macht, die ihnen durch Geburt und/oder Heirat zustand, gegenüber Neidern und Rivalen zu verteidigen. Ob ihre Rolle so viel beneidenswerter gewesen ist, darüber läßt sich diskutieren. Daß sie aber durchs Band wert sind, uns Heutigen als Studienobjekt zu dienen, ist unbestritten. Und sei es nur (wie im Falle von Mary Stuart zum Beispiel), um zu zeigen, wie man es nicht macht ...

Eléonor von Aquitanien

1122 ca.–1204

1137 – Ludwig VII. (der Junge) Kg. von Frankreich bis 1180 (†); heiratet die sittenlose Eleonore von Aquitanien († 1202), die nach der Scheidung 1152 Heinrich II. von England heiratet.[1]

So steht es kurz und bündig – und mit hoch aufgerichtetem moralischem Zeigefinger – in *Steiners Kulturfahrplan*. Ist »sittenlos« wirklich das einzige, was man über die damals noch jungfräuliche Eléonor sagen kann? Über diese formidable Frau, die die schönste, eleganteste, belesenste, geistreichste und begehrenswerteste Frau ihrer Epoche in Europa gewesen sein muß, wenn man den historischen Quellen glauben darf. (Ja, wir schwelgen schon wieder in Superlativen!) Aber dieser Eintrag in einem sonst hervorragenden Nachschlagwerk ist so typisch für die Geschichtsklitterung, unter der die berühmten Frauen wohl am meisten gelitten haben. Überraschend und ärgerlich ist hier allerdings, daß sich dieses verfälschte Bild einer ungewöhnlichen Frau bis in unsere Zeit hinein gehalten hat.

Selbst eine ihrer seriösesten Biographinnen, die französische Historikerin Régine Pernoud, gibt zu, daß sie zunächst einmal an Eléonors zweifelhaften Ruf geglaubt hat, hat sich dann aber nach einschlägigem Studium der Quellen zu einer ganz anderen Ansicht bekannt: »Sie war eine ganz außerordentliche Frau, die ihr Jahrhundert weit überragte. Und was für ein Jahrhundert das war! [...] Eléonor hat sowohl in der Politik wie in der Literatur eine hervorragende Rolle gespielt. Ihr Einfluß erstreckte sich aber auch auf wirtschaftliche und soziale Gebiete. Es ist sonderbar, daß die Nachwelt von dieser Frau, die zweimal Königin und die Mutter zweier Könige war, die den Kaiser herausgefordert, den Papst bedroht und ihr Reich mit überlegenem Weitblick regiert hat, nur die Erinnerung an ein Abenteuer ihrer Jugendzeit bewahrt hat.«[2]

Gut, wer das Zeitalter des Rittertums, des Minnesangs, der Troubadoure, wer eine bildschöne, begehrenswerte, heißblütige Frau jener Zeit mit den moralischen Wertmaßstäben unseres Jahrhunderts messen will, wird manches an Eléonor auszusetzen haben. Wer sie jedoch vorurteilslos betrachtet, wird ihr Respekt zollen müssen: der minnenden Königin, der Mutter von zehn Kindern, der Mäzenin der Troubadoure – und nicht zuletzt der Frau, die bis ins hohe Alter aktiv und besonnen höchste Politik betrieb.

Einer, der sie offenbar mit einem anderen moralischen Zollstock gemessen hat, ist ein Mann, der sich sonst mit Akribie dem Studium geschichtlicher Größen hingegeben hat und der das Verruchte, das so oft das Große begleitet (hat), durchaus akzeptieren, es sogar bewundern konnte: der Dichter Conrad Ferdinand Meyer. Offenbar galt diese Toleranz nur Männern gegenüber, denn von Eléonor zeichnet er ein vernichtendes Bild. In seiner Novelle *Der Heilige* wird sie uns an einer Textstelle, wo es um die nicht erfolgte Verbrennung einer »Hexe« in England geht, folgendermaßen präsentiert: »Eine schlimmere Hexe, die zu jener Zeit in Engelland lebte, konnte auch nicht verbrannt werden, und aus triftigen Gründen. Mein Herr und König war mit ihr verheiratet.«[3] Als Hexe also erscheint sie dem Dichter, der im bürgerlichen Zürich des 19. Jahrhunderts lebt und periodisch mit seinen Novellen die Flucht in die ganz und gar nicht bürgerliche Vergangenheit antritt. Aber er läßt seinen Berichterstatter auch gleich die Gründe mitliefern, warum sein Herr und König mit dieser Hexe eine Ehegemeinschaft eingegangen war: »Warum Herr Heinrich mit Frau Ellenor in die Ehe getreten war, dem geschiedenen Weibe des Königs von Frankreich, das offenbart sich jedem, der die Weltkarte betrachtet und darauf die Länder zählt, die sie ihm zubrachte; das ist Gascogne, Saintonge und Poitou mit unzähligen Burgen und Städten. Sie soll in ihrer Jugend lieblich und bescheiden gewesen sein. Ich will ihr diese Märzblume nicht aus der Krone nehmen. Zur Zeit, da ich das Knie vor ihr bog, hatte sie einen schwarzen Helm von üppigen Haaren, unstete, beschäftigte Augen und stets gejagte Füsse.«[4]

Eléonor, eine offensichtlich unter Streß stehende, nervös-geschäftige Führungsfrau? Sicher nicht. Und ebenso sicher ist sie keine Sekunde ihres Lebens »lieblich und bescheiden« gewesen. Umwerfend schön soll sie gewesen sein und sich ihrer Position, ihres Reichtums, ihrer Intelligenz, ihres Aussehens und ihres Charmes nur allzusehr bewußt. Erst wenn sich die Spuren der Stürme, die sie im Leben zu bestehen hat, in einer gewissen Reife zeigen, wird sie die fähige Herrscherin werden, als die sie in die Geschichte hätte eingehen sollen. Aber fangen wir vorne an ...

Eléonor ist mit fünfzehn Vollwaise. Gleichzeitig ist sie die reichste und begehrteste Erbin Frankreichs. Als Gräfin von Poitou und Herzogin von Aquitanien ist sie Herrin von ganz Südfrankreich. Schön, sinnenfreudig, temperamentvoll, aber auch herrschsüchtig und freiheitsliebend ist die junge Frau – und all das ist Erbgut, das über einen Zeitraum von zwei Generationen auf sie gekommen ist. Als Enkelin des berühmt-berüchtigten Guillaume IX. hat sie sowohl Poitou und Aquitanien als auch das heiße Blut und die Liebe zur Poesie geerbt. Ihr Großvater gilt nämlich als »Vater der Troubadoure«, denen er mit eigenem besten Beispiel vorangegangen war. Berühmt für seine Verse und Liebeslieder, war er berüchtigt für seine Liebesaffären und die damit verbundenen Skandale.

Der Sohn dieses Mannes, Guillaume von Aquitanien, machte ebenfalls von sich reden, jedoch mehr durch seine legendäre Körperkraft und seinen unverwüstlichen Appetit: Er soll bei einer Mahlzeit so viel verschlungen haben wie acht Männer![5] Ganz unerwartet stirbt der bärenstarke Mann im Alter von 38 und hinterläßt sein Reich seiner schönen Tochter. Allerdings hat er sie nicht unvorbereitet an ihre verantwortungsvolle Aufgabe herangelassen: seit sieben Jahre zuvor sein Sohn gestorben war, hatte er seine ganze Sorge Eléonor angedeihen lassen. Noch sein letzter Wunsch galt ihrem Wohlergehen: er wollte, daß sie den Thronerben Frankreichs heiratete.

1137 wird also die gerade verwaiste Fünfzehnjährige von ihren Vormündern dem jungen Louis VII. »zuerkannt«. Keine sehr glückliche Verbindung, auch wenn der gerade 16jährige Thronerbe Frankreichs seine lebenssprühende Frau sehr liebt. Der fromme Louis wäre eigentlich lieber Mönch geworden; statt dessen wird er jedoch König, und zwar bereits auf dem Heimweg von der glanzvollen Hochzeit in der Heimat seiner vergötterten Gattin. Eléonor, eine verwöhnte, launenhafte, oberflächliche und genußfreudige junge Frau, wird sich weder an seiner Seite noch in dem düsteren Palast der Merowinger im nordischen Paris sehr glücklich fühlen. Schon bald wird sie Ausschau nach lebensbejahenderen Männern halten . . .

Immerhin war mit dieser Heirat fast ganz Frankreich unter einem Königshaus vereint. Die beiden jungen Ehegatten müssen also als Machtfaktor ernst genommen werden. Nur ist diese Macht für Eléonor zu der Zeit noch nicht mit Verantwortung gleichzusetzen. Über einer Familienangelegenheit zettelt sie »in mutwilliger Kleinmädchenlaune«[6] einen kleinen Krieg an. Sechs Jahre sind seit der Eheschließung vergangen, und Louis hat sich zu einem selbstbewußten und entschlossen wirkenden Mann entwickelt. Er ist auch ein guter Feldherr geworden. Doch setzt ein Ereignis seiner Lust auf Feldzüge ein abruptes Ende : Bei der Einnahme der kleinen Stadt Vitry-en-Perthois kommt es zu einem Brand. Die Bevölkerung flieht in die Kirche. Plötzlich greift das Feuer auch auf dieses Gebäude über; Louis sieht von seinem Beobachtungsposten aus die Flammen hochschießen, hört die verzweifelten Schreie. Ein paar Minuten – und das Gebäude bricht in sich zusammen. Unter den Trümmern liegen dreizehnhundert Leichen. Der Ort wird in die Geschichte als Vitry-le-Brulé eingehen; Eléonors Name wird, zumindest in Louis' Erinnerung, für immer mit dieser Tragödie verbunden sein.

Dieses Ereignis verändert den König vollends. Eléonors überlieferte Bemerkung, sie habe manchmal den Eindruck, einen Mönch geheiratet zu haben, ist zu dieser Zeit gemacht worden. Langsam entzieht sich ihr Gatte ihrem Einfluß; in sich gekehrt, reflektiert er über das, was er getan hat und wofür er Buße üben möchte. Dazu soll er bald eine Gelegenheit bekommen : der Aufruf zum Zweiten Kreuzzug kommt ihm sehr gelegen.

Als Louis sich freudig auf den Aufbruch vorbereitet, beschließt seine abenteuerlustige Gattin, mit ihren Damen den Zug zu begleiten. Wenn es je eine überflüssige Handlung in ihrem Leben gegeben hat : das ist sie. Die Damen lassen alles mittransportieren, was sie für Schönheits- und Gaumenpflege brauchen. Dadurch verlängern und verteuern sie sowohl die Reisevorbereitungen als auch den eigentlichen Zug, der sich im Mai 1147 in Bewegung setzt und im Oktober desselben Jahren endlich in Konstantinopel eintrifft. So ungewöhnlich war ihre Teilnahme allerdings nicht; auch andere Frauen hatten ihre Gatten schon begleitet. Aber die Strapazen waren unvorstellbar, und es gehörte neben der Abenteuerlust auch ein enormes Durchhalte- und Leidensvermögen dazu, wenn man sich zum Mitkommen entschlossen hatte. Eléonor wird eine der wenigen Frauen sein, die Hunger, Durst, Kälte, Hitze, Gebirgsüberquerungen und Schiffbruch überleben.

Die Üppigkeit des orientalischen Lebens bietet den Rahmen für Eléonors Begegnung mit der großen Liebe ihrer Jugend: Raymond von Toulouse, Fürst von Antiochia – und ihr Onkel! Louis schwankt zwischen Wut, verletztem Stolz und enttäuschter Liebe hin und her, als er sieht, wie sich seine Eléonor mit ihrem Gastgeber auf dessen Luxusjacht zurückzieht, wie sie in ihrer Heimatsprache, der Langue d'Oc, mit ihm flirtet. Raymond ist groß, schön, charmant; er liebt die Poesie, die Troubadoure und das höfische Leben. Zehn Tage will das königliche Paar bleiben; Eléonor blüht auf. Sie ist mit ihren fünfundzwanzig Jahren eine Frau, die weiß, was sie will. Und auch, was sie nicht (mehr) will. Bei einer Auseinandersetzung in Antiochia gibt sie zum ersten Mal dem verblüfften König zu bedenken, daß nach kanonischem Recht die Ehegatten eigentlich zu nahe miteinander verwandt seien ...

Mitten in der leidenschaftlichen Beziehung wird Raymond in einem Überfall der Sarazenen getötet. Eléonor kehrt, getrennt von Louis, nach Europa zurück, das sie nach erneutem Schiffbruch erreicht. Eine Audienz beim Papst kittet die angeschlagene Ehe so weit, daß sie bald schwanger wird. Die Ehegatten kehren nach Paris zurück, wo Eléonor – zu Louis' großer Enttäuschung – die zweite Tochter zur Welt bringt.

Über den Verlust der ersten großen Liebe hilft ihr die zweite hinweg: Gottfried von Plantagenet, Gemahl der Königin von England und Vater von Henry II., dem späteren Gegenspieler von Thomas Becket. Auch hier ist es wieder ein schöner Mann, der es versteht, mit Frauen umzugehen. Wer weiß, was aus dieser Beziehung geworden wäre, denn Eléonor hat schon längst die Scheidung im Sinn; Gottfried stirbt jedoch ganz plötzlich. Und die Königin beschließt, seinen Sohn Henry zu heiraten! Der Charme scheint in der Familie gelegen zu haben, denn sie ist sterblich in den jungen angehenden König verliebt.

Im März 1152 wird die Scheidung ausgesprochen: zu ihrem großen Schmerz verliert Eléonor ihre beiden Töchter an Louis. Zwei Monate später heiratet die Dreißigjährige den strahlenden, zwölf Jahre jüngeren Henry, der sie leidenschaftlich liebt. Acht Kinder wird sie ihm schenken (unter ihnen Richard Löwenherz), das letzte im Alter von 45 Jahren!

Offenbar haben die Schwangerschaften weder ihrer Schönheit noch ihrer Lebens- und Liebesfreude Abbruch getan. Ebensowenig wie die Familienkrise, die heraufbeschworen wird, als Henry erfährt, daß seine Gattin schon einmal einen Plantagenet geliebt hat – per Zufall seinen Vater! Auch Henry war mit einem feurigen, um nicht zu sagen jähzornigen Temperament ausgestattet, und die Funken werden gesprüht haben bei den Familienkrächen im Hause Plantagenet. Er rächt sich u. a. für diesen Affront, indem er seine Geliebte offiziell am Hofe wohnen läßt.

Es sind diese Liebesgeschichten, die dafür gesorgt haben, daß die Nachwelt in Eléonor eine unmoralische, selbstsüchtige Frau sieht. Das ist aber nicht die ganze Geschichte. Mit der Heirat sind wiederum zwei bedeutende Territorien unter einer Krone vereint: England, das zu der Zeit die Normandie beherrscht und das unter Henrys geschickter Führung auch bald Irland und Schottland annektieren wird, und der ganze Süden Frankreichs, den Eléonor als Heiratsgut mit in die Ehe bringt. Es ist in diesem Zusammenhang, daß wir Eléonor als geschickte und besonnene Politikerin erleben, als eine Frau, die ihren jungen, aktionshungrigen Gatten klug berät und vor hitzköpfigen Taten bewahren kann. Langeweile hat sie jetzt nicht mehr. Abgesehen von den acht Schwangerschaften, die sie über dreizehn Jahre beschäftigt halten, muß sie ungeheuer viel gereist sein. Unterwegs an der Seite ihres unruhigen Gatten oder an seiner Stelle überquert sie dauernd den Kanal, ist bald in der Normandie, bald in Poitou oder Aquitanien. Ihre eigenen Länder verwaltet sie nämlich weitgehend selber. Aber sie regiert auch in England, wenn Henry in der Normandie ist; residiert in Anjou oder Bordeaux, während er in England Inspektionsreisen macht. Gemeinsam sind sie ungeheuer stark – und solange die große Liebe anhält, auch sehr glücklich miteinander.

Dies ist die zweite große Etappe im Leben dieser ungewöhnlichen Frau. Aber sie wird nicht nur durch Politik geprägt. Eléonor ist eine der bedeutendsten Förderinnen der höfisch-ritterlichen Kultur. Sie verpflanzt die südlich-sinnliche Liebes- und Lebenskunst an den nordisch-kühlen Hof von London – mit Erfolg.

Auch hier entsteht ein bedeutender Musenhof, der sich berühmter Minnesänger und vieler der von ihnen besungenen Schönen rühmen darf. Und überall Eléonor im Mittelpunkt. In diesen Kreisen ist ihr der ewige Ruhm gewiß: Die mittelhochdeutschen Dichter haben sie beschrieben, und die Troubadoure haben uns Zeugnis hinterlassen von ihrer schönen Herrin, die eine so großzügige Mäzenin war.

»Eine schöne Frau von großem Temperament, mit Autorität und Präsenz. Sie ist schon seit 46 Jahren eine Königin von internationaler Bedeutung – und das sieht man ihr an. Schließlich ist sie etwas höchst Ungewöhnliches: eine durch und durch weibliche Frau, die in einer Männerwelt überzeugend ›ihren Mann steht‹.« So heißt es – frei übersetzt – in den Regieanweisungen zu James Goldmans Theaterstück/Film *The Lion in Winter.*[7] Im Film spielt die unvergleichliche Katherine Hepburn die fast 60jährige Eléonor, die für die Dauer eines Weihnachtsfests von Henry (Peter O'Toole) aus ihrer langen Gefangenschaft entlassen wird. Die Hepburn gibt ein überzeugendes Porträt der Königin, die auch mit sechzig noch eine großartige Frau gewesen sein muß. Inzwischen ist sie zur Gegnerin ihres Mannes geworden, paktiert mit den Söhnen gegen ihn. Besonders ihrem zweiten Sohn Richard, der als Richard Löwenherz in die Geschichte eingehen wird, steht sie als kluge Beraterin und Alliierte zur Seite. Als Fünfzigjährige hat sie ihn feierlich in sein Erbe eingesetzt: Nun herrscht er, wenigstens nominell, über Poitou und Aquitanien. Nach Henrys Tod (1189) wird sie Richards Rechte vertreten in dem Zwist zwischen ihm und seinem Bruder John (»John-Lackland«, wie er in den Geschichtsbüchern heißt), wird während seiner Abwesenheit auf dem Dritten Kreuzzug sowie seiner Gefangenschaft in Österreich das Erbe gekonnt verwalten.

Und das ist eigentlich der Anfang ihrer dritten »Karriere«: der weitverzweigten politischen Tätigkeit, die sich über große Teile von Europa erstreckt. Je älter Henry wird, je mehr er sich in Trotz- und Haßaktionen verwickelt, je länger er seine einstmals geliebte Gattin in einer Art feudalen Gefangenschaft hält (Eléonor wird erst nach seinem Tode frei), desto weiser und klüger handelt Eléonor, desto souveräner pariert sie seine Attacken gegen ihre Hoheitsgebiete, desto enger schließt sie sich mit ihren Söhnen gegen ihn zusammen. Friedliebend ist sie geworden, die einst aus einer Laune heraus die Tragödie in Vitry-en-Perthois bewirkte. Ihr oberstes Ziel ist es nun, ihren Kindern und Enkeln zu helfen, deren rechtmäßige Ansprüche auf Länder und Besitztümer zu verwirklichen. In erster Linie kommt sie aber pflichtbewußt und taktisch äußerst geschickt immer wieder ihren Pflichten als Lehnsherrin nach: Im Alter von 77 (!) tritt sie eine Rundreise durch ihre Lande an, die nicht nur ihre ungeheure Willenskraft und Selbstdisziplin beweist, sondern auch das Ausmaß andeutet, in dem ihr an der Erhaltung des Reichs der Plantagenets lag.

Daneben macht sie an allen Schaltstellen ihres bewegten Lebens Schenkungen an ihr Lieblingskloster: Fontevrault. Dorthin wird sie sich im hohen Alter von 71 zurückziehen; es wird ihr Altersasyl werden. Und so sehr sie sich ganz und gar von den Wirren und Kämpfen fernhalten möchte, noch darf sie es nicht. Den unrechtmäßig gefangengehaltenen Richard muß sie noch loskaufen bzw. seine Freilassung bewirken. Ihre beiden verfeindeten Söhne Richard und John muß sie noch versöhnen; die milde Art, mit der Richard, König von England, seinen verräterischen Bruder wieder aufnimmt, ist auf Eléonors Einfluß zurückzuführen. In der allerletzten Etappe ihres Lebens macht sie sich überall zu einem Werkzeug des Friedens. Dennoch wird sie vom Schicksal geschlagen: Im April 1199 stirbt ihr Lieblingssohn Richard, 46jährig, an einer Wunde, die ihm ein gut gezielter Pfeil beigebracht hat. Er hinterläßt keine Erben, und für seine Mutter bedeutet das das Ende all ihrer Hoffnungen. Innerhalb von zwei Jahren hat sie die drei Kinder verloren, die ihr am nächsten standen. Nun hat sie nur noch den einen unzuverlässigen Sohn und die Tochter, die ihren Namen trägt und im fernen Kastilien verheiratet ist.

Und genau dorthin begibt sich jetzt Eléonor. Wir schreiben das Jahr 1200, der Monat ist Januar. Die 78jährige leidgeprüfte Königin hat sich von ihren Schicksalsschlägen erholt; sie schickt sich an, ihre letzte große geschichtliche Mission zu erfüllen. In dem politischen Hin und Her, das in den vorangegangenen Jahrzehnten zwischen den Nachkommen ihres ersten Gemahls, des frommen Louis, und denjenigen ihres zweiten Gemahls, des stolzstürmischen Henry, herrschte, verknüpft sie zum letzten mal die Fäden miteinander. Louis hatte dreimal heiraten müssen, bis er den langersehnten Sohn bekam: Philipp II. Augustus »Dieudonné«. Dieser Sohn wird der erbittertste Gegner von Richard Löwenherz und, später, dessen Bruder John. Als der pragmatisch denkende Philipp jedoch einsieht, daß seine Kräfte nicht mehr ausreichen, um gegen England zu gewinnen, versöhnt er sich eiligst mit dem Gegner. Eine der Maßnahmen zur Sicherung des zerbrechlichen Friedens ist die Hochzeit seines Sohnes Louis, des französischen Thronerben, mit einer Enkelin Eléonors. Es wird eine der Töchter ihrer Tochter Eléonor sein – aber welche? Drei stehen zur Auswahl, und Eléonor findet, daß es nur einen Menschen gibt, der die Richtige wählen kann: sie selbst.

Schnell stellt die fast Achtzigjährige einen Begleittroß zusammen und macht sich auf, im Winter die Pyrenäen zu überqueren – zu Pferde, wenn auch in einem Spezialsitz, der eigens für sie angefertigt wird. Ende Januar hat sie bereits Kastilien erreicht! Sie handelt, wie so oft in ihrem Leben, auch hier als Mutter und als Königin. Natürlich wird sie sich gefreut haben, die einzige noch lebende Tochter wiederzusehen, die zusammen mit ihrem Gatten und elf Kindern einen glänzenden, heiteren Hof führt. Wichtiger aber ist ihr der staatspolitische Aspekt. Und so fällt dann ihre Wahl auf die jüngste der drei Töchter, obwohl die gar nicht als künftige Braut Louis' im Gespräch war. Eine Art Seelenverwandtschaft zeichnet sich zwischen den beiden ab: zwischen der tatkräftigen Großmutter und der erst elfjährigen Enkelin besteht wesensmäßig eine Ähnlichkeit, die Eléonor erkennt und schätzt. Sie hat richtig gewählt: Blanca von Kastilien wird eine großartige Mutter und energische Regentin für ihren Sohn, Louis den Heiligen.

Zu Beginn des ersten Frühlings im anbrechenden 13. Jahrhundert überqueren die beiden die Pyrenäen in umgekehrter Richtung. Als am 23. Mai in der Normandie die Hochzeit gefeiert wird, ist die Brautwerberin nicht anwesend. Sie hat sich auf der Rückreise in Fontevrault abgesetzt. Leider immer noch nicht endgültig, denn es steht ihr noch bevor, den soeben errungenen Frieden, den sie durch diese Heirat hatte untermauern wollen, zerstört zu sehen. Am 31. März oder 1. April des Jahres 1204 stirbt sie, getröstet in der »Aussicht, daß ein ganz junges Mädchen, ein Sproß ihres Stammes, eine ähnliche Aufgabe übernehmen wird, wie sie selbst sie hatte, daß dieses junge Mädchen seine Aufgabe als Frau und Königin vielleicht sogar noch besser erfüllen wird, als sie es konnte«.[8]

Die Biographin der »Königin der Troubadoure« beginnt ihr Nachwort mit den folgenden Sätzen, die ebensogut am Ende dieses Porträts stehen können: »Man kann über Eléonors Person und ihre geschichtliche Funktion manches Kritische sagen. Viele haben es auch getan, bezeichneten sie als Buhldirne, als dämonisches Weib, eine von Haß getriebene Megäre. Im Lichte der historischen Unterlagen und Dokumente lassen sich jedoch derartige Urteile nicht aufrechterhalten. Was als geschichtliche Wahrheit bleibt, ist das Bild einer ›unvergleichlichen Frau‹, wie der Chronist Richard de Devizes sagt ...«[9]

Isabel I. von Spanien

1451–1504

Achtzehn Jahre alt ist die Braut, Isabel von Kastilien, siebzehn der Bräutigam, Fernando, König von Sizilien und zukünftiger König von Aragon. Die Hochzeit im Jahre 1469 ist der Anfang einer äußerst erfolgreichen und geschichtsträchtigen Partnerschaft. Sie sind sehr verschieden, ergänzen sich aber in den wesentlichen Punkten: »Their complementary qualities made Ferdinand and Isabel the most effective royal couple in history.«[10]

Schon bei ihrem ersten historischen Auftritt vereinigen sie drei Königreiche. Das wird symbolisch sein, denn Isabel und Fernando werden ein einziges großes Ziel verfolgen: ein vereinigtes Spanien. Und das ist auch bitter nötig. Ein Jahrhundert lang hatte Spanien eine Reihe von schwachen Herrschern erdulden müssen, die schließlich mit dem besonders inkompetenten Enrique IV., den seine Untertanen »Enrique el Impotente« nannten, ihren Abschluß fand. Er hatte Juana, die er, obwohl sie aller Wahrscheinlichkeit nach illegitim war, als seine Tochter anerkannte, das Reich hinterlassen; die aufsässigen Adligen hingegen nominierten seine Halbschwester Isabel als seine Nachfolgerin. Bei seinem Tode hatte er jedoch die Legitimität Juanas und ihr Recht auf die Thronfolge noch einmal bestätigt.

Das ruft die Diplomaten auf den Plan. Sie überreden Isabel dazu, so schnell wie möglich Fernando zu heiraten und damit aus einem gefährdeten Erbe ein dreifaches Königreich zu machen. Obwohl Isabel zustimmt, gibt es da noch zuerst ein paar kleinere Schwierigkeiten aus dem Weg zu räumen. Zum Beispiel die Sache mit dem Verwandtschaftsgrad. Die beiden haben denselben Stammbaum, sind Cousin und Cousine. Der Papst verweigert die päpstliche Bulle, die die Heirat möglich gemacht hätte; so muß man sie fälschen, was Fernando, sein Vater und der Erzbischof von Barcelona bewerkstelligen.[11] Dann wäre da noch das finanzielle Problem. Der Braut wird die Mitgift verweigert, und der Vater des Bräutigams steckt mitten im Krieg und kann sich daher keine königliche Hochzeit leisten. Ein jüdischer Rechtsanwalt löst das Problem mit einem Darlehen von 20 000 Sueldos. Isabel wird es bei ihrer Thronbesteigung im Jahre 1474 zurückzahlen; die Erinnerung an diese Hilfeleistung wird sie allerdings nicht hindern, die Juden aus Spanien auszuweisen. Das ist eine der geschichtlichen Taten, für die sie berüchtigt ist. Für eine andere ist sie berühmt: Es war in ihrem Auftrag, daß Kolumbus mit Geld und Schiffen ausgestattet wurde, um den westlichen Seeweg nach Asien ausfindig zu machen. Daß er dabei zufällig Amerika entdeckte, ist eine der vielen ironischen Marginalien der Geschichte.

Aber noch ist es ohnehin nicht so weit, denn zuerst einmal gehen Isabel und Fernando an die Verwirklichung ihres obersten Zieles, nämlich, ein geeintes Spanien zu kreieren, das unter einer starken Herrschaft zu neuer Blüte gelangt. Von Isabel heißt es: »In personality, devotion, intelligence, fortitude and above all in adminstrative power, she makes all other women of her age and most of the men seem puny.«[12] Dazu kommt noch, daß sie eine ausgesprochen populäre Herrscherin ist. All das läßt sich nicht von ihrem königlichen Gemahl sagen: Persönlichkeit und Intelligenz sind zwar auch hier vorhanden, aber es fehlen die Integrität, die Hingabe, die Charakterstärke. Fernando wird immer nur geduldet sein – und manchmal nicht einmal das. Kastilien will weiterhin nur von Isabel verwaltet und beherrscht werden; die kastilischen Adligen anerkennen seine Autorität nicht. Es ist schließlich nicht von ungefähr, daß sich Macchiavelli, als er sein berühmtes Werk *Der Prinz* konzipierte, diesen König als Modell nahm...

Nichtsdestotrotz ergänzt Fernando Isabel in wichtigen Eigenschaften, und für sie war er der Mann, den sie sich gewünscht hatte und dem sie ein Leben lang treu blieb. Fünf Kinder werden sie zusammen haben, von denen zwei Töchter eine geschichtliche Rolle spielen werden: die dritte Tochter, Juana, wird die Mutter von Carlos V., und die jüngste Tochter Catalina wird in zweiter Ehe die erste Frau von Henry VIII., der uns noch im übernächsten Kapitel beschäftigen wird. Eine Reihe weiterer Kinder wird Fernando haben, von denen vier (von vier verschiedenen Frauen!) eine gewisse offizielle Anerkennung erringen. Ob ihn die intensive Religiosität seiner Gemahlin so oft zu anderen

Frauen getrieben hat? Denn nicht umsonst ist Isabel mit dem Beinamen »die Katholische« in die Geschichte eingegangen. Es wird vermutet, daß die Sittenstrenge, die sie sich und ihrer Umwelt auferlegte, eine Reaktion auf die ausgesprochen laxe Moral am Hofe ihres Halbbruders war.

Wie dem auch sei: sie hatte völlig richtig erkannt, daß es zu ihrer Zeit eigentlich gar kein »Spanien« (mehr) gab, daß das große Reich in viele kleine, sich eifersüchtig beäugende »Reiche« zerfallen war – so, wie es bis ins 19. Jahrhundert hinein eigentlich kein »Deutschland«, sondern nur deutsche Lande, oder bis zu Garibaldi viele großartige italienische Fürstentümer, aber kein eigentliches »Italien« gegeben hat. Also mußte sie zuerst einmal einen gemeinsamen Nenner finden, und der hieß – »Kirche«. Es soll ein vereintes katholisches Spanien werden, und alles, was Isabel unternimmt, geschieht vor diesem Hintergrund: die Vertreibung der Juden aus Spanien, der unerbittliche Krieg gegen die Mauren im Süden, ja, sogar die Expedition, die Kolumbus unternimmt und die unter ihrem persönlichen Patronat steht, schließt, neben den kommerziellen Erwägungen, noch den Hintergedanken der Verbreitung des Christentums mit ein.

Kein Wunder denn auch, daß sie sich zur Durchsetzung ihres großen Plans, das Christentum von Küste zu Küste in Spanien herrschen zu lassen, eines dafür bestens geeigneten Instruments bedient: der Inquisition. Als verlängerter Arm ihrer Herrschergewalt ist diese Institution befugt, alles zu unternehmen, um das Land katholisch zu machen. Dazu stehen verschiedene Mittel zur Verfügung: Konversion (von Juden und Mauren), Vertreibung all derer, die nicht konvertieren wollen, oder Tod den Ketzern und Uneinsichtigen. Es läßt sich natürlich sagen – und ist auch allen Ernstes gesagt worden –, daß durch dieses Mittel weniger Menschen ums Leben gekommen sind, als wenn es einen Bürgerkrieg gegeben hätte. Abgesehen davon, daß das dem einzelnen Menschen, der durch Folter, den Strang oder Verbrennung bei einem öffentlichen *Auto-da-Fé* umgekommen ist, wohl kaum ein Trost gewesen sein dürfte, ignoriert diese Argumentationsweise einen wesentlichen Faktor: Die Geisteshaltung, die mit dem Einsatz der Inquisition zum Audruck kommt, wird die große intellektuelle Blütezeit Spaniens endgültig beenden und wird das Land auf Jahrhunderte hinaus dem Rest Europas entfremden. Dies, obwohl es im nächsten Jahrhundert mit Carlos V. und seinem Sohn Felipe II. fast eine Art Diktatur über ganz Europa ausübt.

Einheit als großes Ziel, über viele Etappenziele erreicht; zunächst mit einer Reihe von Reform-Maßnahmen: Sicherheit von Leib und Gut wird durch die Begründung der »Heiligen Bruderschaft«, einer Art von Miliz, gewährleistet; das Reisen auf den Landstraßen wird ebenfalls sicherer. Das Rechtswesen wird reformiert; Land, das früheren königlichen Favoriten leichtsinnigerweise geschenkt worden war, muß dem Staat zurückgegeben werden. Sexuelle Intrigen am Hofe haben ebensowenig Raum in diesen Reformbestrebungen wie die Autonomiegelüste des Adels. Volle Unterwerfung unter die Krone wird verlangt, vom Adel ebenso wie von den städtischen Gemeinden. Selbst die spanische Kirche, dem Herrscherpaar so lieb und teuer, muß Federn lassen: sie muß einen Teil ihrer Reichtümer abgeben und einen Teil ihrer Gerichtsbefugnis aufgeben. Einerseits sorgt Isabel dafür, daß sich die Moralmaßstäbe des Klerus' positiv verändern; anderseits entzieht sie dem Papst das Recht, die höheren kirchlichen Würdenträger zu ernennen: zwei der fähigsten Kirchenmänner sind zugleich Erzbischof und Premierminister!

Dieses Recht auf Ernennung von Vertretern der Kirche ging sogar so weit, daß Isabel und Fernando die Inquisitoren selbst aussuchen konnten, die dann allerdings noch auf die päpstliche Bestätigung der Ernennung warten mußten. Jedoch gingen sämtliche Einkünfte aus konfisziertem Privatbesitz der Ketzer an die Krone; das Herrscherpaar führte detailliert Buch darüber, und besonders Fernando liebte diesen Teil seiner Regierungsaktivitäten. 1483 macht Papst Sixtus IV. den Dominikaner Tomas de Torquemada zum Inquisitor von ganz Spanien. Ein echter, gnadenloser Fanatiker übernimmt damit die religiöse Vereinigung Spaniens, mit der ganzen Unerbittlichkeit seiner Überzeugung. Drei Jahre sind vergangen, seit die ersten Inquisitoren nominiert worden sind, zwei Jahre seit dem ersten *Auto-da-Fé* am 6. Februar 1481, bei dem sechs Männer und Frauen verbrannt worden sind. Bis zum November desselben Jahres werden es bereits 298 Scheiterhaufen-Opfer sein, und 79, die in Kerkern dahinvegetieren.[13]

Torquemadas Eifer ist für den neuen Borgia-Papst Alexander VI. etwas zuviel des Guten; er verfügt, daß der Großinquisitor seine Befehlsgewalt mit zwei anderen Inquisitoren teilen muß. Torquemada setzt sich über den päpstlichen Edikt hinweg und etabliert ein Reich innerhalb des Reiches. Rom ist unglücklich über diese Entwicklung; mehrmals wird verfügt, daß die Inquisition abzuschaffen sei. Jedesmal ignoriert Torquemada die Befehle, und er wird darin von Fernando unterstützt. So mächtig ist das Königspaar, daß der Vatikan nicht wagt, sich mit ihnen anzulegen. Die Inquisition entwickelt sich zu einem Horror-Regime, das seine Lebensfähigkeit aus Denunziationen, Vermutungen, Anschuldigungen, Rachegelüsten oder Geldgier und fanatischer Religiosität bezieht. Sie ist einer der dunkelsten Punkte in der Geschichte Spaniens und damit auch der sonst so erfolgreichen Regierungszeit von Fernando und Isabel. Vergleiche mit den Hexenverbrennungen im Norden oder – was uns zeitlich näherliegt – dem Terror-Regime des Dritten Reiches drängen sich auf. Selbst Historiker tun sich da schwer: »We must try to understand such movements in terms of their time, but they seem to us now the most unforgivable of historic crimes. A supreme and unchallengeable faith ist a deadly enemy to the human mind.«[14]

Der nächste Schritt der religiösen Säuberungsaktion ist die Ausweisung der Juden. Man schreibt 1492, das Jahr, in dem die Weltgeschichte in eine neue Phase eintritt, das Jahr, das unwiderruflich die Neuzeit einläuten wird. Alle ungetauften Juden, so heißt es im königlichen Edikt, haben das Land bis zum 31. Juli zu verlassen, unter Zurücklassung von allem Geld, Gold und Silber. Die gesamten Jahressteuern müssen bis dann einbezahlt sein, während ausstehende Schulden von Christen oder Mauren erst bei Fälligkeit eingetrieben werden können. Entsprechende Ansprüche können zu einem Bruchteil ihres wahren Wertes verkauft werden. Ungefähr 50 000 treten zum Christentum über und dürfen im Lande bleiben, unter dem wachsamen Auge der Inquisition. Für 100 000 andere beginnt der lange Exodus. Innerhalb von ein paar Monaten ist Spanien praktisch »judenrein«. Die italienischen Staaten sind der einzige Ort, wo die Vertriebenen menschenwürdig aufgenommen werden.

Bleiben nur noch die Mauren. In dem hyperaktiven Jahr 1492 wird hier die erste Bresche geschlagen: Granada wird von den Mauren »befreit«. Nach jahrelangen Verfolgungsaktionen und Angriffen wird ihnen dann 1502 dasselbe Angebot gemacht wie zehn Jahre zuvor den Juden. Die Mauren beeilen sich, darauf hinzuweisen, daß unter ihrer Herrschaft die Christen zu Zeiten ihrer Vorfahren religiöse Freiheit genossen hätten. Das Herrscherpaar ist unbeeindruckt; es erläßt eine Verfügung, die die Vertreibung der Mauren zum Inhalt hat. Knaben unter vierzehn und Mädchen unter zwölf dürfen jedoch ihre Eltern nicht begleiten. Die, die nicht das Land verlassen, konvertieren offiziell und werden ihrerseits potentielle Opfer der ewig mißtrauischen Inquisitoren. Endlich gehört Spanien den Christen.

So weit Isabel, die Katholische, in bezug auf Religion. Historiker geben sich alle erdenkliche Mühe festzuhalten, daß sie all das nach bestem Wissen und Gewissen gemacht hat, aus religiösem (Über-)Eifer, nicht aus Haß oder Rachsucht oder sonstigen niederen Motiven. Denn dieselbe Frau, auf deren Veranlassung hin viele Tausende von Menschen Opfer der Inquisition geworden sind, wird immer wieder geschildert als formidable Herrscherin, als kluge Administratorin, als weise Königin – der Tradition verhaftet, aber mit ungetrübtem Blick für Neuzeitliches. Gerade letzteres hat sie in der Sache mit Kolumbus bewiesen – in einer Angelegenheit, die einmal mehr zeigt, wie sehr sich die Institutionen in allen Jahrhunderten gleichen, wie wenig sich im Grunde genommen menschliche Verhaltensweisen ändern ...

Das Zeitalter war reif für die Entdeckung anderer Kontinente; genügend Männer beschäftigten sich mit möglichen Expeditionen, die Mut und Ausdauer verlangen würden. Aber auch Geld. Und dieses Geld – eine frühe Art von Sponsoring – konnte nur von einem reichen Herrscherhaus kommen, das überdies »hungrig« genug war, als »Sponsor« erfolgreicher Pioniere in die Geschichte einzugehen. Der Genuese Cristoforo Colombo ist solch ein unerschrockener, mutiger Pionier. Seit seinem vierzehnten Altersjahr fährt er zur See, hat schon einige Abenteuer hinter sich, bevor er in Lissabon heiratet und sich als Kartograph dort niederläßt. Er weiß aus seiner intensiven Lektüre, daß es einen Seeweg nach Indien geben muß, der kürzer ist als die Route um Afrika herum; 5000 Meilen westlich müßte man segeln ... Ungefähr 1484 unterbreitet er dem portugiesischen Hof einen entsprechenden Vorschlag. König Juan II. leitet ihn seinerseits an ein dafür zuständiges Komittee weiter, und offenbar war damals schon eine Kommission der Friedhof jeder guten Idee, denn die Gelehrten empfehlen die Ablehnung des Plans: Kolumbus habe die

Distanzen unterschätzt. 1485 unterbreiten zwei Portugiesen einen ähnlichen Vorschlag, allerdings mit dem wichtigen Unterschied, daß sie die Expedition selbst finanzieren wollen. Der König erteilt ihnen seinen Segen, was aber nicht verhindert, daß die beiden zwei Jahre später unverrichteter Dinge zurückkehren.

Daraufhin erneuert Kolumbus seine Bemühungen; der König lädt ihn zu einer Audienz ein, und Kolumbus erscheint genau in dem Moment, als Bartholomeu Dias im Triumph von seiner Umsegelung Afrikas zurückkehrt. Natürlich liegt die afrikanische Route dem König nun näher; die westliche Route ist für den Moment kein Thema. Enttäuscht wendet sich Kolumbus an Genua und Venedig, aber auch dort bekommt er keine Unterstützung, denn auch ihnen liegt der östliche Seeweg mehr am Herzen. Schließlich schickt Kolumbus seinen Bruder nach England, um bei Henry VII. vorzufühlen. Er lädt Kolumbus zu einer Besprechung ein; als die Einladung eintrifft, hat sich Kolumbus schon in Spanien engagiert.

Dieses Bekenntnis zu den »Katholischen Majestäten« – ein Titel, der dem Königspaar vom Papst in Anerkennung ihrer Säuberung Spaniens von den Mauren verliehen worden war – hatte im Mai 1486 seinen Anfang genommen. Kolumbus hatte Isabel seinen Vorschlag unterbreitet, die ihn ihrerseits auch an eine Experten-Kommission weitergeleitet hatte. Kommissionen ließen und lassen sich Zeit bei solchen Entscheidungen; diese hier braucht ebenfalls ihre Zeit, um zu einem »Nein« zu gelangen. Fernando und Isabel versuchen, die bittere Pille mit einer jährlichen Geldzuwendung an Kolumbus zu versüßen; 1489 weisen sie zudem die Behörden im ganzen Land an, Kolumbus, wo immer er auftauche, zu beherbergen und zu verköstigen. Auch wird der Vorschlag der Kommission zur erneuten Begutachtung vorgelegt. Da sich Experten höchst selten selbst desavouieren, wird selbstverständlich auch diesmal ablehnend beschieden. Kolumbus hat genug und wendet sich an Charles VII. in Frankreich.

Die Ereignisse scheinen sich nun zu überstürzen, denn Isabel lädt ihn noch einmal zu einer Audienz ein; sie sendet ihm im voraus einen großzügig bemessenen Betrag für die Reise. Während sie für den frustierten, aber beharrlichen Seefahrer ein offenes Ohr hat, lehnen ihre Berater weiterhin ab. Inzwischen ist es Januar 1492: acht Jahre schon trägt sich der Genuese mit seinen

Plänen, deren Verwirklichung immer wieder an Kommissionen scheitert. Jetzt wird er endgültig nach Frankreich gehen.

An diesem kritischen Moment der Weltgeschichte tritt ein getaufter Jude auf den Plan. Fernandos Finanzminister Luis de Santander gelingt es, Isabel die Sache schmackhaft zu machen – nicht zuletzt, indem er ihr ausmalt, wie es wäre, wenn ganz Asien christlich würde ... Notfalls wird er die Expedition selbst finanzieren, mit Hilfe einiger anderer (jüdischer!) Freunde. Isabel ist beeindruckt; sie bietet ihre Juwelen als Pfand an, um den benötigten Betrag herbeizubringen. Santander kann darauf verzichten; er beschafft die Summe, zu der auch Kolumbus noch etwas beisteuern kann. Am 17. April 1492 wird die königliche Unterschrift auf die letzten Dokumente gesetzt. Kolumbus wird mit einem persönlichen Schreiben Fernandos an den Khan von Cathay ausgestattet: jetzt ist China, nicht Indien, das Ziel, und bis an sein Lebensende wird Kolumbus glauben, China entdeckt zu haben. Am 3. August wird er für sechs Jahre Wartezeit in Spanien belohnt: Drei Schiffe, ausgestattet mit 88 Mann Besatzung und Vorräten für ein Jahr, verlassen Palos auf dem Weg in ein neues Zeitalter.

Der Rest ist bekannt: Am 11. Oktober ertönt der ungläubig-erleichterte Ruf »Tierra! Tierra!« – selten hat etwas in den Ohren einer erschöpften, demoralisierten und im Meutern begriffenen Mannschaft süßer geklungen. In der Dämmerung des 12. Oktobers, dem Tag, der heute noch in den Vereinigten Staaten als *Columbus Day* gefeiert wird, betreten die drei Kapitäne das Ufer: San Salvador wird der Name sein, den sie dem Land geben, und im Namen von Fernando, Isabel und Christus nehmen sie davon Besitz. Fünfzig Spanier werden genügen, um sich die Bevölkerung untertan zu machen; viele Glasperlen haben den Weg dazu vorbereitet ...[15] Gold findet er jedoch nicht, und so geht die Reise weiter nach Cuba und Haiti. Dort schließlich versichern ihm die Bewohner der Insel, daß es viel von diesem goldenen Metall gebe. Erleichtert und dankbar beginnt Kolumbus die Rückreise, die sich allerdings sehr dramatisch gestaltet. 193 Tage war er auf See, als er am 15. März 1493 vor ein dankbares Königspaar tritt.

Der Empfang entspricht der historischen Leistung. Sechs Monate ist er Gast des königlichen Haushalts, wird mit Titeln und Privilegien überschüttet. Das Gerücht, daß der König von Portugal dabei sei, eine neue Flotte über den Atlantik zu senden, mobilisiert die Spanier: Der schlaue Fernando bittet Papst Alexander VI., die spanischen Ansprüche ein für allemal »abzusegnen«. In einer Serie von päpstlichen Bullen werden alle nichtchristlichen Länder westlich einer imaginären Linie Spanien zugesprochen, und alle östlichen Portugal übereignet. Kolumbus muß nun nicht mehr betteln: zwei weitere Expeditionen werden ihm bewilligt, immer im Hinblick auf die Berge von Gold, die er finden und nach Hause mitbringen wird.

Schließlich wird er noch ein viertes Mal die Segel setzen, aber diese Reise steht unter einem besonders schlechten Stern. Als er nach eineinhalb dramatischen Jahren am 7. November 1503 ohne die erhoffte Goldmenge zurückkehrt, ist die Enttäuschung groß. Fernando und Isabel, die im Sterben liegt, lassen den gebeutelten Seefahrer sechs Wochen warten, bevor sie ihn empfangen. Kolumbus, krank und weit über seine achtundfünfzig Jahre hinaus gealtert, besteht auf seinen Titeln und Privilegien, die ihm elf Jahre zuvor zuerkannt worden waren. Fernando kann sich dazu nicht durchringen, bietet ihm aber einen Landsitz in Kastilien an. Enttäuscht und verbittert lehnt Kolumbus ab; er, der das Gesicht der Welt für immer verändert hatte, stirbt als gebrochener Mann am 20. Mai 1506.

Anderthalb Jahre zuvor, am 24. November 1504, war seine Mentorin gestorben; ihr königlicher Gemahl wird sie um gut elf Jahre überleben. Wie präsentiert sich nun die Regierungszeit der ersten Königin von Spanien? Sicher läßt sich sagen, daß sie ihre Vision eines geeinten Spaniens weitgehendst hat umsetzen können. Mit der Religion als bindendes Element hat sie ein Nationalgefühl hervorbringen können. Allerdings ist dieses Gefühl noch nicht so stark, daß es ein temporäres Auseinanderbrechen des gerade zusammengefügten Landes verhindern kann; aber es ist unbestreitbar die Basis für die glanzvolle Zeit unter Carlos V. und Felipe II. Sie war eine fähige Führungsfrau, eine ausgezeichnete Reformerin und Administratorin. Eines ihrer Geheimnisse waren kleine Notizbücher, in denen die Namen von Männern eingetragen waren, die ihr als besonders fähig und förderungswürdig aufgefallen waren. Wenn ein wichtiger Posten neu zu besetzen war, konnte das ohne Verzögerung geschehen: der Nachschub war schon vorhanden und mußte nicht erst lange gesucht werden.

Die politischen Fähigkeiten Isabels sind also unbestritten. Was ihre Ethik betrifft, war sie wohl nicht besser oder schlechter als die Potentaten der Nachbarländer. Fast jeder mußte sich mit Religionsstreitigkeiten auseinandersetzen und Gewalt anwenden, um diesen Krisenherd aus dem Wege zu räumen. Jeder hungerte nach dem Gold der Neuen Welt; jeder bediente sich kriegerischer Maßnahmen, um seine Grenzen zu sichern oder zu erweitern. Skrupel wurden dabei nicht großgeschrieben; das Motto lautete eher *Christus fürs Volk, Macchiavelli für die Herrschenden.* Insofern war sie also ein Kind ihrer Zeit, von dem man in bezug auf persönliche Ethik nicht allzuviel erwarten durfte. Trotzdem lassen ihr Charakter, ihre Loyalität zu wünschen übrig, und ihr neuzeitliches Denken war weitgehend von Habgier geprägt. Ihre Spuren haben sich nie verloren – das alleine macht sie schon zu einer geschichtlichen Größe! –, und einer ihrer größten Bewunderer, der Spanienkenner James Michener, urteilt: »Militarily, financially and spiritually she left Spain a bulwark among nations, and I judge her to have been twice the ruler that her grandson Carlos V. was and also better than her great-grandson Felipe II.«[16]

Catherine de Médici

1519–1589

Bei Eléonor von Aquitanien ist die Welt, vom religiösen Standpunkt aus, noch heil; bei Maria Theresia ist sie es (mehr oder weniger) wieder. Dazwischen liegen sechs Jahrhunderte, von denen besonders das Sechzehnte in bezug auf Religion und damit verbundene Toleranz oder Intoleranz Probleme aufgegeben hat. Isabel hat das Problem auf ihre Art gelöst: Vertreibung, erzwungene Konversion oder Tod aller Nichtkatholischen. Elizabeth I. und größtenteils ihre Erzrivalin Mary Stuart werden versuchen, eine »Sowohl-als-auch«-Politik zu betreiben. Der Versuch gelingt, wenn er auch letztlich zugunsten der Reformation ausgeht. Aber Catherine, Zeitkind der Renaissance, tut sich schwer, oder, richtiger gesagt: man macht es ihr schwer. Selbst gewillt, Toleranz zu üben, wird sie in einen Strudel von Religionskriegen hineingerissen, die schließlich in der berüchtigten Bartholomäus-Nacht vom 24. August 1572 ihren grausamen Höhepunkt finden.

Leider ist es auch dieses blutige Ereignis, das mit dem Namen der Italienerin auf dem französischen Thron so untrennbar verbunden ist. Leider – denn Catherines Bild und die Bilanz ihrer dreißigjährigen Führungstätigkeit ist dadurch so befleckt, daß es den meisten Historikern schwerfällt, zu einem fairen Urteil zu gelangen. Auch ich habe mich – ich gestehe es – schwergetan mit dieser Frau, die als Königin gar nichts sein durfte, als Mutter die Unfähigkeit des ersten regierenden Sohnes und die Verantwortungslosigkeit des zweiten auffangen mußte, und erst als eine Regentin, die nicht nur dem Namen nach die Herrschaft innehatte, ihre Fähigkeiten unter Beweis stellen konnte.

Etwas, was mir bei den Recherchen zu diesem Porträt Mühe gemacht hat, ist das Verwirrende der Religionskriege einerseits und die tausende Liter von Blut, die dabei geflossen sind, andererseits. Es ist zum Glück hier nicht der Platz, im Detail darauf einzugehen, und so werden diese politischen Aspekte nur insofern berücksichtigt, als sie unbedingt zum Porträt von Catherine gehören. Und das ist dann auch noch genug ...

Wer daran glaubt, wie sehr Herkunft, Elternhaus und frühe Zuwendung ein Kind prägen können, der *muß* mit dieser Frau fühlen: Einen Monat nach ihrer Geburt ist die kleine Catherine Maria Romola bereits Vollwaise. Ihre Eltern waren nur ein Jahr verheiratet gewesen; deren Hochzeit ist als die schrecklichste Hochzeit der Renaissance in die Geschichte eingegangen: der Syphilitiker Lorenzo de' Medici, trotz seines jugendlichen Alters als Wüstling bekannt, heiratet die schöne Madeleine de la Tour d'Auvergne, eine bourbonische Prinzessin. Der Bräutigam ist Träger eines illustren Namens; man erinnert sich noch an seinen Großvater Lorenzo il Magnifico, dem Florenz so viel verdankt, und dann ist er schließlich Neffe des gerade amtierenden Papstes Leo X. Was mag die Braut wohl gedacht, geahnt, gewußt haben? Was immer sie befürchtet haben mag, ist in tragischster Weise eingetroffen: Ein Jahr nach der Hochzeit stirbt das junge Paar an der »Lustseuche«. Madeleine ist zwei Wochen zuvor jedoch noch im Palazzo Medici in Florenz von einer Tochter entbunden worden – einer gesunden Tochter!

Ohne elterliche Liebe aufgewachsen, wird die Achtjährige als Geisel der Florentiner Regierung in einem Erpressungsversuch gegen den dann amtierenden zweiten Medici-Papst Clemens VII. eingesetzt. Vier Jahre lang bleibt sie Gefangene der Florentinischen Ratsherren in einem vornehmen Kloster. Dort erfährt sie endlich Liebe und Frieden: Die freundlichen Nonnen, der friedvolle Garten und das Lernen, das sie liebt, geben der guten Schülerin etwas Halt.

Nachdem der Papst in den Vatikan zurückgekehrt ist, läßt er sie nach Rom kommen. Wieder wird sie eine Trumpfkarte in einem politischen Spiel. Eine Allianz mit Frankreich wäre nicht schlecht – und schon bald wird man handelseinig: Catherina wird Henri Duc d'Orléans, den späteren Hönig Henri II., heiraten. Die Hochzeit zwischen der vierzehnjährigen Braut und dem sechzehnjährigen Bräutigam findet im Oktober 1533 statt. Sie ist für Catherina der Beginn einer neuen Leidenszeit. Da ist einmal die Liebe zu ihrem Gatten, die ihr ganzes gemeinsames Leben lang unerwidert bleibt. Wer *Catherina* sagt, muß auch *Diane de Poitiers* sagen, die Geliebte des Königs, der er bis an sein Lebensende zugetan ist und treu bleibt. Diane ist achtzehn Jahre älter als ihr königlicher Geliebter, aber das hat ihn nie gestört. Sie ist schön, klug, kultiviert und weiß sehr geschickt mit Henri umzugehen. Der verbringt jede freie Minute bei Diane, erledigt sogar häufig die Regierungsgeschäfte von ihrem Schloß Anet aus.

Catherine ist jung, das stimmt, und hat gewisse körperliche Vorzüge. Die Bemerkung eines Zeitgenossen, daß sie eine schöne Frau sei, wenn verschleiert, heißt, daß ihre Figur gut war – was auch von allen bestätigt wird –, daß sie aber kein schönes Gesicht hatte. Die Medici hatten sich nie durch physische Schönheit ausgezeichnet. Aber diese Medici war sportlich und mutig; sie reitet im Herrensitz und setzt den Hof mit ihren Künsten im Bogenschießen in Erstaunen.

Einen Vorteil jedoch sollte sie eigentlich gegenüber ihrer Rivalin in der Gunst ihres Gatten ins Feld führen können: königliche Nachkommen. Und das ist genau der Punkt, der Catherine zur größten Verzweiflung bringt: Sie ist offensichtlich unfruchtbar. 24 Jahre alt ist sie jetzt, zehn Jahre verheiratet, und sie weiß, daß man in ihr in erster Linie eine Art königlicher Zuchtstute sieht. Aber nichts geschieht. Am Hof macht sich Unwillen bemerkbar, man ruft nach Scheidung. Henri möchte zwar nicht so weit gehen, aber wird er sich nicht dem Willen seiner Höflinge beugen müssen?

Es ist Catherines Schwiegervater, François I., der die Situation rettet. Als einziger wahrer Freund, den seine italienische Schwiegertochter je hatte, ist er derjenige, dem sie tränenüberströmt ihre Verzweiflung offenbart. Sie ist bereit, zum Besten Frankreichs in die Scheidung einzuwilligen, aber sie bittet ihn zu überlegen, ob sie nicht in einer anderen, irgendeiner anderen, Funktion am Hofe nützlich sein kann. Gerührt beschließt er, daß fortan von Scheidung keine Rede mehr sein wird – offenbar ist es Gottes Wille, daß die Dauphine kinderlos bleibt.

Oder doch nicht? Es ist, als ob mit diesem Entscheid der Bann gebrochen sei. Die unfruchtbar geglaubte Catherine bringt ein Jahr später ihr erstes Kind zur Welt: einen Sohn, den sie als Hommage an ihren Schwiegervater François nennt. Er wird sechzehn Jahre später die schottische Königin heiraten und damit Catherine zur Schwiegermutter Mary Stuarts machen. Neun weitere

Kinder wird sie noch zur Welt bringen, so daß sie in zwölf Jahren zehnmal schwanger ist. Sieben Kinder bleiben am Leben.

Bereits beim dritten Kind ist Catherine Königin. Ihr Freund und Beschützer, François I., ist gestorben, ihr Gemahl zum König gekrönt worden. Krönungsornat und Schmuckbehang tragen die ineinander verschlungenen Initialen »H« und »D« – eine der vielen Lektionen in Selbstbeherrschung, die ihr später als Regentin zugute kommen. Nur ein einziges Mal soll es zu einer Unbeherrschtheit auf seiten Catherines gegenüber Diane gekommen sein. Ansonsten erträgt sie die Situation und erweist sich als überaus großzügig nach dem Tode ihres Gatten: Diane, eine der reichsten Großgrundbesitzerinnen Frankreichs, darf ihre Güter, Landsitze und Schlösser sowie sämtliche Geschenke, die Henri ihr aus Liebe und Dankbarkeit gemacht hat, behalten. Nur die Kronjuwelen, die auch in Dianes Besitz waren, werden zurückgefordert – eine administrative Angelegenheit, kein Racheakt.

Henri war bei einem Turnier ums Leben gekommen. Damit geht für Catherine die erste große Epoche ihres Lebens zu Ende; eine Zeit der Demütigungen, der Unterwerfung, der Selbstverleugnung. An sich sollte für die Vierzigjährige der Vorhang jetzt fallen; François II. wird König. Kurze Zeit später stirbt er jedoch, als Vermächtnis seine achtzehnjährige Gattin, die schottische Mary, zurücklassend. Sie hatte ihren jungen Gatten mit Charme und Unerbittlichkeit auf die Seite der katholischen Guise gebracht, die sich gegen die Anhänger der Reformation, die Hugenotten, verschworen haben. Die Anführer dieser Rebellen sind bourbonische Prinzen, hauptsächlich Prinz Louis Condé. Und um das Maß voll zu machen, gibt es da noch eine dritte Partei, der der Admiral Frankreichs, der Calvinist Coligny, vorsteht. Diese drei Parteien werden die zweite Epoche im Leben der Medici-Tochter bestimmen: die Zeit ihrer Regentschaft für ihr fünftes Kind, Charles IX., und darüber hinaus, als ihr Sohn schon König ist, aber noch sehr auf den Rat seiner klugen, politisch gewieften Mutter angewiesen ist.

It's never too late heißt ein bekannter englischer Spruch. Dieses Motto mag sich auch Catherine auf ein imaginäres Banner geschrieben haben, als sie sich im Alter von vierzig Jahren den Traum ihres Lebens erfüllt: Sie wird die nächsten dreißig Jahre keinem Mann, keiner königlichen Favoritin, keinen Hofschranzen mehr untertan sein; statt dessen wird sie sich als die Vollblutpolitikerin erweisen, die sie heimlich schon immer war.

Ihr selbst ist jeder Fanatismus fremd. Als gebildete Frau der Renaissance weiß sie, daß man Ideen nie durch Ausrottung gegensätzlicher Ideen durchsetzen oder festigen kann. Sie hält sich aus den politischen Machtkämpfen heraus; schließlich hat sie ihren Macchiavelli gelesen. In der Mitte halten soll sich der Fürst, der verhindern muß, daß man ihn fürchtet, lehrt der mit allen Wassern gewaschene Florentiner. Die pragmatische Catherine ist eine gelehrige Schülerin, zumal sie nun wirklich nicht einsieht, warum nicht zwei Religionen nebeneinander in einem Land existieren können. Mit diplomatischem Geschick gelingt es ihr, jeder der drei Parteien Zugeständnisse abzugewinnen, unter anderem auch die Zustimmung des Königs von Navarra zu ihrer Regentschaft. Eigentlich wäre er nämlich Thronanwärter gewesen, aber mit seinem »Verzicht«, den sich Catherine in einer Art von politischem Handstreich erkauft, erhandelt er sich wiederum die Freilassung seines gefangenen Bruders, des Prinzen Condé. Und hat nicht Catherine hoch und heilig versprochen, nie etwas ohne die Männer des königlichen Rats zu unternehmen ...?

Schnell eskaliert die schwelende Auseinandersetzung, die zum ersten Mal in einer hastig einberufenen »Religions-Konferenz« auf Schloß Saint-Germain im Herbst 1561 offen und ziemlich unversöhnlich diskutiert wird. Nur mit Mühe gelingt es der Regentin, einen Kriegsausbruch zu vermeiden. Das Land kann jetzt keine bewaffnete Auseinandersetzung brauchen: Wirtschaft und Finanzen stehen nicht zum besten; das allgemeine Elend und das weithin vernehmbare Säbelrasseln der militaristischen Protestanten lassen Friedensverhandlungen angebracht erscheinen.

So kommt es zum ersten Toleranz-Edikt, dem andere folgen werden – alle gleich wirkungslos, denn es kommt doch zu einer Reihe von Religionskriegen im eigenen Land. Anlaß des ersten, der nur ein halbes Jahr später ausbrechen wird, ist das arrogante Auftreten der Hugenotten, die mit ihrem Gesang vor einer Kirche die innen stattfindende Messe provozierend stören. Die Bitte um fünfzehn Minuten, die es braucht, um die Messe zu beenden, wird als Zumutung empfunden: 23 Leichen und 100 Verwundete sind die Bilanz des ersten mutwillig vom Zaun gebrochenen Scharmützels. Die Königin, alarmiert, ruft den Herzog von Guise, der beim Verlassen der Kirche durch einen Steinwurf verletzt worden ist, zu sich. Er weigert sich zu kommen; die Kriegsvorbereitungen auf beiden Seiten nehmen bedrohliche Formen an. Wie kann man ein Eingreifen der Regentin verhindern? Ganz einfach: Man entführt sie und hält sie als Gefangene, bis es so weit ist – im April 1562 beginnt der erste der ermüdenden Religionskriege.[17]

Immer wieder gelingt es Catherine in den nächsten acht Jahren, mit Geduld, Selbstbeherrschung und Diplomatie das Schlimmste zu verhindern. Sie will Frieden und erläßt ein Toleranz-Edikt nach dem anderen. Sie will nicht Spielball der verschiedenen Fraktionen werden, nicht intern und nicht außerhalb der Grenzen, wo die Herrscher Europas hechelnd darauf warten, sich die Beute »Frankreich« aufzuteilen. Ihr war darüber hinaus klar, daß jede der beiden großen Parteien, falls sie siegreich wäre, die Regentin entmachten und wahrscheinlich ihren Sohn absetzen würde. Also kämpfte sie auch ums eigene Überleben.

Eigentlich hätte sie sich schon längst zurückziehen sollen; seit dem 15. September 1563 ist nämlich ihr Sohn, im Alter von vierzehn Jahren vorzeitig für volljährig erklärt, König. Catherine gibt formal ihre Regentschaft, nicht aber ihre Führungsrolle auf. Nun muß sie zusätzlich noch bestrebt sein, ihren Sohn aus den verschiedenen Einfluß-Sphären der Parteien herauszuhalten. Besonders, da er für seinen väterlichen Freund Coligny, den Calvinisten, eine große Zuneigung hegt. Coligny findet ein offenes Ohr bei dem schwächlichen jungen König, als er ihm einen Krieg mit Spanien schmackhaft machen will. Geduldig hat sie seit Jahren damit gelebt, daß ihr Sohn Wachs in den Händen des Admirals ist. Doch jetzt hat sie genug: Ein Krieg gegen Spanien, das mächtigste europäische Reich, wäre Selbstmord. Der Friede, ja das Überleben des Landes stehen auf dem Spiel. Jemand muß geopfert werden, damit es nicht zu solch einem Wahnsinnsakt kommt. Warum nicht der Urheber der Idee? Zumal einige Katholiken sie gewarnt haben, daß die Hugenotten sie und den König entführen und absetzen wollen.[18] Wem kann man eigentlich noch trauen? Sicher nicht dem Mann, der ihrem Sohn in ihrer Gegenwart etwas zuflüstert. Als sie darauf besteht zu wissen, was er gesagt hat, faucht ihr Sohn sie an: »Very well, then, by the death of God, since you will know, this is what the Admiral said to me: that all power has gone to pieces in your hands, and that evil for me would come of it.«[19] Sie gibt Anweisung, daß man Coligny aus dem Weg schaffen soll. Vielleicht würden sich damit auch die Protestanten zufriedengeben und der Friede könnte erhalten bleiben.

Vorher plant sie noch ihren bedeutendsten und mutigsten Schlag: nichts anderes als den Zusammenschluß der beiden feindlichen Parteien mit Hilfe einer ehelichen Allianz. Heiratspolitik ist bei ihr, wie bei Eléonor und Isabel, eine Art Hobby. Ihre schöne Tochter Margot soll sich mit Henri de Navarre vermählen. Henri ist Sohn des verstorbenen Antoine de Navarre und dessen rabiat protestantischer Witwe Jeanne d'Albret, und außerdem Neffe des verstorbenen Condé. Entgegen allen Erwartungen gibt die Mutter des Bräutigams ihre Zustimmung, unter der Bedingung, daß weder sie noch ihr Sohn die Braut in die Kathedrale begleiten würden. So wird die Trauung der beiden Königskinder – und gleichzeitig die innige Verbindung beider Religionen – am 16. August 1572 vorgenommen, auf einem erhöhten Gerüst vor Notre-Dame. Fünf Tage sollen die Festlichkeiten dauern; bis zum 21. August sollen die geladenen Gäste aus beiden Parteien Gelegenheit haben, einander kennenzulernen und sich zu versöhnen, soll ein Hauch des Geistes der Renaissance durch Paris wehen.

Nichts geht nach Wunsch. Der heiße Monat und die heißen Gemüter tun einander nicht gut. Das Attentat auf Coligny wird amateurhaft ausgeführt: Das Opfer verliert nur einen Finger; die Hugenotten, über die ganze Stadt verstreut, sammeln sich und sinnen auf Rache. Am 23. August abends gibt Catherine nach: Sie erklärt sich einverstanden damit, daß die Hugenotten-Anführer getötet werden sollen. Ratsam wäre es jedoch, des Königs Einverständnis vorher zu erwirken. Dem Zweiundzwanzigjährigen wird die Wahl vor Augen gestellt: entweder das Leben seiner Mutter oder das von sechs Hugenotten! Sollten die Katholiken siegreich sein, würde er als Feigling und Narr abgesetzt. Der junge Mann zögert; seine Mutter droht, sich nach Italien abzusetzen und ihn seinem Schicksal zu überlassen. Um Mitternacht verliert er die Nerven: In einer Art Nervenzusammenbruch schreit er nicht nur seine Zustimmung zur Ermordung der führenden Köpfe, sondern aller Hugenotten heraus.[20] Es ist der Auftakt zu einer grausamen Metzelei, die sowohl über die eigentlichen Religionsstreitigkeiten als auch schon bald über die Grenzen der Stadt hinausgeht.

Als Catherine das Ausmaß des Massakers zu ahnen beginnt und ein Einhalten bewirken will, ist es zu spät. Paris ist im Blutrausch, über lange Zeit Angestautes macht sich Luft: das Volk kompensiert sein Elend mit Mordlust. Die Mutmaßungen über die Opfer reichen von 5000 bis 30000.[21] Das katholische Europa jubelt, das protestantische ist entsetzt. Die vormals königstreuen Hugenotten wenden sich in Horror von ihrem König ab. Der, verfolgt von den Schreien ermordeter Hugenotten, versucht seiner Mutter die Schuld zuzuweisen. Dem Wahnsinn nahe, stirbt er am 30. Mai 1574, knapp vierundzwanzigjährig.

Catherines Lieblingssohn Henri besteigt den Thron als Henri III. Er ist an allem anderen interessiert, nur nicht am Regieren; dafür plündert er die Staatskasse für sein Privatleben. 1585 bricht der letzte Religionskrieg aus, der zwölf Jahre dauern sollte. Henri ist unbeeindruckt. Selbst als er von dem katholischen Guise-Nachfolger abgesetzt wird. Guise macht sich zum König von Paris, bleibt es aber nicht lange: Henri rafft sich zumindest dazu auf, diesen Usurpator töten zu lassen. Das bedeutet jedoch auch sein Todesurteil, dessen Vollstreckung seine alte Mutter allerdings nicht mehr erlebt: Catherine stirbt am 5. Januar 1589 einen einsamen Tod.

Bilanz dieses Lebens? Eine intelligente, gebildete, politisch hochbegabte Frau, ungeliebt und zum selbstverleugnenden Nichtstun verdammt in der ersten Hälfte ihres Lebens; respektiert, gefürchtet und bedroht in der zweiten. Das Zeitalter war gegen sie, und dennoch hat sie, zumindest als Regentin, ihre hervorragenden Fähigkeiten einsetzen können. Sie war die einzige der Medici, die eine Königskrone getragen hat, eine erheiratete zwar, aber eine, die ihr zukam. Zu ihrer Führungsqualifikation gehören diplomatisches Geschick, Geduld, Klugheit und Toleranz. Ihr Anspruch auf eine Führungsrolle in der Geschichte war legitim. Sie war tatsächlich zum Herrschen geboren.

Elizabeth I. von England

1533–1603

So schmeichelhaft die Meinung ist, die James Michener, der Bewunderer Isabels, von der spanischen Herrscherin hat, so abwertend ist sie in bezug auf zwei andere Frauen der damaligen Zeit: »She was a colossus of her age, a woman who supported Columbus in his discovery of a new world, and Anglo-Saxon scholars fail to do her justice. For example, one major encyclopedia allots her only sixty-four lines while giving her unimportant daughter Catalina two hundred and forty-five merely because she happened to be the first wife of Henry VIII. And Mary Queen of Scots, who accomplished nothing compared to Isabel, is accorded a staggering eleven hundred and eight. This is not only insular; it is ridiculous.«[22]

Abgesehen davon, daß er recht hat, haben wir hier gleich zwei Frauen, die eine Rolle im Leben der Isabel/Elizabeth dieses Kapitels spielen: Ohne Catalina hätte Henry VIII. keine Ehe mit Anne Boleyn, seiner zweiten Frau und Mutter Elizabeths I. von England, gehabt; ohne die Thronansprüche ihrer schottischen Nichte Mary Stuart hätte es die Tochter Anne Boleyns leichter gehabt, wäre zumindest mit einem eindeutigeren Bild in die Geschichte eingegangen. Denn selten ist eine Frau zwiespältiger porträtiert worden als Elizabeth, obwohl sie und Maria Theresia zu den bestdokumentierten Gestalten dieses Buches gehören.

Wir wissen nicht, wieviel Platz die gemaßregelten Verfasser der oben erwähnten Enzyklopädie Elizabeth eingeräumt haben; wenig wird es wohl nicht gewesen sein, denn bedeutender als Mary Stuart war sie allemal. Will Durant widmet ihr ein großes Kapitel, das er mit »The Great Queen« überschrieben hat. Darin heißt es am Schluß: »... she found England bankrupt and despised, and left it rich and powerful; and the sinews of learning and literature grew strong in the wealth of her people. She continued the despotism of her father, but moderated it with humanity and charm. Denied husband and child, she mothered England, loved it devotedly, and used herself up in serving it. She was the greatest ruler that England has ever known.«[23] Im Gegensatz dazu der Eintrag in der *Encyclopedia of Social Sciences*, in der ihr ganze 75 Zeilen zugestanden werden. Und die gereichen ihr auch nicht gerade zum Besten, mit Sätzen wie: »Her mental powers were mediocre notwithstanding her excellent education and a certain quickness of apprehension, and she was without originality or ambition.«[24]

Sie hat aber nicht nur männliche Biographen gehabt. Die kluge Mary Lavater-Sloman hat ihr zwei, oder sagen wir: anderthalb, Bücher gewidmet.[25] Auf der Rückseite des Umschlags zum ersten, einer vollständigen Biographie, heißt es bezeichnenderweise: »Es eignet Mary Lavater ein ganz ausgeprägter Sinn für Gerechtigkeit, Wahrheit und Fairplay. Die ›Helden‹ ihrer Bücher von ›Verleumdung und falschen Anekdoten, von Mißverständnissen und gehässiger Auslegung ihrer Taten zu reinigen‹, ist nach ihrer eigenen Aussage das Hauptanliegen ihrer Biographien. Und wie sollte man ihr dafür nicht dankbar sein, ganz besonders dankbar im Fall Elizabeths von England, der Herrin der Meere, deren Bild durch die dichterischen Freiheiten, die Schiller sich erlaubte (und nicht Schiller allein), mit völlig entstellten Zügen auf uns gekommen ist?«[26] Die Autorin hat und so objektiv wie es einer Biographin mit solcher Zielsetzung nur möglich ist, sorgfältigst recherchiert ein Buch geschrieben, das mit Erfolg das Bild Elizabeths zurechtrückt.

In der jüngsten Biographie, wiederum von einer Frau verfaßt, heißt es im Klappentext: »Elisabeth I. war eine große Königin, eine Galionsfigur der englischen Geschichte. Sie führte ihr Land zu Frieden, Ruhm und Macht und prägte die Weltgeschichte. Vor allem aber war sie eine Frau. [...] Sie trug die Krone, die ihr nach schlimmer Kindheit und Jugend, nach Gefangenschaft und Verbannung im Alter von 25 Jahren aufs Haupt gesetzt wurde, sehr gerne und voller Tatkraft.«[27] Das Buch ist in erster Linie der Gefühlswelt der »jungfräulichen Königin« gewidmet und präsentiert in romanhafter Form das »Bild einer leidenschaftlichen, kühnen, liebenden und leidenden Frau«.[28]

Eigentlich ist in diesen paar Zitaten bereits die ganze Elizabeth enthalten – ebenso wie die zwiespältige Beurteilung, die ihr zuteil geworden ist. Faszinierend und enervierend zugleich muß sie gewesen sein: Uns interessiert hier in erster Linie aber Elizabeth, die Herrscherin. Wie ist es ihr, dem Bastard, gelungen, ein Königreich auf legitimem Wege zu erhalten und es zu einem prosperierenden Staatswesen zu machen? Was war ihr Geheimnis in bezug auf all die vielen Männer, die sie umworben haben, die jedoch von ihr wie Bauern auf einem Schachbrett hin- und hergeschoben worden sind? Worin lag ihre Entscheidungsschwäche begründet, bzw. warum war diese Eigenschaft so ausgeprägt? Es sind die Antworten auf diese und andere Fragen, die Elizabeth I., Königin von England, auch heute noch zu einem faszinierenden Studienobjekt machen.

Die Geschichte(n) von Henry VIII. ist Thema unzähliger Bücher, Theaterstücke und Filme. Es ist nicht die Absicht, hier darauf im Detail einzugehen; es mag genügen, darauf hinzuweisen, daß sich bei seinen sechs Ehefrauen ein gewisses Muster herausschälte: geschieden – geköpft – gestorben (eines natürlichen Todes); geschieden – geköpft – gestorben, und zwar als seine Witwe! Anne Boleyn hatte das Pech, zur zweiten Kategorie zu gehören: Nach nur drei Ehejahren, in denen sie ihrem lustvollen Gemahl zwei Kinder, Elizabeth und einen totgeborenen Knaben, gegeben hatte, wurde sie des mehrfachen Ehebruchs bezichtigt und in höchst unziemlicher Eile verurteilt und hingerichtet. Die Eile war insofern geboten, als die junge Jane Seymour schon als nächste Auserkorene in den Kulissen auf ihren geschichtlichen Auftritt wartete.

Schnell ist die Hofgesellschaft bereit, die Frau, die sie als Königin gerade noch umschmeichelt hatte, als »Hure« zu bezeichnen. Und da die gefangengehaltene Königin, in der Hoffnung, daß ihre Ehe für ungültig erklärt würde, bereitwillig ihre eigenen Annullierungspapiere unterzeichnet und gleichzeitig auch auf die Legitimität ihrer Tochter und ihr Erbe verzichtet hatte, wurde das Kind schnell einmal zum »Bastard« abgestempelt. Annes Hoffnung sollte sich als unbegründet herausstellen – und so wird die Frau, deren Ehe gerade annulliert worden ist, wegen Ehebruchs hingerichtet! Eine paradoxe Situation, über die man lachen müßte, hätte sie nicht zu einem Mord geführt!

Drei Jahre alt ist das kleine Mädchen, als sie Halbwaise wird. Zweiundzwanzig Jahre werden vergehen, bevor sie den Thron besteigt – und in diesen gut zwei Jahrzehnten lernt Elizabeth viel.

Das hochintelligente Kind hat schnell begriffen, daß es unerwünscht ist – und daher in dauernder Lebensgefahr. Früh lernt Elizabeth zu lavieren und zu taktieren, übt sie sich in Zurückhaltung, weiß sie um den vielleicht lebensrettenden Vorteil des vorsichtigen Abwägens. Das, womit sie später ihre Umwelt fast zur Verzweiflung bringt, hat hier seine Wurzeln: ihre enervierende Entscheidungsunwilligkeit in vielen politischen Situationen, ihr Streben nach Besitz und Sicherheit und nicht zuletzt ihre Abneigung gegen die Ehe, gegen die Bindung an einen Menschen, dem sie auf eine Art ausgeliefert wäre. Zweiundzwanzig Jahre, in denen sie ihren Vater viermal heiraten und sich zweier Gattinnen entledigen sieht. Zweiundzwanzig Jahre, in denen sie bis fast zur letzten Stunde nicht weiß, ob sie von ihrer Halbschwester Mary Tudor, der Tochter Catalinas von Aragon und Ehefrau Felipes II. von Spanien, je zu deren legitimer Nachfolgerin ernannt wird, nachdem sie jahrelang ihrem Haß ausgesetzt war. Zweiundzwanzig Jahre schließlich, die sie nutzt, um eine der gescheitesten, belesensten und kunstliebendsten Königinnen aller Zeiten zu werden.

Am 17. November 1558 ist es endlich soweit. Die »blutige Mary«, Mary Tudor, ist tot. Ein Bote sprengt in den Hof des königlichen Palastes von Hatfield, um einer Fünfundzwanzigjährigen anzukündigen, daß sie seit ein paar Stunden Königin von England ist. Nur drei Tage später wird sie, bereits jeder Zoll die Königin, vor dem Hof eine Art Antrittsrede halten, die mit den Worten endet: »... that I with my ruling and you with your service, may make a good account to Almighty God, and leave some comfort to our posterity on earth.«[29] Die 45jährige Regierungszeit wird ihr mehr als genug Gelegenheit geben, das hier gemachte Versprechen einzulösen. Acht Tage nach dieser Rede reitet sie, in purpurfarbenen Samt eingehüllt, durch die Straßen Londons zum Tower, wo sie nur vier Jahre zuvor wegen angeblicher Machenschaften gegen Mary Tudor auf ihren Tod gewartet hatte. Das Volk säumt die Straßen und jubelt seiner neuen Königin zu: eine 45jährige Liebesaffäre hat ihren Anfang genommen ...

Zwei wesentliche Faktoren bestimmen Elizabeths Leben, und jegliche Be- oder Verurteilung dieser Frau muß auf dem Hintergrund dieser zwei Faktoren gesehen werden: Zum einen ist sie keinen Moment ihres Lebens der Krone sicher gewesen, so wie es aus einer legitimen Ehe geborene Thronfolger sind. Für die Engländer war sie die Tochter einer Geliebten, nicht einer Ehefrau, von Henry VIII., illegitim also. Den Beschluß, mit dem Anne Boleyns Ehe 1536 als ungültig erklärt worden ist, hat das Parlament nie zurückgenommen. Daneben gab es jedoch eine 1544 verfaßte Erklärung, die Elizabeth als rechtmäßige Thronerbin nach ihren Halbgeschwistern Eduard und Mary bestätigte. 1553 jedoch bestätigt die Legislative die Ungültigkeit der Ehe ihrer Eltern – ein Akt, der Elizabeth offiziell zu einem »Bastard« abstempelt. Bastarde waren aber nach englischem Recht von der Thronfolge ausgeschlossen. Man ließ die junge Frau wissen, daß, wenn sie sich offiziell zum Katholizismus bekenne und England dementsprechend regieren würde, der Papst in bezug auf ihre Illegitimität mit sich reden ließe und ihr Recht auf den Thron anerkennen würde ... Elizabeth lehnte ab. Diese etwas seltsame Basis einer 45jährigen Regierungszeit hat der Königin nie die Sicherheit geben können, die ihre Psyche brauchte, um den Makel ihrer Geburt wegzuwischen. Ihre Sucht nach Verehrung, Lob und Anerkennung hängt eng mit diesem Zustand zusammen.

Der zweite prägende Faktor ist die Tatsache, daß sie den allergrößten Teil ihres langen Lebens – und sicher ihre gesamte Regierungszeit hindurch – ohne ihr nahestehende Bezugspersonen gelebt hat. Weder Eltern noch Schwiegereltern, weder Mann noch Kinder, weder Geschwister noch ältere Verwandte, bei denen sie hätte Rat oder Trost suchen können, gab es in ihrem Leben. Auch keine Freundinnen oder Freunde, denen sie sich hätte anvertrauen können. Alleine hat sie alle Schwierigkeiten meistern, einsam hat sie ihre Entscheide, die sie ja dann schließlich doch einmal fällen mußte, vorbereitet. Diese menschliche Verarmung, gepaart mit dem Makel einer illegitimen Geburt, läßt sie hie und da Härte, ja Grausamkeit, äußerste Sparsamkeit (um nicht zu sagen: gefährlichen Geiz) und diese Beziehungsunfähigkeit zeigen, die ihr die Geschichtsschreibung anlastet. Es gibt niemand ihr Nahestehenden, der ihre Handlungen kritisch beleuchtet, der etwas hätte verhindern, veranlassen oder beschleunigen können. Nicht einmal die Männer, die sie wohl geliebt hat – den gutaussehenden Robert Dudley, Graf Leicester, oder Robert Devreux, Earl of Essex – konnten öffentlich an ihrer Seite stehen. Dieser Mangel an menschlicher Wärme, an einem Umfeld, das es ihr erlaubt hätte, auch einmal ein ganz normaler Mensch, eine anlehnungsbedürftige Frau zu sein, ist meines Erachtens das prägende Merkmal des beinahe halben Jahrhunderts Regierungszeit dieser fähigen Frau.

Allerdings hat sie versucht zu kompensieren, indem sie sich mit fähigen und loyalen Staatsdienern umgeben hat. Ihre unbestrittenen Führungsqualitäten haben sehr viel mit diesem Punkt zu tun, denn mit sicherer Hand stellt sie ihre Führungsmannschaft zusammen, hauptsächlich aus Männern bestehend, die nicht adlig geboren sind. Der Adel ist nach wie vor weitgehend katholisch und sieht sie eher als Usurpatorin denn als legitime Königin. Die erste Ernennung betrifft ihren Sekretär und persönlichen Berater, William Cecil. Vierzehn Jahre lang wird er ihr in dieser Funktion dienen, ernst, unbestechlich, verschwiegen. In ihm sucht sie den Ratgeber, auf den sie sich verlassen kann. Bei seinem Amtsantritt läßt sie ihn wissen:

> »This judgment I have of you that you will not be corrupted by any manner of gift, and that you will be faithful to the state; and that without respect of my private will you will give me that counsel which you think best; and if you shall know anything necessary to be declared to me of secrecy, you shall show it to myself only. And assure yourself I will not fail to keep taciturnity therein. And therefore herewith I charge you.«[30]

Nach vierzehnjähriger Tätigkeit als engster Mitarbeiter wird Cecil Schatzmeister, eine Funktion, die er sechsundzwanzig Jahre lang innehat, bis zu seinem Tode. Bei den vielen Tätigkeiten, die er im Interesse der Krone zusätzlich ausübte, ist sicherlich eine der wichtigsten die beratende Stellung, die er in bezug auf den Sieg des Protestantismus über den Katholizismus in England einnahm. Elizabeth hat aber auch seine Sparsamkeit geschätzt, die ihr später die Ausrüstung ihrer Schiffe bei dem Sieg über die »unbesiegbare« Armada ermöglichte. Dabei zeigte sie erstaunliches Verständnis für die Tatsache, daß er nicht so knauserig war, wenn es an die Anhäufung eines Privatvermögens ging ...

Ihm und ihr zur Seite stand ein Team von weniger bedeutenden oder einflußreichen Männern, die aber trotzdem einen unschätzbaren Beitrag beim Erringen und Festigen der Basis für die

Regierungszeit der jungen protestantischen Königin geleistet haben. Am dankbarsten wird sie da wohl Sir Francis Walsingham, Staatssekretär von 1573 bis zu seinem Tode um Jahre 1590, gewesen sein: Schockiert von den verschiedenen Anschlägen auf das Leben Ihrer Majestät, hat dieser loyale Staatsmann ein Spionagenetz gewoben, das von Edinburgh bis Konstantinopel reichte und in dem sich auch die schottische Königin verfangen sollte.

Sparsam und vorsichtig in finanziellen Dingen, erreichte Elizabeth bald, daß man ihr Land als solvent betrachtete. Äußerst empfindlich in bezug auf Opposition, Kritik oder Beaufsichtigung, hat sie nur ganz selten das Parlament um finanzielle Hilfe gebeten. Ihre Handlungen waren durchaus nicht frei von Herrscherwillkür; sie glaubte an die von Gott gegebene Ermächtigung. Opponenten wurden manchmal inhaftiert, ohne legalen Grund, ohne Prozeß. Das Parlament mußte nach ihrer Pfeife tanzen; anfänglich ging das ohne große Probleme ab, dann entstand ein gewisses Ressentiment, und schließlich gab es fast einen Aufstand.

Sie buhlt um die Gunst ihrer Untertanen. Die Hälfte des Volkes haßt sie wegen ihres Protestantismus'; das ganze Volk tut sich schwer mit der Ehe- und Kinderlosigkeit seiner Herrscherin. Doch nach und nach wird es sich der Vorteile ihrer Regierung bewußt: niedrige Steuern, blühender Handel, Ordnung und Religionsfreiheit nach innen, Friede und hohes Ansehen nach außen sind Fakten, die für die Königin sprechen. Und schließlich wird auch das Volk irgendwie gespürt haben, daß es dieser Frau in seiner Gesamtheit Mann- und Kindersatz bedeutete – und daß die Liebe, die sie ihren Untertanen entgegenbrachte, groß und echt war. Ihre Popularität ist schließlich so groß gewesen, wie sie es sich immer gewünscht hat. Es war ein legitimer Ersatz für die fehlende familiäre Geborgenheit, aber etwas, was nicht abgesichert war, was immer wieder neu erobert werden mußte. Jeder mißlungene Anschlag auf ihr Leben trägt zu ihrer Beliebtheit bei – ein hoher Preis, wie mir scheint. Jeder ausländische Bewerber von Rang und Namen um die Hand der »jungfräulichen Königin« überzeugt das Volk einmal mehr davon, wie bedeutend und wie begehrenswert seine Herrscherin ist. Und der Sieg über die Armada schließlich, der aus dieser Frau die »Herrin der Meere« macht, bekräftigt nur ihre Klugheit und Unbesiegbarkeit.

Fast wäre ihr dieser Sieg allerdings nicht vergönnt gewesen.

Denn eine der Eigenschaften, die mit Elizabeth untrennbar verbunden sind, ist ihre Sparsamkeit. Man könnte es auch ganz schlicht Geiz nennen. Wer sie um Geld angeht, muß gewärtigen, lange auf den Entscheid zu warten und dann sicher nur einen Bruchteil dessen zu bekommen, was er braucht. Wenn zum Beispiel die Hugenotten sie um 300000 Kronen und 10000 Mann angehen, schickt sie 10000 – Kronen, nicht Soldaten, und statt der erbetenen 10000 Mann entsendet sie nur 6000. »Elizabeth was as careful with ducats as the Pope« heißt es bei Will Durant.[31]

Über jeden Schilling mußte die Marine Rechenschaft ablegen; dort, wo Belege fehlten oder Erklärungen nicht akzeptiert wurden, zahlten ihre beiden besten Admirale, John Hawkins und Francis Drake, die Differenzen aus ihrer eigenen Tasche. Mannschaften und Truppen wurden auf kleinen Rationen und schmalem Sold gehalten, denn Elizabeth befürchtete einen langen Krieg. Trotzdem hielten die Seeleute und die Soldaten durch, selbst als eine Epidemie, eine Art von Typhus, auf manchen Schiffen die Mannschaft um die Hälfte dezimierte. Sie waren trunken vom Sieg über die bis dahin größte Seemacht der Welt.

Dieser Sieg hat einerseits die Logistik der Seeschlachten nachdrücklichst verändert, anderseits auch die politische Landkarte Europas. Die Niederlande nutzten die Schwäche Spaniens, um ihre Unabhängigkeit zu gewinnen; Nordamerika wurde englischen Kolonisten zugänglich gemacht; der Protestantismus in England gewann an Bedeutung und Stärke, und James VI. von Schottland hörte auf, nach einer Allianz mit den Päpsten zu schielen und sich für die Nachfolge auf dem englischen Thron zu interessieren.

Dreißig Jahre kann sie ihr Land vor Kriegen bewahren; als sich eine militärische Konfrontation nicht mehr vermeiden läßt, ist sie siegreich. Einmal mehr hat sie ihre Fähigkeiten als Landesherrin unter Beweis gestellt, einmal mehr hätte sie allen Grund, sich sicher zu fühlen im Bewußtsein ihres staatsmännischen Könnens. Und dennoch buhlt sie weiterhin um die Gunst des Volkes – während nach wie vor Männer um ihre Gunst buhlen. Als »jungfräuliche Königin« wollte sie in die Geschichte eingehen; als unverheiratete Herrscherin zumindest ist sie gestorben. Was ist nicht alles gerätselt und spekuliert worden über dieses Merkmal einer eigenwilligen Frau, die sich das Recht auf eigene Entscheidungen nahm. Wahrscheinlich werden die wahren Gründe für ihre Ehelosigkeit nie zu eruieren sein – man vermutet medizinische Ursachen, aber auch die sind nicht unwiderlegbar bewiesen worden. Eines steht jedoch fest: Sie hat das Beste aus dieser Situation gemacht.

Intelligent und belesen, humanistisch gebildet und tolerant, sprachbegabt und sprachgewandt, hätte sie vielen Diplomaten etwas beibringen können. In einer Variante des altbewährten Prinzips »Teile und herrsche« ließ sie sich von einer Reihe von Thronfolgern umwerben, hielt sie alle hin und verhinderte dadurch Ehen zwischen ihren Feinden, wie zum Beispiel zwischen Spanien und Frankreich. Hochgewachsen und schlank, mit rötlichem Haar und schönen blauen Augen, war sie attraktiv, wenn auch nicht unbestreitbar schön wie ihre große Rivalin Mary Stuart. Mißtrauisch, wie sie in ihrer Jugend geworden war, hätte sie sich jedoch nie alleine auf ihre körperlichen Reize verlassen. Das hat sie nicht gehindert, die Reize, soweit vorhanden, durch große Prunkentfaltung zu unterstreichen: Juwelen im Haar, an den Armen, Handgelenken, Ohren und an den Kleidern zeugten von ihrer ausgeprägten Eitelkeit; ihre Kleider, die sie fast täglich wechselte, waren alle kostbare Gewänder. Bei ihrem Tode hinterließ die sonst so Sparsame 2000 solcher Roben![32]

Geflirtet hat sie bis zuletzt, und geliebt hat sie einige ihrer Günstlinge; ihre erste Liebe, den Earl of Leicester, bis zu ihrem Tode, obwohl sie ihn ohne weiteres an Mary Stuart abgetreten hätte. Dennoch hat die Frau in ihr immer der Herrscherin Platz machen müssen, und zuletzt hat die Liebesaffäre mit ihrem Volk über alle anderen Amouren triumphiert.

Elizabeth I., nach der ein ganzes Zeitalter benannt worden ist, die neben einer erfolgreichen 45jährigen Regierungszeit ein kulturelles Klima schaffen konnte, in dem sich u. a. ein Shakespeare und ein Bacon entwickeln konnten, in dem Musik und Poesie – die die Königin nicht nur konsumierte, sondern auch kreierte – in England einen ersten Höhepunkt erlebten, in dem religiöse Toleranz trotz aller äußeren Bedrohungen nicht nur ein Lippenbekenntnis war, die ihr Land in innerer Ordnung und äußerem Wohlstand ihrem Nachfolger überlassen konnte: was würde sie einer heutigen angehenden Führungsfrau wohl raten? Abgesehen von der offensichtlichen Empfehlung, daß eine Frau »es«

auch ohne einen Mann an ihrer Seite schaffen kann, würde sie wahrscheinlich hinzufügen, daß es sich jedoch lohnt, die Männer, die einem beratend zur Seite stehen, sorgfältig auszusuchen. Ihre Berater, die zum Teil an ihrer Eigenwilligkeit sowie ihrer »Aufschieberitis« verzweifelt sind, gehörten zu den bedeutendsten Aktivposten ihres Lebens. Und wahrscheinlich würde sie auch kühl darauf hinweisen, daß gerade diese »Aufschieberitis«, diese enervierende Langsamkeit im Fällen von Entscheiden, ihr viele Fehlentscheide erspart hat. Wie auch wir Heutigen wissen, daß vieles, was »express« auf unseren Schreibtisch kommt, aber nicht express behandelt wird, sich nach ein paar Tagen von alleine erledigt hat, so hat sie durch Liegenlassen und Aufschieben oft eine Klarheit gewonnen, die dann bessere Entscheide bewirkt hat. »She knew how to ally herself with time, which dissolves more problems than men solve«, lobt Durant.[33]

Wenn die Zeit auch in vielen Fällen ihre Verbündete gewesen sein mag, in einem Fall zumindest hat sie zu dem befleckten historischen Bild dieser größten aller englischen Königinnen – und Könige – beigetragen: Neunzehn Jahre braucht sie, um sich zur Hinrichtung ihrer größten Konkurrentin um den ewig unsicheren Thron zu entschließen. Es sind die endlose Gefangenschaft Mary Stuarts und schließlich die Vollstreckung eines schon damals umstrittenen Urteils, die die sonst so großartige und verdienstvolle Herrscherin als menschlich fragwürdig erscheinen lassen. Die Nachwelt ist hart mit ihr ins Gericht gegangen. Jeder Versuch, hier zu einem gerechten Urteil zu gelangen, müßte ebenso strenge Maßstäbe an die schöne Mary anlegen – an diese Zeitgenossin, die mehr als Elizabeth zum Herrschen geboren war, aber weitaus weniger als sie dafür geeignet.

Mary, Königin der Schotten

1542–1587

Ich habe menschlich, jugendlich gefehlt,
Die Macht verführte mich, ich hab es nicht
Verheimlicht und verborgen, falschen Schein
Hab ich verschmäht, mit königlichem Freimut.
Das Ärgste weiß die Welt von mir und ich
Kann sagen, ich bin besser als mein Ruf.
Weh Euch, wenn sie von Euren Taten einst
Den Ehrenmantel zieht, womit Ihr gleißend
Die wilde Gier verstohlner Lüste deckt.
Nicht Ehrbarkeit habt Ihr von Eurer Mutter
Geerbt, man weiß, um welcher Tugend willen
Anna von Boleyn das Schafott bestiegen.[34]

Ein begnadeter Theatermann mit einem ausgesprochenen Flair für geschichtliche Themen: das ist Friedrich von Schiller gewesen, und wir verdanken ihm erstklassiges Drama auf der Bühne. Er war jedoch nicht nur Dramatiker, sondern auch Geschichtsprofessor. Das mag erstaunen, wenn man sieht, wie er um des theatralischen Effekts willen geschichtliche Ereignisse »zurechtgebogen« hat, wie zum Beispiel in seinem Stück *Maria Stuart*, dessen dritter Akt sicher zum Besten gehört, was das deutschsprachige Theater zu bieten hat. Wenn nur die Geschichte stimmte . . .

In einem Brief an seinen Freund und künstlerischen Berater Goethe während der Entstehung dieses Dramas heißt es: »Weil es auch historisch betrachtet ein reichhaltiger Stoff ist, so habe ich ihn in historischer Hinsicht auch etwas reicher behandelt und Motive aufgenommen, die den nachdenkenden und instruierten Leser freuen können, die aber bei der Vorstellung, wo ohnehin der Gegenstand sinnlich dasteht, nicht nötig und wegen historischer Unkenntnis des großen Haufens auch ohne Interesse sind.«[35] Der »große Haufen« mag auch in unseren Tagen noch in historischer Unkenntnis dahindämmern, aber er hätte heute Zugang zu einer Reihe von Nachschlagewerken, die ihn problemlos davon in Kenntnis setzen könnten, daß sich zum Beispiel die beiden großen Zeitgenossinnen gar nie begegnet sind – und damit die große Szene in Schillers Drama jeder historischen Grundlage entbehrt. Mary mag sich eine solche Begegnung gewünscht, ja sogar ersehnt haben – Elizabeth wußte sehr gut, warum sie die Konfrontation mit der Frau, die mit einem gewissen Recht Ansprüche auf den englischen Thron machen konnte, vermieden hat. Auch wenn sie nie stattgefunden hat, diese Begegnung zwischen Tante und Nichte, die gemeinhin als »Kusinen« (und nicht, wie bei Schiller, als »Schwestern«) bezeichnet wurden, die Beziehung zwischen ihnen hätte für mehrere Dramen gereicht . . .

Als »nachdenkende(r) und instruierte(r) Leser(in)« freue ich mich ganz und gar nicht über diese historische »Anreicherung«, die Schiller einer historisch ohnehin reichen Episode der Weltgeschichte hat angedeihen lassen. Einer der schwerwiegendsten Gründe, warum Elizabeth während ihrer langen Regierungszeit um ihr Leben zittern mußte, war nämlich die Existenz ihrer Nichte. Und das Zittern war berechtigt. Denn Mary war ja nicht nur ihre Nichte, sondern auch die Nichte ihrer Halbschwester, der verstorbenen »Bloody Mary«. Angesichts der Tatsache, daß Elizabeths Anspruch auf den englischen Thron – der illegitime Anspruch einer »illegitimen« Tochter von Henry VIII. – vom Parlament nie überzeugend abgesichert worden war, hatte Mary, zumindest in den Augen der Katholiken, einen rechtmäßigen Anspruch auf die Erbfolge für den Fall, daß Elizabeth kinderlos sterben sollte. Als Mary 1559 Königin von Frankreich wurde, ließ sie es zu, daß sie von ihren Untertanen und in den offiziellen Dokumenten auch als »Königin von England« bezeichnet wurde. Machthungrig und unberechenbar, war sie somit die ernsthafteste Bedrohung für die englische Königin. Elizabeth war sich dessen nur zu gut bewußt, und wenn sie es vergessen sollte, war immer noch Cecil an ihrer Seite, um sie daran zu erinnern . . . In den Worten von Will Durant: »Elizabeth could not be sure of her crown as long as Mary lived. Only common sense could have saved the situation, and sovereigns rarely stoop so low.«[36]

Mary Stuart: Mörderin oder Märtyrerin? Leidenschaftlicher Haß und leidenschaftliche Hingabe, Haltung und Hörigkeit, Fahrlässigkeit und Fairneß, Diplomatin und »Elefant im Prozellanladen« – selten begegnet man einer Frau in der Geschichte, die so widersprüchlich und konsequent zugleich scheint. Einerseits hatte sie für dieses ambivalente Verhalten stichhaltige Gründe, anderseits lassen sich schwerwiegende Charaktermängel und Führungsfehler nicht leugnen.

Innerhalb einer Woche nach ihrer Geburt ist sie durch den Tod ihres Vaters bereits Königin der Schotten. Henry VIII. möchte gerne, daß die Halbwaise mit seinem Sohn Edward verlobt wird. Das würde bedeuten, daß sie nach England käme, um dort – vermutlich als Protestantin – aufzuwachsen. Ihre katholische Mutter wartet auf ein besseres Angebot. Dies kommt in Form eines Antrags von Henri II. von Frankreich, der seinen Sohn, den Dauphin, anbietet. Aus Furcht, daß die Kleine in Schottland von den Engländern entführt werden könnte, entsendet die französische Mutter ihr sechsjähriges Töchterchen nach Frankreich. Und damit beginnt eigentlich die Tagödie ... Dreizehn Jahre wird Mary dort bleiben; die Halbfranzösin verfällt der Kultur und dem Charme des französischen Hofes. Der Hof wiederum verfällt ihr, als sie sich zu einer bildschönen, kultivierten jungen Dame entwickelt hat. Ihr geflochtenes, rötlichblondes Haar, ihre schlanken Hände, ihr voller Busen werden ebenso besungen wie ihre Fähigkeit, sich in Lateinisch zu unterhalten, zu dichten oder ihren Gesang auf der Laute zu begleiten. Sie ist die anziehendste und besterzogene Frau am elegantesten Hof Europas. Als die Sechzehnjährige im April 1558 mit ihrem fünfzehnjährigen Verlobten getraut und schon ein Jahr später durch den Tod ihres Schwiegervaters Königin von Frankreich wird, scheint ein Traum Wirklichkeit geworden zu sein.

Nur zweieinhalb Jahre ist sie verheiratet, bevor sie im Dezember 1560 Witwe wird. Die Achtzehnjährige will sich eigentlich auf ein Schloß in Touraine zurückziehen, denn ihre Liebe zu Frankreich war keineswegs erloschen. Hätte sie es doch nur getan! Doch inzwischen war Schottland protestantisch geworden, und die Franzosen konnten dieses Alliierten nicht mehr sicher sein. So siegt die Staatsraison und Mary wird gezwungen, die Wärme und den Luxus von Frankreich mit dem kalten, ihr barbarisch erscheinenden Schottland zu vertauschen. Im August 1561 verläßt sie nach einem tränenreichen Abschied das Land ihrer Wahl und kehrt in das Land ihrer Geburt zurück.

Ihre schottischen Untertanen sind überrascht von der Schönheit und der Ausstrahlung ihrer Herrscherin. Die junge Frau, freundlich und liebenswürdig, redegewandt und begeisterungsfähig, gewinnt fast alle Herzen im Handumdrehen. *Fast* alle; eine der Ausnahmen ist der fanatische Protestantenführer John Knox, der ihr das Leben schwermacht, indem er mit seinen durchgreifenden religiösen Säuberungsaktionen Unfrieden stiftet und eine Art Staat im Staat aufzieht. Mit ihm muß sie sich zuerst arrangieren, bevor sie an die große Arbeit gehen kann, das Land zu innerer Einheit zu führen. In den ersten drei Jahren ihrer Regierung gelingt es ihr, den Adel auf ihre Seite zu ziehen, während sie sich auf religiösem Gebiet in einer Art Dauerfehde mit Knox behaupten muß. In dem Kampf zwischen Renaissance und Reformation gelingt es den Vertretern der letzteren immer wieder, Terrain zu erobern, die Königin zu demütigen, sie bei der Ausübung ihrer Religion zu behindern und sie abwechselnd wütend und nachgiebig zu machen. Die Zeit arbeitet für die Reformation, und als die junge Königin die Liebe entdeckt, nehmen sowohl religiöse Streitigkeiten als auch die Staatsgeschäfte eine zweitrangige Position ein.

Daß Mary wieder heiraten würde, stand wohl außer Frage. Aber wen? Welches europäische Land würde den anderen den Rang ablaufen? Und wie würde John Knox auf die Wahl eines katholischen Konsorten, zum Beispiel eines Habsburgers, reagieren? Dazu kommt es allerdings nicht, denn im Oktober 1564 kehrt Matthew Stuart, Earl of Lennox, aus englischem Exil nach Schottland zurück. Mit ihm kommt sein neunzehnjähriger Sohn Darnley, der außer seinem extrem guten Aussehen und seinem Talent für Tennis und Lautenschlagen nicht viel mitbringt. Das genügt jedoch seiner Königin, die sich leidenschaftlich in den bartlosen jungen Mann verliebt. Trotz des Protestes der Hälfte ihres Rates und ihrer Tante Elizabeth heiratet sie den jungen Adligen und ernennt ihn zum König. Es wird nicht das letzte Mal sein, daß Mary Liebe – und Triebe – vor staatspolitische Verantwortung setzt. »It was her tragedy that she wished to be a woman as well as a queen – to feel all the warmth of romance without abating the privileges of rule. [. . .] But she was neither physically nor mentally fit to be a queen.«[37]

Ein hartes Urteil, das Durant hier fällt, aber es stimmt. Mary ist ein eindrückliches Beispiel dafür, daß sich heiße Gefühle und kühle Staatsraison schlecht miteinander vereinbaren lassen. In dem immer unter der Oberfläche schwelenden Kampf zwischen ihr und Elizabeth ist sie von Anfang an die Schwächere; ihr fehlte die maskuline Intelligenz, die Elizabeth an den Tag legte. Oft war sie schlau, selten jedoch weise. Obwohl sie Selbstdisziplin, Geduld und Takt zeigen konnte, waren gleichzeitig Unbeherrschtheit und Scharfzüngigkeit ausgeprägte Charaktermerkmale. »She was cursed with beauty, unblessed with brains, and her character was her fate.«[38]

Ein paar Monate lang wird sie für die Entbehrungen der Witwenschaft entschädigt. Mit verschwenderischen Geschenken und Privilegien belohnt sie Darnley, der offenbar für die Rolle des Liebhabers mehr Talent mitbringt als für die des Herrschers. Eitel, verwöhnt, trotzig und protzig gelingt es ihm sehr schnell, die meisten Menschen im Umkreis von Mary vor den Kopf zu stoßen. Seine Liebe zum Alkohol wie auch seine Eifersucht verursachen schon bald Szenen in den königlichen Gemächern. Ob letztere berechtigt war oder nicht, werden wir wohl nie erfahren. Auch Darnley hat sich nicht die Mühe gemacht, herauszufinden, ob seine Gemahlin ihn wirklich mit ihrem italienischen Sekretär David Rizzio betrogen hat. Der Verdacht genügte, um den intelligenten, kultivierten Mittdreißiger auf brutalste Weise und vor den Augen der schwangeren Königin in deren eigenem Boudoir erstechen zu lassen. Die ganze Nacht und den folgenden Tag bleibt die Königin als Gefangene der Mörder Rizzios in Holyrood Palace; dann kann sie mit Darnleys Hilfe und in seiner Begleitung nach Dunbar fliehen. Dort schwört sie Rache und ruft alle zusammen, die ihr dabei behilflich sein wollen.

Einer von denen, die kommen, ist James Hepburn, vierter Lord of Bothwell. Ihm, den sie seines Mutes und seiner Qualitäten wegen zum Lord Admiral gemacht hatte, vertraut sie sich an, ihn bittet sie um Schutz und Rat. Bothwell sieht zwar nicht entfernt so gut aus wie Darnley, aber er ist ein ganzer Mann, willensstark und leidenschaftlich. Es dauert nicht lange, bis sich die feminine Seite der Königin von der Maskulinität dieses Abenteurers angesprochen fühlt. Zur Zeit ist sie jedoch noch hochschwanger mit einem Sohn von Darnley – wenn man den Gerüchten, daß eventuell doch Rizzio der Vater gewesen sein könnte, keinen Glauben schenken will –, der im Juni 1566 das Licht der Welt erblickt. Die männliche Erbfolge ist gesichert, die Schotten sind außer sich vor Freude – als ob sie ahnen könnten, daß dieser Junge einst als James I. König von Schottland und England sein wird.

Freude einerseits, Ärger und zunehmende Streitigkeiten mit Darnley anderseits. Seine Machtansprüche, Mißtrauensvoten und Intrigen strapazieren die Geduld des Hofes: Mary soll sich scheiden lassen. Sie will das nicht tun, weil sie um den Thronanspruch für ihren Sohn fürchtet, und so entsteht eine Verschwörung unter ihren engsten Beratern, die den Mord an Darnley zum Ziel hat. Als sein Vater davon erfährt, beordert er seinen Sohn zu sich nach Glasgow, wo Darnley von den Pocken befallen wird.

Von nun an entwickelt sich die Geschichte im Zeitraffer-Tempo. Gelegenheit macht nicht nur Diebe, sie begünstigt bekanntlich auch Affären. Die königliche Strohwitwe, alles andere als traurig, beginnt ihre Beziehung mit Bothwell. Knox beeilt sich, seine Widersacherin öffentlich als »Hure« zu bezeichnen. Die so Genannte bemüht sich inzwischen einerseits beim Erzbischof um eine kirchlich sanktionierte Scheidung der Ehe ihres Liebhabers; anderseits besucht sie ihren königlichen Gemahl, versichert ihn ihrer ehelichen Treue und erweckt seine Gefühle für sie von neuem. Wenn er nach Edinburgh zurückkehre, würde sie ihn gesund pflegen – ein neues Glück wäre ihnen hold ...

Wir schreiben Januar 1567. Es wird das Jahr des »Anfangs vom Ende« sein. Darnley läßt sich auf einer Bahre nach Edinburgh tragen, wo er – wegen der Ansteckungsgefahr für seinen Sohn – in einem alten Pfarrhaus am Rande der Stadt untergebracht wird. Dort besucht ihn Mary regelmäßig und pflegt ihn aufopfernd – ob aus Liebe oder als Alibifunktion, bleibe dahingestellt. Inzwischen nämlich hat die Verschwörung gegen Darnley Form angenommen: Als die Königin am 9. Februar abends das Pfarrhaus verläßt, um an der Hochzeit einer ihrer Hofdamen teilzunehmen, wird das Gebäude durch eine Explosion zerstört. Im Garten findet man am nächsten Morgen die Leiche Darnleys.

Mary hüllt sich in Trauerkleidung und beteuert ihre Unschuld; sie ordnet eine gerichtliche Untersuchung des Falls an. Bothwell wird angeklagt und freigesprochen; das Parlament erklärt ihn für unschuldig. Es ist der 12. April. Am 19. gelingt es Bothwell, ein Dutzend Adlige dazu zu bewegen, seine Unschuld zu bekräftigen und eine zukünftige Ehe mit Mary gutzuheißen. Am 23. besucht sie ihren Sohn in Stirling; es wird das letzte Mal sein, daß sie ihn sieht. Auf dem Rückweg wird sie von Bothwell und seinen Soldaten »entführt«. Am 3. Mai kehrt sie mit ihm nach Edinburgh zurück; am 7. wird er geschieden; am 15. heiraten die beiden – protestantisch, denn Marys Beichtvater weigert sich, die Trauung vorzunehmen. Die katholische Königin, der ihr Glaube so viel bedeutet(e), hat einmal mehr ihre Prinzipien ihrer Leidenschaft untergeordnet. Das katholische Europa, bis dahin ihr zu Füßen, präsentiert ihr die Rechnung für ihre fragwürdige Ethik: sie wird von allen als hoffnungsloser Fall abgeschrieben. Aber auch im eigenen Land hat sie auf der ganzen Linie verloren: der katholische Klerus geht auf Distanz, der protestantische ruft nach ihrer Absetzung; die Bevölkerung steht der Herrscherin feindselig gegenüber; ein paar wenige glauben allerdings an einen Liebestrank, den Bothwell ihr gegeben haben muß!

Knapp einen Monat sind die beiden vereint: Am 10. Juni wird das Schloß, in dem sie sich befinden, umstellt. Sie können jedoch fliehen, Mary als Mann verkleidet. Doch fünf Tage später fallen die Würfel: Mary ergibt sich als Gefangene einer Gruppe von schwer bewaffneten Schotten, deren Schlachtenbanner Porträts des toten Darnley und seines lebenden Nachkommen zeigen. Sie hat sich jedoch teuer verkauft: Der Preis dafür, daß sie sich ergeben hat, ist, daß Bothwell fliehen kann. Er entkommt nach Dänemark, wo er 1578, nach zehnjähriger Gefangenschaft, im Alter von zweiundvierzig Jahren stirbt.

Die unglaubliche Geschichte kulminiert in den berühmten »Kasettenbriefen«, die am 20. Juni von einigen Adligen entdeckt und konfisziert werden. Echt oder gefälscht? Die seriöse Geschichtsschreibung tendiert zu »echt«; Marys Sohn auch, sonst hätte er die Originale nicht verbrannt. Sie selbst beteuerte bis an ihr Lebensende, daß es sich um eine Fälschung handelte. Die Lords waren so überzeugt von der Echtheit dieser inkriminierenden Dokumente, daß sie ihr die gewünschte Aussage vor dem Parlament verweigerten. Statt dessen wird sie am 24. Juli gezwungen abzudanken.

Elf Monate währt der Beginn ihrer Gefangenschaft, die sich über zwanzig lange Jahre erstrecken soll. Dann gelingt ihr die Flucht, bewerkstelligt von einem verliebten jungen Mann, dem Sohn ihres Bewachers. Ein kurzer, schlecht vorbereiteter Versuch, mit Hilfe einer bewaffneten Truppe die Herrschaft wieder an sich zu reißen, scheitert am besser organisierten Widerstand der Protestanten. Am 16. Mai 1568, ein Jahr und einen Tag nach ihrer dritten Hochzeit, überquert sie Solway Firth in einem offenen Fischerboot und landet in England. Der Rest ist mehr als bekannt.

Und was hat es nun mit den »Kassettenbriefen« auf sich? Es handelt sich um acht Briefe und einige fragmentarische Gedichte, alles in Französisch, undatiert und unadressiert, aber allgemein anerkannt als Marys Botschaften an Bothwell. Darin zeigt sich die Königin als mitleidige, zögernde und beschämte Komplizin beim Mord ihres Mannes! Wie gesagt, die Forschung bescheinigt den Dokumenten Authentizität; wenn es sich um eine Fälschung gehandelt hat, dann hat hier jemand in kürzester Zeit und auf frappierende Weise Marys Stil und Handschrift gekonnt gefälscht. Jedenfalls sind es diese Briefe, die auch ihre treuesten Anhänger zweifeln machen. Und ihre Feinde, wie die englischen Lords, werden darin einen willkommenen Beweis ihrer Mordlust sehen und sie als belastendstes Moment für ihre Verurteilung sehen.

Knapp sieben Jahre Regierungszeit hat sie hinter sich, als sie ihr Land für immer verläßt. Regierungszeit? Was ist aus der angestrebten inneren Einigung geworden? Wo ist die Absicherung der Grenzen Schottlands nach außen? Wie sieht es aus mit dem Religionsstreit, der das Land in zwei fanatische Gruppen teilt? Wenn sie je ein echtes Regierungsprogramm hatte, dann hat sie es nicht eingehalten. Aber hatte sie überhaupt eins? Wie Elizabeth wollte auch Mary geliebt, verehrt und bewundert werden. Während aber ihre Tante hart dafür arbeitete und sich vor allem mit klugen Ratgebern umgab, hat Mary die meiste Zeit damit verbracht, ihre Leidenschaften auszuleben und sie vor Ratgebern und Volk zu rechtfertigen. Man begreift James Micheners Entrüstung, daß dieser Frau in einem Nachschlagewerk mehr Platz eingeräumt wird als der spanischen Isabel, die noch jünger war, als sie ihr Regierungsamt antrat, und soviel mehr geleistet hat.

Doch *sex and crime* waren schon im 16. Jahrhundert ein Rezept für gute *stories*. Schiller hat es dann im 18. auch nicht verschmäht, und selbst für uns Menschen des 20. Jahrhunderts beinhaltet die Geschichte noch genügend Interessantes. Die hervorragende Biographie Antonia Frasers aus dem Jahre 1969 ist nur ein Beweis dafür. Und dann: Sie hat mit neunzehn Jahren Gefangenschaft auf bitterste Art für ihre Unverantwortlichkeit büßen müssen.

Schottland ist seine Königin, die zwar zum Herrschen geboren, aber nicht geeignet war, nun los. Aber aus der Distanz erscheint Mary der Thron, den sie so leichtsinnig verspielt hat, viel attraktiver, als er es während ihrer Regierungszeit gewesen war. Und wieviel attraktiver wäre er noch, wenn er mit dem englischen vereint wäre ... Sex ist im Moment kein Thema, obwohl Mary noch eine ganze Weile einer ganzen Reihe von Männern den Kopf verdrehen wird. Und *crime*? Nun, wenn man es so einrichten könnte, daß niemand ihr die Mittäterschaft nachweisen könnte ... Mary denkt im Konjunktiv – und läßt sich auf mehrere durchsichtige oder amateurhaft inszenierte, hauptsächlich mit Unterstützung der katholischen Kirche entworfene Komplotte gegen Elizabeth ein.

Eigentlich hatte letztere ihre Nichte gar nicht inhaftieren wollen. Prinzipiell eine Bekämpferin von Rebellion gegen legitim eingesetzte Herrscher, ist Elizabeth eher auf Seiten Marys in derem Kampf gegen ihren aufsässigen Adel. Aber eben: die Berater an ihrer Seite, allen voran der kühl denkende Cecil, befürworten die Inhaftierung, und jedes neu aufgedeckte Komplott bestätigt sie in ihrer Haltung.

Mary wird allerdings laufend ihre Unschuld in bezug auf Anschläge gegen ihre Tante beteuern, und zumindest Schiller wird ihr glauben. Er unterscheidet in seinem Drama klar zwischen der Mitschuld am Tode ihres Mannes und der Schuldlosigkeit in bezug auf die Mordanschläge auf ihre Tante. Aber die seriöse Geschichtsschreibung – und selbst eine wohlwollende Biographin wie Antonia Fraser – sieht das anders: Mit Marys großartigem Talent, ihr Schicksal den falschen Menschen anzuvertrauen, läßt sie sich immer wieder in Pläne und politische Wunschträume involvieren, die durch ihren Dilettantismus einerseits und das perfekt funktionierende Spionagenetz von Elizabeths treuem Untertanen Walsingham anderseits schnell zunichte gemacht werden.

Die längste Zeit benimmt sie sich ohnehin nicht wie eine Königin, sondern wie ein trotziges eingesperrtes Kind. Zu Recht allerdings bestreitet sie den Anspruch einer ausländischen Kommission, von ihr als legitimer Herrscherin für ihre Taten in Schottland Rechtfertigung zu verlangen. Zu Recht erinnert sie Elizabeth an deren Versprechen, sie unvoreingenommen anzuhören und ihr den schottischen Thron zurückzugeben – ein Versprechen, dass nie eingehalten wird und dadurch ein Posten auf dem Schuldkonto der englischen Herrscherin wird. Zu Recht fordert sie, daß ihr die belastenden Kassettenbriefe zur Ansicht vorgelegt werden – eine Forderung, die unerfüllt bleibt.

Vieles wird falsch gemacht bei der Dauerinhaftierung dieser Frau aus königlichem Geblüt, manches bewegt sich am Rande der Legalität, wenn es auch immer wieder mit der Angst um das Leben Elizabeths gerechtfertigt wird. Die Schuldverteilung kann durchaus nicht einseitig zu Lasten Marys gehen, die in den neunzehn Jahren ihrer Gefangenschaft menschlich reifer wird. Bitterkeit und Enttäuschung tragen dazu bei, daß die schöne Schottin, trotz ausgesprochen fairer Haftbedingungen, ihrem Aussehen immer weniger Bedeutung beimißt. Sie wird schlaff und fett. Rheumatismus plagt sie; manchmal sind ihre Beine so geschwollen, daß sie kaum gehen kann. Mit fünfunddreißig ist sie bereits weißhaarig und muß das mit Hilfe von Perücken verbergen. Bei ihrer Hinrichtung fällt – makabres Detail – die Perücke vom abgetrennten Kopf.

Und dennoch zeigt sie immer wieder Kampfgeist, läßt sie sich immer wieder ein auf neue Komplotte, glaubt sie immer wieder neuen Versprechen, die ihr die Wiedererlangung des Thrones in Aussicht stellen. Arme Mary! Flucht- oder Mordpläne mißlingen ebenso, wie jedes Gnadengesuch abgelehnt wird. Die Kirche benutzt sie als Schachbrettfigur in ihren Bestrebungen, Schottland – und vielleicht England – wiederzugewinnen. Kaum jemand rührt einen Finger, als Elizabeth nach all den Jahren endlich die Geduld verliert und Mary der Prozeß gemacht wird. Wilhelm von Oranien war gerade ermordet worden, und die englische Herrscherin mußte befürchten, daß eines Tages einer der vielen geplanten Anschläge auf ihr Leben erfolgreich sein könnte. Im Oktober 1586 schließlich ordnet sie die Gerichtsverhandlung an: Die schottische Königin muß sich vor dreiundvierzig Adligen verteidigen. Sie tut es selbst, da ihr ein Pflichtverteidiger verweigert wird, und sie macht ihre Sache nicht schlecht. Im Gegensatz zu Schillers Version gibt sie ihre Komplizenschaft bei der letzten, von der Kirche angezettelten Verschwörung zu, obwohl sie leugnet, Pläne für die Ermordung ihrer Tante gutgeheißen zu haben. Als Begründung führt sie an, daß neunzehn Jahre illegaler Gefangenschaft sie sehr wohl dazu berechtigten, alles zu ihrer Befreiung zu unternehmen. Die Lords sind unbeeindruckt: Sie wird einstimmig verurteilt.

Das Gericht ersucht Elizabeth um die Anordnung der Hinrichtung. Sie zögert den Entscheid wieder einmal hinaus. Drei Monate lang. Schließlich versucht sie, Marys Gefangenenwärter, Sir Amias Paulet, zu veranlassen, die Hinrichtung aufgrund eines mündlich geäußerten Auftrags auszuführen. Er lehnt das ab. Die Königin ist gezwungen, das Todesurteil zu unterschreiben, das unverzüglich dem Gericht überbracht und von dort an Paulet weitergeleitet wird.

Am 8. Februar 1587 endet das tragische Leben der schottischen Herrscherin im Großen Saal auf Schloß Fotheringay. Dreihundert Männer werden zu dem Schauspiel zugelassen, ebenso ihre engsten Vertrauten: zwei Frauen und vier Männer. Längst hat Mary Frieden gemacht mit sich und der Welt; eine würdevolle ältere Frau schreitet, in königliche Gewänder gehüllt, zum Richtblock. Aus unerfindlichen Gründen wird ihr ihre letzte Bitte verweigert: Sie darf nicht mehr beichten. Mit Kruzifixen versehen, doch ungetröstet durch die Sakramente der Kirche, wird sie im Alter von nur vierundvierzig Jahren hingerichtet.

Mary Stuart hat es zeit ihres verpfuschten Lebens verstanden, die Gemüter zu erhitzen. Man war entweder für oder gegen sie. Was bleibt als Bilanz der Tätigkeit einer Frau, die ihre Krone so leichtsinnig aufs Spiel setzte, die immer hoch spielte und – mit Ausnahme der kurzen Wochen anfänglichen Eheglücks mit Darnley und Bothwell – nie gewann? Sowohl die Liebe zu ihrem Land – wie sie zum Beispiel Isabel oder Elizabeth zu ihren Ländern hatten – als auch das Verantwortungsbewußtsein für ihre Untergebenen fehlten ihr als Voraussetzung für eine erfolgreiche Regierungstätigkeit. Ihr erstaunliches Talent, sich mit den falschen Männern zu umgeben, im Privatleben wie als Herrscherin, hat ihre Entwicklungsmöglichkeiten stark beeinträchtigt. Ihre starke Bindung an die katholische Kirche und das Eingebundensein in deren Komplotte und Intrigen hat sie zwischen Hoffnung und Enttäuschung schweben und immer wieder nach einem Thron greifen lassen, auf den sie, an ihren Leistungen gemessen, noch weniger Anrecht hatte als auf den eigenen.

Durant plädiert im Schlußabsatz seines Kapitels über die schottische Königin dafür, daß »Vergebung« das passende Wort sei, das am Ende dieser Geschichte stehen solle: Vergebung für beide, Mary und Elizabeth. »They were both noble women: one noble and hastily emotional, the other noble and hesitantly wise. Fitly they lie near each other in Westminster Abbey, reconciled in death and peace.«[39] So hat sie posthum den Platz doch noch errungen, der ihr ihrer Meinung nach zustand, und Antonia Fraser meint, es bestehe wohl kaum ein Zweifel, »daß Maria, die sich so eifrig und so lange um die englische Erbfolge bemüht hat, mit ihrer Grabstätte in der Westminster Abbey, zwischen den Königen und Königinnen von England, zufrieden gewesen wäre. Ihre Rechte als Königin, denen sie bis zum letzten Augenblick solch große Wichtigkeit beigemessen hatte, waren damit respektiert worden.«[40]

So liegt Marys Bedeutung in der Vorarbeit, die sie für ihren Sohn, James VI. von Schottland, geleistet hat: Einige Jahre später wird er James I. von einem England sein, in das Schottland integriert worden ist. Er hat diese Vorarbeit anerkannt, indem er nicht nur für seine große Vorgängerin auf dem Thron, Elizabeth I., ein großartiges Grabmal hat errichten lassen, sondern auch für seine Mutter.

Maria Theresia

1717–1780

»Eine verheiratete Frau kann nie die Gewißheit haben, nicht schwanger zu sein, und es besteht niemals eine größere Gefahr als während der ersten vier Wochen. Man kann nicht einmal wissen, ob man schwanger ist oder nicht.«[41] Dies die Erkenntnis – und mütterliche Ermahnung – einer Frau, die, weiß Gott, wußte, wovon sie sprach: Maria Theresia, Mutter von sechzehn Kindern, gibt ihrer Tochter Maria Antonia im fernen Frankreich ein paar Ratschläge am Anfang von deren Ehe mit dem Dauphin, dem späteren Louis VI. Jahrelang habe ich mich immer wieder geärgert, wenn von der österreichischen Kaiserin die Rede war und die, die von ihr sprachen, nichts Besseres wußten, als sogleich auf diese sechzehn Schwangerschaften hinzuweisen. Der Grund, warum sie hier am Anfang des Kapitels über eine der größten Führungspersönlichkeiten der Geschichte erwähnt werden, ist der, daß sie so schnell wie möglich gewürdigt werden sollen und das Thema damit als erledigt betrachtet werden darf.

Allerdings muß man zugeben, daß die Erziehung der elf überlebenden Kinder, der sich die vielbeschäftigte Kaiserin mit Hingabe gewidmet hat, eine Art Spiegel ihrer Führungseigenschaften ist: Liebe und Autorität, Großzügigkeit und Sparsamkeit, Sorge und Verständnis, Klugheit und Loyalität – all das zeigt sie in ihrer Erziehungsarbeit, und von all dem ist auch ihre Regierungstätigkeit geprägt. Es geht in diesem Kapitel in erster Linie um die vierzig Jahre ihres Herrschens, um die Verwaltung eines ausgedehnten und komplexen Regierungsbezirks sowie um das, was sie an Reformen in ein sterbendes Reich eingebracht hat, um dann daraus eine blühende Monarchie zu machen. Es ist jedoch verständlich, wenn sie während dieser Tätigkeit häufig als »Mutter ihrer Völker«, als »mütterliche Majestät« oder »Landesmutter« bezeichnet wurde. Dies »gibt vor allem ihr Selbstverständnis wieder. Sie selbst sah und empfand sich als die, wie man heute sagen würde, ›totale Mutter‹ und machte hinsichtlich des Matriarchats keine Unterschiede zwischen engerer Familie, dem Erzhaus und der Gesamtmonarchie.«[42]

Wie wichtig ihr die Familie war, geht nicht zuletzt auch aus den folgenden Sätzen in einem Brief an Marie Antoinette hervor: »Die Frau ist in allem ihrem Gatten gehorsam und soll kein anderes Bestreben haben, als ihm zu gefallen und seinen Willen zu erfüllen. Das einzig wirkliche Glück auf dieser Welt ist eine glückliche Ehe: ich kann es bezeugen. Alles hängt von der Frau ab, wenn sie nachgiebig, gut und amüsant ist.«[43] Die »törichte Liebe«, so meint sie, vergehe bald, aber man müsse sich gegenseitig achten. Und dann: »Man kann nicht genug Kinder haben; in diesem Punkt bin ich unersättlich.«[44]

Vom kaiserlichen Gatten wird wohl auch etwas abgehangen haben. Es war eine Liebesheirat, und die Ehe hat, in Maria Theresias eigenen Worten, »Jahre neunundzwanzig, Monate dreihundertvierunddreißig, Wochen eintausendfünfhundertvierzig« gedauert.[45] Sie fügt noch hinzu, wie viele Tage und Stunden es waren, wie viele Gebete oder Almosen darin enthalten waren. Sie hat ihn geliebt weit über seinen Tod hinaus, hat eine Art institutionalisierte Trauer am Hofe kreiert. Und dies, obwohl sie von der »Freundschaft« wußte, die der Kaiser viele Jahre hindurch zur Gräfin Auersperg pflegte und die nur durch seinen Tod endete. Maria Theresia, so keuschheitsfördernd und -fordernd sie sonst war, ist hier einmal über ihren Schatten gesprungen. An der Bahre ihres Gemahls wendet sie sich zur Gräfin und sagt: »Liebe Auersperg, wir haben beide einen großen Verlust erlitten.« Er ist ihr ein guter Prinz(essin)gemahl gewesen: »Franz Stephan hatte die ungemein schwierige Rolle eines machtlosen Kaisers im Reich und eines nicht regierenden ›Mitregenten‹ im Habsburgerstaat mit unerschütterlicher Noblesse, mit Takt und Würde durchgehalten. Er war der stets besonnene, beruhigend wirkende große ›Anhörer‹ seiner herrscherlichen Gattin gewesen, ihr erster Vertrauter – was nicht mit Einfluß verwechselt werden darf – und der überaus erfolgreiche Vermögensverwalter, -wahrer und -mehrer der habsburgisch-lothringischen Familie.«[46] Die Erziehung der Kinder allerdings hat er geflissentlich ihr überlassen; er wird gewußt haben, warum ...

Neben ihrer Familie – einer Quelle der Kraft und Freude sowie einer Übungsstätte im Überwinden von Enttäuschungen und Leiden – dürfte die Religion das prägendste Merkmal ihres Erfolgs gewesen sein. Was immer ihr passiert, ob Tod eines Kindes oder Niederlage auf dem Schlachtfeld: »Gott hat es so gewollt« – das ist ihre Erste Hilfe bei Schicksalsschlägen. Das hindert sie allerdings nicht, vorher alles zur Abwendung des Schicksalsschlags unternommen zu haben, falls Gott es doch anders gewollt hätte ... Und die Riesenpalette ihrer Erfolge beweist zumindest, daß sie ihn in den meisten Fällen auf ihrer Seite hatte.

Wie so viele Führungsfrauen der Geschichte hatte auch sie einen Horror vor Kriegen; das Säbelrasseln hat ihr nicht gelegen. Und die Praxis hat ihr recht gegeben: Auf dem Schlachtfeld ist sie nicht siegreich gewesen, aber sie hat sich tapfer gewehrt. Sie ist noch nicht zwei Monate Nachfolgerin ihres verstorbenen Vaters, als sie schon in den Strudel des Ersten Schlesischen Krieges (1740–1742) gezogen wird: Am 16. Dezember 1740 fällt Preußen in Schlesien ein. Sie wird das reiche Schlesien an ihren Erzfeind, den vor Expansionsgelüsten glühenden Preußenkönig Friedrich II., verlieren. Der Versuch, es zurückzuerobern, mündet in den Zweiten Schlesischen Krieg (1744/45). Im Dezember 1745 begreift die Kaiserin, daß sie ohne Schlesien wird leben müssen: Am Weihnachtstag verzichtet Österreich im Frieden von Dresden auf Schlesien.

1748 bringt das Ende einer siebenjährigen Auseinandersetzung um ihre Erbfolge. Sie ist durch etwas Ungewöhnliches auf den Thron gekommen: durch das, was als »Pragmatische Sanktion« in die Geschichte eingegangen ist. Ihr Vater, Kaiser Karl VI., war Herrscher über ein geschichtliches Phänomen: eine Ansammlung von Ländern und Kronen, die nicht durch Sprache, Kultur- oder Geistesgemeinsamkeiten, sondern durch Eheschließungen, Erbfälle, Verträge und hie und da auch durch Kriege zu einem »Reich« geworden waren. Was sie zusammenhielt, war einzig und allein die gemeinsame Dynastie, deren Kern die Alpen-Herzogtümer Österreich und Steiermark bildeten. Wie stark das dynastische Zusammengehörigkeitsgefühl war, sollte Karls Tochter in ihrer Regierungszeit erfahren.

Das war denn auch der größte Aktivposten, den sie übernehmen konnte. Das Reich, das ihr Vater ihr hinterließ war zwar ein ausgedehntes, aber ein wirtschaftlich, administrativ und militärisch heruntergekommenes. Sein Ansehen war gesunken, sein politisches Gewicht als Großmacht geschrumpft. Das wird sich beträchtlich geändert haben, wenn die Herrscherin vierzig Jahre später stirbt, aber es hat viele Jahre täglicher Klein- und Kleinstarbeit gebraucht, um diese Änderung zu bewirken.

Während ihr Großvater und ihr Vater beide verstorbenen Brüdern nachfolgen, ist Maria Theresias Thronbesteigung sozusagen vom Schicksal »vorbestimmt«: Sie hat keinen Bruder, dem sie nachfolgen könnte. Vom Schicksal – und von der »Pragmatischen Sanktion« aus dem Jahre 1713, vier Jahre vor Maria Theresias Geburt, also nicht für sie persönlich abgefaßt. Das Papier legte fest, daß im Falle der Söhnelosigkeit Karls Töchter in der Reihenfolge ihres Alters nachfolgeberechtigt seien. Historisch-politisch ging es hierbei in erster Linie um die erneute und endgültige Festlegung der Unteilbarkeit des habsburgischen Gesamtbesitzes, besonders da Karl VI. zu der Zeit noch kinderlos war. Erst als er elf Jahre später, Vater von drei Töchtern und immer noch auf den männlichen Thronerben hoffend, ahnte, daß er vielleicht sohnlos bliebe (»was Gott verhüten möge«, hatte er bei Abfassung des Papiers noch geseufzt), wurde die »Pragmatische Sanktion« zum Grundgesetz seines Hauses erklärt. Den Rest seines Lebens hat er sich darum bemüht, sämtliche betroffenen Staaten zur Anerkennung dieses Schrittes zu bewegen.

So weit, so gut, obwohl die Historiker späterer Jahrhunderte festgestellt haben, daß »Karl VI. zwar Himmel und Hölle in Bewegung setzte, um seiner ältesten Tochter die Thronfolge in seinen Ländern zu sichern, gleichzeitig aber alles unterließ, was sie zu dieser hätte fähig machen und auf sie vorbereiten können.«[46]

Es ist der erste Beweis für die Führungsqualitäten der Tochter, daß sie sich weder von dem desolaten Zustand des Landes noch von ihrer Unerfahrenheit im Regieren entmutigen ließ und im Eiltempo nachholte, was ihr Vater versäumt hatte. Dabei hat ihr einerseits etwas geholfen, was ihr von Natur aus mitgegeben worden war: Charme, Glaubwürdigkeit und natürliche Autorität. Eine große Ausstrahlung, die ihr die Herzen zufliegen ließ – zum Beispiel die ihrer speziell schwierigen Untertanen, der Ungarn –, ebenso wie eine natürliche Bescheidenheit, die sie sich ihr ganzes kaiserliches Leben lang bewahren würde und die sie ihren Kindern immer wieder ans Herz gelegt hat.

Anderseits ist sie sozusagen belohnt worden für eine anständige Gesinnung. Der Beraterstab, der ihr als »Erbgut« hinterlassen wird, setzt sich aus uralten Männern mit noch älteren Ansichten zusammen. Keiner kann den anderen ausstehen, jeder intrigiert nach bestem Wissen und Gewissen. Von Elan oder Optimismus kann keine Rede sein. Einzige Ausnahme scheint der Geheime Staatssekretär Johann Christoph Bartenstein zu sein. Die junge Herrscherin ist verzweifelt, bringt es aber nicht über sich, den bewährten Dienern ihres Vaters einfach den Stuhl vor die Tür zu setzen. Und das Schicksal hat ein Einsehen: sie wäre nicht in der Lage gewesen, »Remedur zu schaffen, wann Gott nicht selbst einen Strich gemacht hätte mit Absterbung aller«![47]

Danach gibt sie gleich einen weiteren Beweis ihrer Führungsfähigkeiten. Auch sie hat die Weisheit gehabt, sich mit exzellenten Beratern zu umgeben. Am Anfang stand sie da ohne Geld, ohne Kredit, ohne Armee, ohne Erfahrung, ohne fördernde Ratgeber. Nur Tradition hatte sie, aber davon wurde keiner satt, damit konnten keine Kriege gewonnen werden. Die Arbeit, die sie vor sich aufgetürmt sah, schien überwältigend. Ausgestattet mit einem großen Gerechtigkeitssinn und einem offenen Ohr für menschliche Anliegen, wollte sie jeder und jedem Audienz gewähren, wollte es überall gut machen. Da reicht ein normaler Arbeitstag natürlich nicht aus, und so läßt sie sich einen Tagesplan erstellen – und zwar von ihrem privatesten Berater, dem Grafen Sylva Tarouca. Er will und kann nicht länger mitansehen, wie die Kaiserin ihre Gesundheit ruiniert: nächtelanges Aktenstudium, langwierige (und langweilige) Konferenzen, Diktate und Korrespondenzen. Dazu noch scharfe Ritte, Redouten, Bälle, Spiel und Tanz. Tarouca warnt, und sie horcht auf: »Sie war – anders als die meisten Mächtigen ihrer Zeit – bereit, zu hören. Sie glaubte nicht, immer im Recht zu sein, im Gegenteil: tief in ihr eingewurzelt war die Furcht, das Verkehrte zu tun, falsche Entscheidungen zu treffen, Irrtümern zu unterliegen. Und wenn sie in ihrem Amt irren konnte, war sie in ihrem persönlichen Leben vor Irrtümern gefeit?«[48]

Im Gegensatz zu Elizabeth I. war sie aber außergewöhnlich entscheidungsfreudig; einer ihrer Biographen spricht von »der ihr eigenen, dem Wiener Hof so wesensfremden schnellen Entschlußfähigkeit«.[49] Und so befindet sie, daß Tarouca recht hat: »Er mahnte, erklärte, erläuterte. [...] Die Königin* wurde seine Schülerin in Sachen Menschenkenntnis – und sein Zögling in Sachen Selbstzucht.

Selbstzucht hieß in diesem Fall das rechte Maßhalten zwischen Arbeit, Vergnügen, Entspannung und neuer Arbeit. [...] Tarouca erlaubte ihr nicht mehr, die Nächte durchzutanzen oder durchzuarbeiten. Er zwang sie in ein System, von dem er hoffte, es würde sie erhalten. Er wurde ihr Manager.«[50]

Ein Wort, das nicht ins Österreich des 18. Jahrhunderts paßt – oder doch? Wenn man genauer betrachtet, was sie geleistet hat, nachdem sie 1748 die Last der beiden Schlesischen Kriege und des Österreichischen Erbfolgekriegs abgeschüttelt – und »nebenbei«, es sei hier doch noch einmal erwähnt, elf Kinder geboren hatte, dann kommt das einem modernen Top-Management erstaunlich nahe. Wie bei einer Unternehmenssanierung geht sie zuerst einmal daran, sich der Schwächen ihres Staates bewußt zu werden, um dann »Remedur zu schaffen«. Wenn sie das Unternehmen »Habsburger Monarchie« saniert hat, wird sie einen Leistungsausweis vorzeigen können, der ihr den Respekt und die Bewunderung der Nachwelt sichert. Sogar der Mann, der ihr über Jahre hinweg das Leben verbittert hat – nicht nur in den beiden Schlesischen Kriegen, sondern noch einmal im Siebenjährigen Krieg von 1756 bis 1763 –, der ihr Schlesien geraubt hat, für das Galizien, das sie später ihrem Reich zugewinnen kann, nie ein echter Ersatz war – sogar Friedrich II., der verklemmte Frauenhasser, gehört schließlich zu ihren Bewunderern: »Trotz des Üblen, das sie mir zugefügt hat, muß ich zugeben, daß diese Fürstin sehr achtenswert ist durch ihre Sittenreinheit. Es gibt wenig Frauen, welche ihr in dieser Hinsicht gleichen; die meisten sind Huren, und die Königin verabscheut die Huren ... Sie ist sehr strebsam und hat Talente auf mehr als einem Gebiete; ich muß ihr darin Gerechtigkeit angedeihen lassen.«[51]

Man beachte die Geschichtsklitterung: *Sie* hat *ihm* Übles angetan! Und man spürt, wie weh es ihm tut, ihr »Gerechtigkeit angedeihen« zu lassen. Strebsam? Energisch, stetig und ganz einfach

* Im Dezember 1740 war Maria Theresia nur Königin von Ungarn und Böhmen.

fleißig ist sie gewesen; ein Acht-Stunden-Tag (oder das Äquivalent für Herrscher des 18. Jahrhunderts) war ihr unbekannt. Talente auf mehr als einem Gebiete? Die brauchte sie auch, denn nur Multi-Talente hätten das erreichen können, was sie bewirkte.

Da ist einmal die Armee. Die Überfallene, Gedemütigte begreift, daß sie eine schlagkräftige Armee braucht, obwohl sie keinerlei Expansionsabsichten hegt. Wer hatte sie besiegt? Die Preußen! Dann schaue man sich mal an, was denn an denen soviel besser war. Nun, zum einen hatte sich Friedrich nicht mit einem als Feldherrn völlig unbrauchbaren Ehegatten herumzuschlagen. Auch nicht mit dessen nicht sehr viel fähigerem Bruder. Maria Theresia wird sich mit dem neuen Bild eines Franz Stephans, der zu spät und dann noch falsch entscheidet, der das Armeelager verläßt, um auf die Jagd zu gehen, der verlorene Schlachten und geschlagene Regimenter auf seinem Konto abbuchen muß, befreundet haben müssen. Es hat ihrer Liebe keinen Abbruch getan, aber sie auch nicht vor Liebe blind werden lassen. Unter der Führung des äußerst fähigen Grafen Daun entsteht eine moderne Armee, nach preußischem Vorbild modelliert!

Das Volk probt den Aufstand, speziell die Bauern. Warum? Eine Hungersnot, die Erbuntertänigkeit sowie die Willkür der adligen Landbesitzer machen ihnen das Leben so schwer, daß sie es geradesogut in einem Aufstand wegwerfen können. Maria Theresia, die Weitblickende, Pragmatische, läßt die Kartoffel einführen! Das neue Grundnahrungsmittel schafft erste Abhilfe; bei ihrem Tod gibt es dann genügend Getreide, Kartoffeln, Reis. Wo immer sie von Willkür erfährt, zieht sie die Schuldigen zur Rechenschaft – um ihnen schließlich einen schmerzlichen Schlag zuzufügen, indem sie per Dekret die Erbuntertänigkeit abschafft!

Der traurige Zustand der Gerichtsbarkeit macht ihr großen Kummer: So wird die Folter abgeschafft und ein neues Justiz- und Administrationssystem geschaffen. Gerechtigkeit soll herrschen in ihren Landen, befiehlt die Kaiserin.

Wissenschaft und Medizin bedürfen dringend der Förderung. Es werden Kranken- und Altenhäuser sowie Apotheken eingerichtet; eine frühe Form der Krankenkasse entsteht.

Gegen das soziale Elend allgemein müssen Maßnahmen ergriffen werden: eine Arbeitslosen-Beihilfe wird ins Leben gerufen als Symptom-Bekämpfung. Aber Maria Theresia ist viel zu praktisch eingestellt, um es dabei zu belassen. Ursachen-Bekämpfung liegt ihr mehr, also werden Industriezweige begründet: Textilien in Böhmen, Porzellan in Wien.

Und damit es schließlich der nächsten Generation besser geht, widmet sie ihre Aufmerksamkeit dem Schulsystem: Sie entwirft eine »Allgemeine Schulordnung«, die Volks- und Hauptschulen sowie Gymnasien umfaßt. Ihre Volksschulen sind bald als die besten Europas bekannt.

Und wo sind nun die Schwachstellen, wo die negativen Charakterzüge? Natürlich hat sie, als Vollblutmutter und -herrscherin, auch eine Kehrseite der Medaille vorzuweisen. Ihre Frömmigkeit weist hie und da bigotte Züge auf: die Einführung der Zensur, des Indexes für Bücher, die nicht nach ihrem Geschmack sind, relativiert manche Reform. Die »Keuschheitskommission« und ihr Wirken sind angesichts der wirklichen Verhältnisse lächerlich. Einzelne Protestanten kann sie dulden; gegen deren Rädelsführer geht sie mit gerichtlicher Gewalt vor. Einzelne Juden? Vielleicht, wenn man Geld von ihnen borgen muß ... Aber insgesamt sind sie doch nicht zu ertragen, also läßt sie sie ausschaffen. Isabel von Spanien mag da als Vorbild gedient haben.

Bei aller Liebe hat sie ihre Mutterrolle hie und da übertrieben. Das schmerzlich gespannte Verhältnis zu ihrem Sohn Joseph, der ihr als Joseph II. auf den Thron folgen wird, setzt manche Fragezeichen auf diesem Gebiet. Und der Starrsinn, ihre Sturheit bei dem Entscheid, nicht in offizieller Funktion an der Seite ihres Gatten zu weilen, als er in Frankfurt zum Kaiser gekrönt wird? Es heißt, daß sie ihren rechtmäßig ererbten Kronen nicht noch eine erheiratete hinzufügen wollte. Ob er das auch so empfunden hat, oder ob er sich über den mangelnden Takt seiner Gemahlin geärgert hat, ist nicht überliefert.

Trotz aller Reformen war sie kein Produkt der Aufklärung. Das wird erst ihr Sohn Joseph sein. Sie war im Grunde eine konservative Monarchin, der mehr an Bewahrung des Bestehenden als an Erweiterung, mehr an Konsens als an Konflikt gelegen war. In den Worten eines männlichen Kommentators, des Italieners Franco Valsecchi, der 1973 schrieb: »Maria Theresia wollte kein neues Weltbild, sondern nur der drängenden Notwendigkeit gehorchen ... Sie stärkte die Autorität des Staates. Doch hat sie die Grundlagen des bestehenden Regimes nicht angetastet und die alte soziale und politische Ordnung beibehalten. Sie war ›die Hausfrau, die sich zu schaffen macht, um das Haus wieder in Ordnung zu bringen‹.«[52]

Und – nicht zu vergessen: Sie hatte sechzehn Schwangerschaften . . .

Vorkämpferinnen auf dem Wege zur Gleichwertigkeit

Kämpfen wollte wohl keine von ihnen. Obwohl jede von den fünf Frauen dieses Kapitels etwas Ungeheuerliches anstrebte: gleiche Chancen für Frauen und Männer! Das konnte ja nicht gutgehen! Ist es ja auch nicht in den ersten beiden Fällen: Mary Wollstonecraft stirbt bei der Geburt ihrer zweiten Tochter (sicher eine gerechte Strafe für ihr unsittliches Tun, werden manche gesagt haben); sie ist erst 38 Jahre alt und hat alles andere als ein glückliches Leben hinter sich. Flora Tristan wird kaum älter; sie stirbt an Erschöpfung von der Arbeit, die sie für Frauen generell und Arbeiterinnen und Arbeiter im besonderen mit totalem Engagement geleistet hat.

Was sie wollten? Das Recht, als Frau eine Ausbildung zu haben, einen Beruf erlernen zu können. Das Recht auf ökonomische Eigenständigkeit. Das Recht auf Scheidung. Das Recht, nach denselben moralischen Standards beurteilt zu werden wie die Männer. Und irgendwo im Hintergrund war da noch etwas: das Recht, bei politischen Entscheidungen die eigene Stimme in die Waagschale zu werfen.

Dieses Recht stand im Vordergrund der Bemühungen der nächsten beiden Frauen. Susan B. Anthony und Amelia Bloomer wurden reife alte Damen, waren aber einen guten Teil ihres Lebens Spott und Angriffen ausgesetzt. Es war ja auch kaum faßbar, wie undelikat sie sich für das Stimm- und Wahlrecht von Frauen einsetzten ... Und dann noch diese Bloomer mit ihren Pluderhosen, wo doch jede anständige Frau einen Rock trug – manchmal bis zu fünf Kilo schwer mit all den Unterröcken. Wer je *Vom Winde verweht* gesehen hat, wird sich an eine Szene am Anfang erinnern: Scarlet O'Hara läßt sich von ihrer Mammy schnüren, bis ihr fast der Atem stockt. Dann stülpt sie sich – an einem heißen Nachmittag im amerikanischen Süden – ungefähr fünfhundertvierundsiebzig Unterröcke über das Mieder, bis endlich das wunderschöne Kleid kommt, das eigentlich erst für den Abend bestimmt war. Die Ohnmachtsfähigkeit der Frauen im 19. Jahrhundert hatte weniger damit zu tun, daß sie so zartbesaitet waren, sondern stand in direktem Zusammenhang mit den luftabschnürenden Fischbeinstäbchen ... Und natürlich brauchte jede Frau mindestens eine andere um sich herum, die ihr beim Anziehen half. Es gibt so viele verschiedene Formen von Abhängigkeit ...

»Wichtiger schien es, Mädchen zu lehren, wie si!e sich rein äußerlich als Damen herzurichten hatten: mit kunstvoll aufgesteckten Haarfrisuren und Spitzenhauben, eng geschnürten Korsetts, ohne jede Bewegungsfreiheit.«[1] So heißt es in einem Essay über Mary Wollstonecraft, in dem beklagt wird, daß Frauen keine Ausbildung zuteil wurde.

Na schön, das waren das 18. und allenfalls noch das 19. Jahrhundert, nicht wahr? – Als dieser Unsinn aber mühelos die Schwelle zum neuen Jahrhundert nimmt, reißt einer jungen Damenschneiderin der Geduldsfaden: Sie will keine aufgetürmten Haare oder Wagenrad-Hüte, die schon ein einfaches Kopfnicken zu einem Balance-Akt machen, will nicht, eingehüllt in viele Meter Stoff, am Strand sitzen und sich unter Sonnenschirmen vornehm Luft zufächeln. Sie will sich ganz einfach bewegen – so wie die Männer, die sie umschwirren. Und so entwirft Gabrielle Chanel eine neue Linie: eine, die Frauen den Charme und die Eleganz einer Frau gaben, aber gleichzeitig die Bewegungsfreiheit eines Mannes. Sie entwirft eine Sportkollektion für Frauen! Von den hier Erwähnten wollte sie wohl am wenigsten kämpfen – aber sie wollte sich auch nicht diesem idiotischen Modediktat unterwerfen.

Der Erfolg hat ihr recht gegeben. Und den anderen? Bis auf den einen einzigen Kanton der Schweiz, dessen männliche Regierung es immer noch nicht übers Herz gebracht hat, den Frauen auf Kantons- und Gemeinde-Ebene das Stimm- und Wahlrecht zu »geben«, obwohl sie es auf Landesebene immerhin »schon« seit 1971 haben, dürfte in politischen Belangen für Frauen in westlichen Industrieländern Gleichwertigkeit bestehen – auf dem Papier zumindest. Frauen haben verbriefte Rechte auf Scheidung, Chancengleichheit in der Ausbildung und im Beruf. Und seit der Akzeptanz von Blue Jeans auch für Frauen sowie der Erfindung des Mini-Rocks in den 60er und der Einführung des Tangas in den

70er Jahren kann sich keine Frau mehr über mangelnde Bewegungsfreiheit beklagen. Insofern haben die Vorkämpferinnen dieses Kapitels einen späten Sieg errungen. Ist er den Preis wert, den sie dafür gezahlt haben?

Mary Wollstonecraft

1759–1797

»*Die Verteidigung der Rechte des Weibes* ist ohne Zweifel ein sehr ungleichartiges Werk, das in Hinsicht auf Methode und Anordnung seiner Teile offenbar Mängel hat. Prüft man dasselbe nach den längst hergebrachten, verjährten Regeln der schriftstellerischen Kunst, so kann es schwerlich seinen Anspruch auf eine Stelle unter den menschlichen Produkten des ersten Ranges geltend machen.«[2]

Dies eine berechtigte Kritik des Wichtigsten, was Mary Wollstonecraft in ihrem Leben geschaffen hat; die Rede ist von ihrem skandalumwitterten Buch mit dem oben erwähnten Titel. Und natürlich kommt diese Kritik von einem Mann, nicht wahr? Stimmt; von William Godwin, einem Zeitgenossen. Nur gibt es da noch etwas Wesentliches anzumerken: Er war ihr Ehemann und ihr erster Biograph. Und das obige Zitat ist ein klassisches Beispiel für Textstellen, die aus dem Kontext gerissen werden und dann mißbraucht werden können. Sein Abschnitt geht nämlich folgendermaßen weiter:

»Betrachten wir hingegen die Wichtigkeit der darin enthaltenen Grundsätze und den Glanz des darin hervorleuchtenden Genies, so kommt es mir eben nicht unwahrscheinlich vor, daß man dasselbe ebensolange lesen werde, als die englische Sprache fortdauert. Die Erscheinung dieses Buches macht für den Gegenstand, den es behandelt, Epoche, und vielleicht wird es sich erst in der Zukunft recht deutlich zeigen, daß Mary Wollstonecraft der Sache ihres Geschlechtes wesentlichere Dienste geleistet hat als alle übrigen Schriftsteller, seien es männliche oder weibliche, die sich jemals von dem Eifer beseelt fühlen, sich der unterdrückten und gekränkten Schönheit anzunehmen.«[3]

Wenn man dann noch bedenkt, daß sie das ganze Buch in nur sechs Wochen geschrieben hat, dann ist man gerne bereit, die Wiederholungen und dadurch entstandenen Längen sowie die stilistischen Unebenheiten hinzunehmen, denn der Inhalt ist nach wie vor lesenswert.

Daß zu vieles davon leider immer noch aktuell ist, hätte sich die Autorin wohl nicht vorstellen können. Im Gegensatz zu ihrer Zeitgenossin Maria Theresia in Österreich ist Mary Wollstonecraft ein Produkt der Aufklärung. Ihr Gedankengut entstammt einer neuen Art zu denken, einer ketzerischen Art, Bestehendes zu hinterfragen. Und es sind, wie bei Flora Tristan, keine Utopien, die im luftleeren Raum entstehen, sondern Erfahrungswerte, die sie mit anderen Frauen (in der gleichen Situation) und aufgeklärten Männern (die etwas tun könnten, um die Situation zu ändern) teilen möchte.

Mary wächst zusammen mit einem älteren Bruder und drei jüngeren Geschwistern in England auf. Eine Ortsangabe fällt schwer, denn der Vater, ein leidenschaftlich-unbeherrschter Mann mit einem Alkoholproblem, wechselt mit seiner Familie häufig den Wohnort. Eigentlich hat nicht er das Problem, sondern seine Familie, die sich mit seinem Temperament auseinandersetzen muß. Die Mutter hat längst resigniert; sie »scheint der erste und untertänigste seiner Untertanen gewesen zu sein«.[4] So William Godwin in seiner Biographie; von Mary hingegen sagt er: »Sie war bereits als Kind ein guter Hasser.«[5] Der Bruder darf zur Schule, sie muß schon früh zu Hause helfen und sich um die jüngeren Geschwister kümmern. Dabei bleibt ihr genügend Zeit zum Nachdenken. Sie wird eine unbequeme Hausgenossin: Man denke nur, sie will ein eigenes Zimmer, will mehr als die übliche »Erziehung« junger Damen mit einem bißchen Französisch, einem bißchen Tanzen, einem bißchen Klavierspielen! Heiraten – das weiß sie jetzt schon – heiraten, nur um versorgt zu sein, das kommt für sie nie in Frage!

Ihre erste Liebe, als sie sechzehn ist, ist ihre achtzehnjährige Freundin Fanny. Sie will mit ihr zusammenziehen, für sie Geld verdienen, und dazu braucht sie eine Tätigkeit außer Haus. Was kann ein weibliches Wesen schon tun? Richtig; sie wird Gesellschafterin einer reichen älteren Dame.

Als sie einundzwanzig ist, wird ihre Mutter todkrank; es ist selbstverständlich, daß Mary ihre eigene Existenz dieser Situation unterordnet und sich nach Hause begibt, um die Pflege zu übernehmen. Wieder muß sie die Demütigungen mitansehen, die ihre Mutter von ihrem Vater erleiden muß. Auch die Ehe von Fannys Eltern ist alles andere als gut – ist das wirklich alles, was eine Frau zu erwarten hat?

Mary will die Antwort nicht abwarten; sie überredet ihre Schwester Eliza, mit ihr unter falschem Namen nach London zu reisen. Für Eliza ist es eine Flucht aus – einer unglücklichen Ehe. Sie ist noch nicht so weit wie Mary und leidet unter Schuldgefühlen. Zusammen mit Fanny eröffnen die beiden eine Schule, aber die Voraussetzungen sind nicht die besten: Eliza hat ein schlechtes Gewissen, Mary eine Abneigung gegen den Lehrberuf und Fanny eine Zuneigung zu einem Mann! Sie verheiratet sich nach Lissabon. Die Freundin verkraftet den Verlust kaum. Ohne viel nachzudenken und ohne viel Geld zu haben, reist sie ihr nach – um dort mitansehen zu müssen, wie Fanny bei der Geburt des ersten Kindes stirbt.

Bei ihrer Rückkehr zieht sie Bilanz: Die Schule ist nicht mehr zu halten, es muß eine andere Lösung gefunden werden. Was kann eine Frau sonst noch tun? Richtig: Sie kann sich als Erzieherin anstellen lassen. Mary sucht und findet für sich und die Schwester zwei Familien. Für ein Jahr geht sie nach Irland; dann wieder London und ein großes Fragezeichen. Sie hat die drei Berufe, die für eine Frau aus bürgerlicher Gesellschaft möglich waren, ausgeübt, ohne daß sie sich zu einem hingezogen fühlt. Was nun? Schreiben will sie, oder zuerst einmal eine Novelle, *Mary*, veröffentlichen, die sie in Irland verfaßt hat: »Meine Novelle will die Wesenheit einer Frau zeigen, die Denkkraft besitzt und zu den wenigen Auserwählten gehört, die nicht Echo sein möchten, selbst nicht der süßesten Töne.«[6] Das sind nun ganz neue Töne, hier wird ein neues Frauenbild geboren. Und sie doppelt gleich nach mit dem zweiten Werk: *Über die Erziehung der Töchter* wird ebenfalls im renommierten Verlag von Joseph Johnson veröffentlicht. Er ist begeistert von ihr und ihrem ketzerischen Denken und läßt den Worten Taten folgen, indem er ihr eine Stelle als Lektorin in seinem Verlag anbietet und weiterhin ihr Verleger ist.

Inzwischen hat sich Mary weitergebildet. Autodidaktisch hat sie so gut Französisch, Deutsch und Italienisch gelernt, daß sie sich hauptsächlich mit Übersetzungen beschäftigt. Wenigstens ist sie so im Umfeld ihrer Lieblingsbeschäftigung, des Schreibens, und kann auch hie und da Artikel über Erziehungsfragen veröffentlichen. Und dann passiert's: 1790, einunddreißig Jahre alt, wird sie über Nacht berühmt mit ihrer mutigen Streitschrift gegen den Philosophen und Politiker Edmund Burke. Nein, berühmt wird sie nicht, berüchtigt wird sie. Denn – man stelle sich vor – hier wagt eine Frau einen gestandenen Mann anzugreifen, der zufälligerweise ein Gegner der Französischen Revolution ist. Die Verfasserin des Buches *Die Verteidigung der Menschenrechte* hat Glück: Ihr Verleger hält zu ihr. Von hier ist es nur ein kleiner Schritt zu dem zwei Jahre später erscheinenden Buch über die Menschenrechte der Frauen.

Denn das ist nun durchaus nicht dasselbe, Menschenrechte und Frauenrechte. Noch immer sind Frauen in den Augen vieler »Menschen« keine Exemplare dieser Gattung, sondern eher Untermenschen. Mary Wollstonecraft spinnt jedoch das Gedankengut der Französischen Revolution weiter, um die Frauen ebenfalls darin einzufangen, um Brüderlichkeit *und* Schwesterlichkeit zu erwirken. Damit stellt sie die Basis in Frage, auf der bisher die angebliche Unterlegenheit der Frau beruhte.

Zuerst einmal stellt sie die Erschaffung Evas, wie sie in der Bibel wiedergegeben wird, als poetische Erzählung hin, die nicht wörtlich zu nehmen sei. Dann empört sie sich über die »Dressur zum Mädchen«:

> »Das Kind, besonders ein Mädchen, wird keinen Augenblick sich selbst überlassen, es wird unselbständig gemacht, und diese Unselbständigkeit heißt dann ›weibliche Natur‹. Um die körperliche Schönheit zu erhalten (des Weibes höchster Ruhm!), werden Geist und Körper eingeschnürt, und eine sitzende Lebensweise schwächt die Muskeln und Nerven der Frauen von früher Jugend auf.«[7]

Kein Wunder, daß sie, 1792 (!), »Leibesbewegungen« auch für Mädchen fordert.

Und dann möchte sie die beruflichen Möglichkeiten für Frauen vervielfachen; sie ist davon überzeugt, daß Frauen ebensogut Ärztinnen werden können wie Krankenpflegerinnen und sogar Staatswissenschaften studieren könnten. Hundert Jahre später wird diese Forderung immer noch aktuell sein; die eloquente und streibare Hedwig Dohm wird sich gerade dieses Problems annehmen. Schließlich möchte Mary das Verhältnis der Geschlechter zueinander ändern: die Frau soll Gefährtin des Mannes werden!

Sie würde es eigentlich auch gerne sein, nur hat sie sich in den falschen Mann verliebt: es ist der verheiratete Schweizer Maler Johann Heinrich Füssli. Um ihn zu vergessen und um am aufregenden Nach-Revolutionsgeschehen teilzuhaben, geht sie 1793 nach Paris. Und dort findet sie ihn, den Gefährten, in dem amerikanischen Captain Gilbert Imlay. Inzwischen ist sie eine Mittdreißigerin, berühmt und umworben, aber voller unerfüllter Sehnsucht nach Liebe. Imlay wird Vater ihres ersten Kindes, der Tochter Fanny, und obwohl er sich mündlich und schriftlich als ihr Ehemann ausgegeben hatte, verläßt er sie während der Schwangerschaft wegen einer anderen Frau.

Auch eine emanzipierte Frau leidet, wenn sie auf solche Art den Mann verliert, den sie liebt. Mary kehrt nach London zurück: die unverheiratete Mutter hat nicht mehr die Kraft, einer ungewissen Zukunft entgegenzugehen. Die Kraft reicht jedoch gerade noch, um in die Themse zu gehen. In letzter Minute wird sie gerettet – trotz allem ein neuer Anfang?

Ja, denn inzwischen bahnt sich eine enge Freundschaft an mit einem Mann, den sie vorher einmal kurz bei ihrem Verleger kennengelernt hatte. William Godwin denkt und schreibt wie sie, teilt ihre unkonventionellen Ein- und Ansichten. Aus der Freundschaft wird nach und nach Liebe; als Mary weiß, daß sie wiederum schwanger ist, heiraten die beiden, obwohl es »eigentlich« gegen ihre Prinzipien ist. Während der Schwangerschaft arbeitet sie an zwei Büchern; beide bleiben Fragmente, denn zehn Tage nach der Geburt ihrer Tochter Mary, die später den Dichter Shelley heiratet, stirbt Mrs. Godwin im Alter von 39 Jahren!

Frauenschicksal. Bestimmt durch die Gebärfähigkeit, die sich auf den sozialen Status, die ökonomischen Verhältnisse, die Gesundheit auswirkt – bis zum bitteren Ende.

»Mary Wollstonecraft was a woman of considerable beauty and charm, capable of deep affections and resentments, an ardent lover and a devoted mother. [...] [She] wrote without bitterness or hostility to the other sex, and in an age of extravagant individualism it is remarkable that she emphasized the social duties of women no less than their rights.«[8] Die *Encyclopedia of Social Sciences* ist sonst nicht so großzügig mit Lob und Komplimenten. Fast eine volle Seite widmet sie dieser schreibfreudigen Vorkämpferin für Gleichwertigkeit, und obwohl auch in diesem Artikel die eingangs erwähnte Kritik geäußert wird, heißt es doch über ihr Hauptwerk: »It was original in that it drew from a woman's experience, hotly and with passion, the lesson that a few rare men had already deduced from philosophy.«[9]

Ihr Vermächtnis an uns Heutige, die wir knapp zwei Jahrhunderte später ihre Texte lesen oder über sie schreiben, ist die Vorarbeit, die sie geleistet hat. Ihre Forderungen nach Koedukation, nach gleicher Erziehung von Mädchen und Jungen, nach Öffnung aller passenden Berufsgattungen für Frauen sowie dem Ende der Doppelmoral – das alles ist, wenn auch hie und da nur auf dem Papier, erfüllt worden. Zum Teil aufgrund der intensiven Arbeit auf diesem Gebiet der radikal mutigen Frauen des 19. Jahrhunderts, zum Teil aufgrund der zwei Weltkriege in unserem. Das ist eins ihrer Verdienste. Das andere, bleibendere jedoch ist ihr Mut zum eigenen Weg, zum Außenseitertum um der inneren Überzeugung willen. Fast wäre sie dafür belohnt worden, in einer Liebesehe mit einem Gleichgesinnten, von dem sie ein Kind hatte ...

Aber dann kam es anders. Frauenschicksal.

Flora Tristan

1803–1844

Vor einem halben Jahrhundert erhob sich in England eine Frauenstimme, wie von unwiderstehlicher, göttlicher Kraft geleitet, um alle Vorurteile anzugreifen, um Lügen und Ungleichheit aufzudecken – Mary Wollstonecraft. [. . .] Wenn ich mit Frauen, die sich sogar als fortschrittlich bezeichnen, [über ihr Buch] sprach, sagten sie mit Abscheu: ›Ach, ein ganz übles Buch!‹ Wie oft erwürgt Verleumdung die besten Taten!«[9] Die Vorkämpferin dieses Kapitels war wahrscheinlich die erste Frau, die öffentlich die von ihrem eigenen Geschlecht verspottete Vorkämpferin des vorigen Kapitals gewürdigt hat. Das verwundert nicht, denn die beiden Frauen, obwohl genau ein halbes Jahrhundert auseinander, haben sehr ähnliche Gedanken und Anliegen gehabt. Sie haben auch beide den Preis dafür zahlen müssen, daß sie es gewagt haben, öffentlich für die Menschenrechte der weiblichen Hälfte der Menschheit einzutreten.

Und das war offenbar zu Zeiten Flora Tristans noch so nötig wie zu Zeiten der Wollstonecraft. Nur zehn Jahre vor Floras Geburt konnte man in einer Buchbesprechung des von einem Chr. G. Salzmann übersetzten ersten Bandes der *Verteidigung der Rechte des Weibes* folgendes lesen: »Die Anmerkungen des Herrn S. sind Berichtigungen der übertriebenen oder sonst nicht ganz richtigen politischen und pädagogischen Grundsätze der Verfasserin, die in der Tat im lebhaftesten Gefühl, daß Weiber auch Menschen sind, bisweilen zu vergessen scheint, daß sie doch nicht Männer, sondern Weiber sein sollen.«[10]

Flora Tristan hat niemand eine Chance geben wollen zu vergessen, daß sie ein »Weib« war. Sie hat sich mit aller Kraft dagegen zu wehren versucht, hat beweisen wollen, daß »Weiber auch Menschen sind«. Dabei hat sie wiederum ein wichtiges Stück Vorarbeit einer anderen Vorkämpferin weitergeführt: Olympe de Gouges, Gründerin der ersten politischen Frauenvereine. Ähnlich wie Mary in England, hatte Olympe in Paris den Gedankenfaden der Französischen Revolution auch für Frauen weiterspinnen wollen. In ihrer *Verkündigung der Frauen- und Bürgerinnenrechte* (1789) stehen die folgende Sätze:

> »Die Frau ist frei geboren und von Rechts wegen dem Manne gleich. Das Ziel jeder gesetzgebenden Gemeinschaft ist der Schutz der unveräußerlichen Rechte beider Geschlechter: der Freiheit, des Fortschritts, der Sicherheit und des Widerstands gegen die Unterdrückung... Alle Bürgerinnen müssen ebenso wie alle Bürger persönlich oder durch ihre gewählten Vertreter an ihrer Gestaltung teilnehmen... Die Frau hat das Recht, das Schafott zu besteigen, die Tribüne zu besteigen, sollte sie dasselbe Recht besitzen... Erwacht, ihr Frauen! Die Fackel der Wahrheit hat die Wolken der Torheit und der Tyrannei zerstreut; wann werdet ihr sehend werden? Vereint euch. Setzt der Kraft der rohen Gewalt die Kraft der Vernunft und der Gerechtigkeit entgegen. Und bald werdet ihr sehen, wie die Männer nicht mehr als schmachtende Anbeter zu euren Füßen liegen, sondern, stolz darauf, die ewigen Rechte der Menschheit mit euch zu teilen, Hand in Hand mit euch gehen.«[11]

Das von ihr erwähnte Recht zur Besteigung des Schafotts ist ihr zugestanden worden: Als sie sich 1793 die Feindschaft Robespierres zuzieht, sind ihre Stunden gezählt; die Guillotine beendet das Wirken dieser mutigen Frau.

Flora Tristan hat in ihrem kurzen Leben in erster Linie herausgefunden, wie unfrei die Frau geboren ist und wie wenig ihre Rechte denen des Mannes gleich sind. 1803 wird sie als uneheliche Tochter einer Französin und eines peruanischen Adligen in Paris geboren. Mit siebzehn Jahren wird sie an einen Pariser Lithographen namens André Chazal verheiratet, in dessen Werkstatt sie als Koloristin tätig ist. Schon bald ist ein Kind da, dann ein zweites. Chazal hat Spielschulden, aber er glaubt auch, Abhilfe dafür schaffen zu können: Wozu hat man schließlich eine schöne Frau? Könnte sie nicht als Prostituierte »dazuverdienen«? Schwanger mit dem dritten Kind, das sie im Alter von zweiundzwanzig zur Welt bringt, verläßt sie mit ihren Kindern heimlich das Haus.

Nun, die Zeit ist nicht auf ihrer Seite. Noch haben Frauen keine

Schul- und Berufsausbildung, keinen Zugang zu den Zünften (was verhindert, daß sie sich selbständig machen können), kein Recht auf Scheidung oder darauf, bei einer Trennung ihre eigenen Kinder zu behalten. Ungeachtet der »Qualität« des Ehemannes ist die Frau Besitztum des Mannes. Kein Wunder, daß Flora Tristan ihrer gerade geborenen Tochter das Versprechen abgibt: »Ich schwöre dir, für dich zu kämpfen, dir eine bessere Welt zu bereiten. Du wirst weder Sklavin sein noch Paria.«[12] In einem Schreiben an die Deputiertenkammer reicht sie ein Gesuch um Wiedereinführung der Scheidung auf dem Prinzip der Gegenseitigkeit ein, das durch den *Code Napoleon* aufgehoben worden war. Sie weiß, wovon sie spricht:

> »Ich habe das bittere Leid kennengelernt, das die Unlösbarkeit der Ehe mit sich bringt. Ich war gezwungen, ohne Vermögen, mich von meinem Gatten zu trennen. Ich mußte für mich und die Kinder aufkommen, allein. Eine solche Last übersteigt meistens die Kraft der Frauen, weil sie kaum eine geeignete Erziehung für eine Berufsausübung erhalten ... Ich habe in meinem Buch, das ich mich den Kammern zu überreichen beehre, einen Teil des Leids angedeutet, dem die Frauen meiner Lage ausgesetzt sind ... Das Glück einer Familie kann nur bei einem auf Freiheit beruhenden Rechtszustand gedeihen. Christus sagte: ›Trennt nicht, was Gott zusammenfügte.‹ Soll man nicht ergänzen: ›Kettet nicht zusammen, was Gott trennte‹?«[13]

Das Gesuch wird abgelehnt.

Inzwischen hatte sie eine Reise nach Peru unternommen, um dort zu versuchen, ihr Erbe anzutreten. Selbstverständlich wird es ihr von der Familie ihres Mannes verweigert. Die Erfahrungen dieser abenteuerlichen Reise finden ihren schriftlichen Niederschlag in *Über die Notwendigkeit, fremden Frauen einen guten Empfang zu bereiten* (1835) und *Wanderungen einer Paria* (1837). Letzteres bringt ihren Mann in Rage; er findet, er komme darin sehr schlecht weg. So schlecht, daß er seine Frau dafür umbringen will ... Er lauert ihr vor ihrer Haustüre auf und schießt auf sie. Zwar kommt sie mit dem Leben davon, aber eine Kugel bleibt unter ihrer Brust stecken und kann nicht entfernt werden.

Vier Monate später die Gerichtsverhandlung. Man sollte meinen, der Tatbestand sei eindeutig. Aber als Mann vor männlichen Richtern und Geschworenen findet der Angeklagte viel Zuhörbereitschaft. Schließlich habe er nur seine Tochter vor dem schlechten Einfluß der Mutter retten wollen – und wie schlecht der ist, kann jeder ermessen, der dieses schreckliche Buch gelesen hat. Die Geschworenen haben es gelesen; sie wissen, wovon der arme Mann spricht, denn hat nicht dieses mißratene Weib allen Ernstes für die Auflösbarkeit der Ehe plädiert? Wie schamlos, wie unmoralisch! Und überhaupt ihr Lebenswandel... Angesichts dieser Argumentation – die, leicht abgewandelt, auch heute noch praktiziert wird bei vielen polizeilichen und richterlichen Vernehmungen von Vergewaltigungsopfern – überrascht es, daß man sich doch noch zu einer Verurteilung des Ehemannes durchringen kann: Zwanzig Jahre Zwangsarbeit, später in Gefängnis umgewandelt. Flora darf jetzt sogar offiziell tun, was sie schon vor langer Zeit gemacht hat: den Namen des Ehemannes ablegen.

Neugierig ist sie schon, diese Flora Tristan. Sie muß alles mit eigenen Augen sehen, mit eigenen Ohren hören: Sie geht in Fabriken, Slums, Kneipen und Gefängnisse, recherchiert die Hintergründe des sozialen Elends, dem sie überall begegnet. Im Gegensatz zur herrschenden Meinung versucht sie in Reportagen ihren Lesern klarzumachen, daß sie Armut, Laster und Unterdrükkung durchaus nicht als gottgegeben hinnehmen müßten. Mehrere Reisen nach England werden in einem Buch verarbeitet: *Spaziergänge in London*, worin sie sich unter anderem auseinandersetzt mit der »Prostitution, der häßlichsten Plage, welche die ungleiche Verteilung der Güter der Welt nach sich zog«.[14]

Sie ist überzeugt, daß die Arbeiterinnen und Arbeiter ihr Los nur verbessern können, indem sie sich organisieren. Daher das Buch, das ihr wohl am überzeugendsten einen Platz in der Geschichte gesichert hat: *Union ouvrière* (1843; ein Jahr später bereits in dritter Auflage erschienen). Ein Textauszug:

> »Arbeiter und Arbeiterinnen,
> hört mir zu. Seit 25 Jahren haben die intelligentesten und selbstlosesten Menschen ihr Leben der Verteidigung Eurer heiligen Sache geweiht: sie haben durch Schriften, Reden, Berichte, Aufzeichnungen, Untersuchungen, Statistiken der

> Regierung und den Reichen gezeigt, bezeugt und nachgewiesen, daß die Arbeiterklasse sich zum aktuellen Zeitpunkt materiell und seelisch in einem unduldbaren Zustand des Elends und des Leidens befindet; notwendigerweise resultiert daraus, daß die Mehrzahl der Arbeiter verbittert durch das Unglück, abgestumpft durch Unwissenheit und eine Arbeit, die ihre Kräfte übersteigt, für die Gesellschaft gefährlich wurde.«[15]

Das klingt ja fast kommunistisch! War es auch – so sehr, daß sowohl Marx als auch Engels dieses Gedankengut in ihren Büchern mit verarbeiteten. Es erübrigt sich wohl zu betonen, daß keiner von beiden es nötig fand, auf die Quelle seines Materials hinzuweisen ...

Flora Tristan möchte die Botschaft von der Vereinigung der Arbeiterinnen und Arbeiter (sie betont immer wieder die weibliche Form des Wortes!) unter das Volk tragen. Sie weiß, daß sie das besser kann, wenn sie zu den Betroffenen redet, als wenn sie sie Bücher lesen läßt. Und so beginnt sie am 12. April 1844 eine Reise durch Frankreich. Sie verteilt Flugblätter und Bücher, hält öffentliche Reden, fordert zur Diskussion auf. An manchen Orten wird sie begeistert empfangen; ihr Auftritt schlägt sich in der Bildung von Gruppen und Komitees nieder. An anderen Orten wird sie in Hotels abgewiesen, weil man keine alleinstehenden Frauen beherbergen will. Und an wieder anderen versucht die Polizei, sie in eine Falle zu locken, unter anderem durch fingierte Einladungen von reichen Männern. Aber sie spürt auch, daß sie mit ihrer Botschaft auf dem richtigen Weg ist; einige Erfolge beginnen sich abzuzeichnen. In Städten wie Marseille, Avignon und Lyon haben sich die Arbeiter zusammengeschlossen: Flora Tristan ist es gelungen, andere für ihre Idee zu begeistern und zum Handeln zu bewegen!

Lyon, Marseille und Toulouse sind Stationen ihrer Reise. Irgendwo bekommt sie Typhus; der erschöpfte Körper kann sich nicht mehr wehren. Im November 1844 stirbt Flora Tristan in Bordeaux. »Ihre« Arbeiter, zusammen mit einigen Literaten und Anwälten (!), haben sie zu Grabe getragen, wie es in der Zeitung hieß.

Eine Sozialistin zumindest, wenn nicht sogar eine frühe Kommunistin, die anderen das Elend, das sie sah und zum Teil selbst erleiden mußte, ersparen wollte. Eine Frau, die sich dafür einsetzte, daß es ihre Geschlechtsgenossinnen in Zukunft besser haben sollten. Sie hinterläßt ihnen ein Testament in Form eines Buches *Die Emanzipation der Frau oder das Testament einer Paria*. Darin heißt es:

> »Wenn man die Sklaven befreien will, muß man sie unterrichten; deshalb habe ich dieses Buch geschrieben, das mein Testament sein wird. Ich wende mich vor allem an die Frauen, um sie zu befreien vom Aberglauben, der ihre Seele verdummt und ihr Herz verengt, um sie unabhängig von den Priestern zu machen, indem ich ihnen einen lebendigen Glauben gebe und die Liebe, die glühend genug ist, sie im Kampf zu tragen.«[16]

Die von ihrem Mann getrennt lebende, alleinreisende und schreibende Frau hat ihr ganzes Leben lang kämpfen müssen – für ihren Lebensunterhalt wie gegen die Verachtung der »guten« Gesellschaft. Schön, rhetorisch begabt und unerschrocken, war sie vielen Bürgern ein Dorn im Auge. Sie hat den Kampf aufgenommen, hat ihr Außenseitertum mit einem frühen Tod bezahlt. Was sie mir besonders nahebringt: Sie hatte erkannt, daß Frauen ihre Erfahrungen untereinander austauschen müssen, damit sich etwas verändern kann. Daher schreibt sie im Vorwort zu den *Wanderungen einer Paria*: »Möchten doch die Frauen, deren Leben durch großes Unglück zur Qual wurde, über ihr Leid und was sie wegen Vorurteil und Hintansetzung erdulden, schreiben. Eine gerechte Reform der sozialen Beziehungen kann erst aufgrund von ähnlichen Enthüllungen einsetzen.«[17] Sie hatte den Mut dazu. Haben wir ihn?

Susan Brownell Anthony

1820–1906

Amelia Bloomer

1818–1894

Wer A(nthony) sagt, muß auch B(loomer) sagen, auch wenn nicht viele das bisher getan haben. Eine von den wenigen ist Norgard Kohlhagen, die in ihrem fundierten und erfrischend lesbaren Taschenbuch *Nicht nur dem Manne untertan. Frauen, die die Welt veränderten* (Frankfurt am Main, 1981) den beiden ein gemeinsames Porträt gewidmet hat. Wenn auch Susan B. Anthony sozusagen ein Synonym für die amerikanische Frauenbewegung des 19. Jahrhunderts ist, so hat sie den ganzen Prozeß weder alleine in Gang gesetzt noch zu Ende geführt. Geholfen haben ihr dabei in erster Linie Frauen wie Elizabeth Cady Stanton, Lucretia Mott, Lucy Stone – und eben Amelia Bloomer.

Ausschlag für den Beginn dieser gigantischen Bewegung war, wie so oft, ein negativer Anlaß. Lucretia Mott und Elizabeth Cady Stanton waren 1840 nach London gereist, um dort an einem internationalen Anti-Sklaverei-Kongreß teilzunehmen. Es blieb jedoch bei der Absicht – die Herren Veranstalter wollten Frauen um keinen Preis zulassen, auch nicht, wenn sie von so weit hergereist waren.

Dennoch waren Reisegeld und -zeit gut investiert, denn den Damen dämmerte es allmählich, daß die ersten Sklaven, die es zu befreien galt, sie selbst waren. Damit sie ihrer Wut und Enttäuschung Luft machen können, muß etwas geschehen. Und es geschieht etwas, wenn auch langsam: mit Elizabeth Cady Stanton an der Spitze, berufen die Frauen einen »Frauenrechtskongreß« ein, auf den 19. und 20. Juli 1848, in die Wesleyan-Kapelle von Seneca Falls, New York!

In einer Kapelle! Mitten im Erntemonat Juli! Und dann nur für Frauen, bzw. nur Frauen werden – öffentlich – reden, und es wird nur um Frauen gehen!!! Dazu gehört schon Mut – aber der wird denn auch belohnt: Gut 300 Menschen finden sich am 19. Juli in der Kapelle ein, unter ihnen ungefähr vierzig Männer. Sie waren zwar nicht im Plan vorgesehen; da sie sich aber nicht fortschicken lassen, zuckt man die Schultern: sollen sie halt zuhören, solange sie nicht stören . . .

Die Veranstalterin verliest eine Deklaration der Grundsätze, die nach dem Modell von Thomas Jeffersons Formulierung der Unabhängigkeitserklärung von 1776 abgefaßt ist. Sie endet mit der Forderung »auf der unverzüglichen Zulassung zu allen Rechten und Privilegien, die [den Frauen] als Bürgerinnen der Vereinigten Staaten gehören«.[18]

Ein Drittel der Anwesenden, achtundsechzig Frauen und zweiunddreißig Männer, unterzeichnen diese Erklärung. Dies ist der Anfang vom Ende der Epoche männlicher Vorherrschaft in den Vereinigten Staaten. Ob sie geahnt haben, wie weit der Weg zum Ziel ist? Ob sie sich haben vorstellen können, daß man auch in den achtziger Jahren des zwanzigsten Jahrhunderts noch von solchen Anliegen sprechen muß? Daß das *Equal Rights Amendment*, der Zusatz zur Verfassung, der Frauen die gleichen Rechte wie Männern zusichert, nach vielen Jahren des Kampfes immer noch nicht ratifiziert ist . . .?

Aber zurück zu den Frauen von Seneca Falls. Irgendwie geht in Amerika alles ein wenig schneller, mit mehr Dampf, mehr Schwung. Die Begeisterungsfähigkeit ist gewöhnlich groß, und man geht zügiger vom Planungsstadium zur Ausführung über. Doch selbst unter diesen Umständen dauern die Vorbereitungen noch Jahre, zumal in Amerika damals mehr noch als heute alles immer eine religiöse Verflechtung hat. Aber nicht nur mit Religion hat diese Kampagne zu tun, sondern auch mit der Abstinenzler-Kampagne und der Anti-Sklaverei-Kampagne. Und da gehen die Wogen ohnehin schon hoch genug.

Inzwischen hat die Bewegung aber eine der streitbarsten und profiliertesten Frauen dazugewonnen: Susan Brownell Anthony. Auch sie denkt in sozialistischen Kategorien, was auf ihre Familie zurückzuführen ist. Der Quäker-Vater hatte die Stirn gehabt, eine Baptistin zu heiraten, und hatte seinen ketzerischen Ansichten über alles und jedes schon oft Luft gemacht. Kein Wunder, daß die drei Kinder, ein Sohn und zwei Töchter, sich ebenfalls stark machen für humanitäre und politische Anliegen. Die Mutter tut das Ihre dazu, ist sie doch selbst Tochter eines Mannes, der in der amerikanischen Revolution gekämpft hat. Susan wächst in diesem stimulierenden Milieu auf; sie hat nie in ihrem Leben ein Rede- oder Denkverbot gekannt, hat gelernt, für ihre Ideen einzustehen und sie zündend zu formulieren. Zu den Abstinenz- und Sklavenproblemen gesellen sich bei ihr schon bald Gedanken über Gewerkschaften und Feminismus.

Dieses Interesse ist nicht nur in ihrer Erziehung begründet. Im Alter von siebzehn fängt sie an zu unterrichten, und die nächsten siebzehn Jahre wird sie durch ihre Lehrtätigkeit mit den Problemen der Arbeiter und der Frauen mehr als genug konfrontiert. Sie entschließt sich, unverheiratet zu bleiben und jedes Gramm Energie in eine lebenslange Kampagne für Gleichwertigkeit und Gerechtigkeit zu stecken. Sie wird zum Antriebsmotor einer Bewegung, die das ganze Land miteinbezieht.

Fünfundfünfzig Jahre stetigen Wirkens werden ihr vergönnt sein, obwohl sie in den Anfängen ihrer Tätigkeit verspottet, verhöhnt, verfolgt wird. Materielle Unabhängigkeit, das Recht auf entlöhnte Arbeit, das Recht auf Besitz und Erbschaft, das Sorgerecht für Kinder im Falle einer Scheidung – das alles sind brisante Forderungen, die bei vielen Männern auf heftigen Widerstand stoßen und auch vielen nicht so mutigen Frauen zu weit gehen. Ihre Vortragsreisen sind ein Spießrutenlaufen: Die Südstaatler wehren sich sowohl gegen die Abschaffung der Sklaverei als auch gegen das Frauenstimmrecht; beides wird als Bedrohung der altvertrauten gesellschaftlichen Strukturen empfunden. Im mittleren Westen sind es die Brauereien, die begreiflicherweise gegen die Anti-Alkoholkampagne sind – und da die von den Frauen geführt wird, logischerweise auch gegen das Wahlrecht für sie. Die Großindustriellen befürchten, daß Frauen die Forderung nach höheren Löhnen und besseren Arbeitsbedingungen für alle beharrlicher verfolgen würden. Und die Frauen, von denen einige sogar Antiwahlrechts-Vereinigungen gründen, befürchten, daß die neue Ordnung ihnen eine zu große Last aufbürden würde!

Der 1853 einberufene Kongreß in Rochester, N. Y., ist ein weiterer Meilenstein auf dem langen Weg. Zwei Komitees gehen daraus hervor: eins konfrontiert die Industriellen des Staates New York mit Forderungen nach besseren Arbeits- und Verdienstmöglichkeiten für Frauen; das andere wendet sich an die Gesetzgeber mit der Bitte um Eröffnung des Dialogs zum Thema »Gerechte

Gesetze und gleiche Rechte für die Frau«. Zwischen 1869 und 1896 stellen sich die ersten Erfolge ein: die Staaten Wyoming, Utah, Colorado und Idaho gewähren den Frauen das Wahlrecht. Wyoming geht sogar so weit, eine Frau als Friedensrichterin zu ernennen.

Susan B. Anthony erlebt leider nicht mehr den Tag, an dem ganz Amerika, weiblich und männlich, schwarz und weiß, wählen darf; aber sie hat viele Früchte ihres unermüdlichen Wirkens ernten dürfen. Auch sie wird nicht gewußt haben, was ein Acht-Stunden-Tag bedeutet. Zu ihren zahlreichen Vortragsreisen, den Arbeiten für ein Archiv der Frauenbewegung, der Herausgabe einer Zeitung, einer Riesenkorrespondenz und vielem mehr kam von 1892 bis 1900 noch die Präsidentschaft der *National Woman Suffrage Association.* In all ihrer Arbeit galt jedoch ihr Hauptinteresse dem Wahlrecht – aber nur als Mittel, nicht als Endzweck.

Sie hat erlebt, was vielen Pionier(inn)en häufig erst nach ihrem Tode zuteil wird: Ihre Arbeit war anerkannt und bewundert. Bei ihrem Tod im Jahre 1906 war sie bereits eine der angesehensten Persönlichkeiten des amerikanischen öffentlichen Lebens.

Und was ist aus ihrer Weggefährtin Amelia Bloomer geworden? Eine Frau, deren Namen in die amerikanische Sprache und Geschichte eingegangen ist: Sie hat nämlich etwas getan für die physische Befreiung der Frauen, indem sie sie – in Hosen gesteckt hat. *Bloomers* ist als Wort für eine bestimmte Art von weiblichen Unterhöschen in die Sprache aufgenommen worden. Aber das hätte sie sicher nicht gewollt, denn ihre »Erfindung« waren nicht Unter-, sondern Oberhosen. Auch sie und die Frauen von Seneca Falls hatten erkannt, daß Frauenfreiheit sehr viel mit Bewegungsfreiheit zu tun hat. Um Frauen aus ihren kiloschweren Unterröcken, den rüschenbeladenen Kleidern, den Miedern und den Riesenhüten hervorzuschälen, erfindet Amelia Bloomer ein knielanges Kleid mit Pluderhosen, die am Knöchel zusammengebunden werden. Zugegeben, für uns Heutige sieht das ein bißchen komisch aus, aber sind hautenge Jeans soviel überzeugender?

Kleidsam war es auch Mitte des letzten Jahrhunderts nicht, dieses »Bloomer-Kostüm« – ein Grund, warum viele Frauen es nach anfänglicher Begeisterung auch bald nicht mehr trugen –, aber praktisch war es, befreiend und, sehr wichtig, eine Art Mitgliederausweis in der Vereinigung der Frauen, die sich für Frauen einsetzten. Susan B. Anthony und Amelia Bloomer tragen dieses Kostüm auf ihren Vortragsreisen – man kann sich den Spott und das Gelächter sehr lebhaft vorstellen! –, sie sehen es an anderen Frauen und erkennen daran Gleichgesinnte.

Das ist jedoch nicht das einzige, was Amelia Bloomer zur Befreiung der Frauen beiträgt. Am 1. Januar 1849 – bald nach dem aufregenden Kongreß in Seneca Falls, an dem sie den entscheidenden Denkanstoß bekommen hat – gründet sie ihre eigene Zeitschrift *The Lily.* In kurzer Zeit entwickelt sich dieses Druckerzeugnis zu einem Kampfblatt für die Frauenbewegung. Einer ihrer ersten Leitartikel attackiert zum Beispiel die leidige Angewohnheit der Frauen, sich mit Namen und Titel des Ehemannes zu schmücken: » Adams Frau hieß Eva. Sie nannte sich nicht Frau Adam. [...] Titel und Name des Gatten geben der Frau weder zusätzliche Würde noch Charakter. Möge der Tag bald kommen, an dem die Frauen eigene Titel tragen: erworbene und verliehene, statt nur geborgte.«[19] Als sie im dritten Erscheinungsjahr eine genaue Anleitung zum Bloomer-Kostüm veröffentlicht, wird sie über Nacht weltbe ... .rüchtigt, ja.

Sie nimmt's gelassen; die pragmatische Mittdreißigerin, mit einem Quäker verheiratet, läßt sich nicht aus der Ruhe bringen: »Wenn das Kleid die Menge lockte, um mich zu hören, dann war es gut. Sie hörte meine Botschaft und das hat reichlich Früchte getragen. Bis die Presse aufhörte, Witze über mich zu machen, trug ich kein anderes Gewand ...«[20] Bloomer-Spottgedichte, -Witze, -Karikaturen und -Schlager tragen zu ihrem Bekanntheitsgrad bei. Als die Pastoren in Predigten das Tragen des »anstößigen« Bloomer-Kostüms verbieten, pariert die Bibelkundige: »Hätte Gott die Absicht gehabt, die Geschlechter durch ihre Bekleidung zu unterscheiden, so würde er genaue Anordnungen getroffen haben für den Stil eines jeden.«[21] Was den Vatikan nicht hindert, das Kostüm 1868 auf den Index setzen zu lassen ...

Sie stirbt 1894, im Alter von sechsundsiebzig Jahren. Es sind trotz aller kirchlichen Angriffe bewegende Worte, mit denen ihr Gemeindepfarrer sie in einem Gedenkgottesdienst ehrt: »Sie war eine Pionierin in der Emanzipation der Frau. Zu ihren Lebzeiten sah sie noch vieles verwirklicht. Zahlreiche Schranken sind gefallen. Starre Rückständigkeit ist gewichen, die Mitarbeit der Frau wird möglich. Tausende von ihnen haben ein Betätigungsfeld und Verdienst gefunden. Alle, denen Amelia zum Erreichen dieser Ziele verhalf, mögen sie in dankbarer Erinnerung behalten.«[22]

Neues Denken wollte sie wecken, die unerschrockene Kämpferin. Und das hat sie wahrlich getan – im Kopf der Frau und über den Körper der Frau bzw. seine »Verpackung«. Sie ist neben all den anderen illustren Frauengestalten der frühen amerikanischen Frauenbewegung ein wenig in Vergessenheit geraten.

Zu Unrecht, wie ich meine.

Coco Chanel

1883–1971

Es ist nicht sehr schwer, »Chanel« zu mögen. Die zeitlose Mode von großer Eleganz und perfekter Ausführung, der Stil, der den Modellen dieses Hauses anhaftet und den der Nachfolger der »Grande Mademoiselle«, Karl Lagerfeld, so gekonnt beibehält – da fällt es schon schwer, Gegenargumente zu finden. Wie die letzten zwei, drei Jahre bewiesen haben, scheinen sie auch den Frauen ausgegangen zu sein: Es gibt im Moment geradezu eine Inflation von »Chanel«-Taschen, »Chanel«-Schmuck, »Chanel«-Gardenien, »Chanel«-Schuhen . . . Frauen haben wieder einmal entdeckt, wie kleidsam diese Mode zudem noch ist.

Es ist nicht sehr leicht, Chanel zu mögen. Die Schöpferin dieser kleidsamen Mode wurde von ihrer Umwelt zwar bewundert, aber gehaßt, von den Männern geliebt, aber verlassen. Ihre ungeheure Egozentrik, ihre Arroganz, ihre Sprachflut voll von dezidierten, aggressiven und beißend-spöttischen Bemerkungen mögen alle dazu beigetragen haben. Allerdings hat sie dafür gezahlt: mit einer Einsamkeit, die der Ungeheuerlichkeit ihrer Egozentrik entsprach.

Was also tut dieses »heilige Monster« in diesem Buch? Nun, es sei noch einmal daran erinnert, daß die hier skizzierten Führungsfrauen durchaus nicht alle sympathisch zu sein haben. Wie gesagt, man kann auch im Anschauungsunterricht lernen, wie man es *nicht* machen sollte. Anderseits schulden wir Frauen dieser Gabrielle Chanel Dank, denn sie war eine der ersten – und sicher die beste! –, die den Frauen die schon mehrmals erwähnte Bewegungsfreiheit geschenkt haben. Davon abgesehen, gibt es vielleicht doch noch das eine oder andere, worin sie nachahmenswert ist.

Wo anfangen, damit es eine glaubwürdige Geschichte gibt? »Ich habe meine Lebensgeschichte erfunden« hat sie gesagt – und hinzugefügt, daß alles, was in ihr unangenehme Erinnerungen hervorgerufen hat, umgeschrieben worden sei.[23] Hier ein paar Tatsachen, auf die man sich verlassen kann: Geboren im August 1883 in Saumur. Mit sechs Jahren verliert Gabrielle die Mutter; der Vater verläßt seine fünf Kinder auf Nimmerwiedersehen. So ist sie als kleines Mädchen ins Waisenhaus gekommen, danach in ein katholisches Internat. Im Waisenhaus hat sie offenbar nähen gelernt; die strengen blauen oder schwarzen, schmalen Kleider mit den weißen Kragen und Manschetten, die sie später in so vielen Variationen kreieren wird, erinnern an diese Phase ihres Lebens.

Man muß einmal Cocos Phantasiegeschichte(n) über ihre Kindheit und Jugend gehört bzw. gelesen haben, um zu begreifen, wie sehr sie an ihrer Lebensgeschichte gebastelt hat. Waisenhaus und Klosterschule: die Version war nichts für sie, die mit Kitschromanen aufwuchs. Was wichtig ist: sie behauptet ihrem Gesprächspartner und Biographen Marcel Haedrich gegenüber, sie habe keinerlei Zärtlichkeit gefunden, und: »Mein Verlangen nach Unabhängigkeit hat sich bei mir entwickelt, als ich noch ein ganz kleines Mädchen war.«[24] Es klingt glaubhaft, weil es sehr viel ihres späteren Verhaltens erklären würde.

Mit zwanzig Jahren ist die bildschöne Coco, zusammen mit einer sehr jungen Tante, Schneiderin und Verkäuferin in Moulins, einer Garnisonsstadt. Es ist manches unklar über diese Zeit, aber lassen wir ihr ein paar Geheimnisse, denn schon nähern wir uns dem Lebensabschnitt, der sie ins Rampenlicht rückt. Der erste wichtige Mann in ihrem Leben tritt auf: Etienne Balsan. Er ist Pferdezüchter und Kavallerist; so langsam gerät sie in ein Milieu, wo es doch ratsam ist, das Waisenhaus aus der Erinnerung zu streichen. Im übrigen geht das nicht so lange, denn »Wichtiger Mann Nr. 2« wartet schon in den Kulissen: der Engländer Boy Capel. Aber wiederum lange genug, um den Sprung von der Provinz nach Paris zu machen. Während Balsan ihr den Einstieg in die Gesellschaft erleichtert hat, ermöglicht ihr Capel etwas anderes. Er bewerkstelligt ihren Schritt in die Unabhängigkeit – die finanzielle: Sie werden Geschäftspartner in Chanels erstem kleinen Laden in Paris. »Geld hat mir niemals viel bedeutet, die Unabhängigkeit jedoch viel.«[25]

Capel hat frühzeitig entdeckt, daß in dieser schönen kleinen Person mit den schwarzen Augen eine gute Geschäftsfrau steckt. Oft genug hat er mitanhören müssen, wie sich Coco über die

Mode ereifert, wie sie zum Beispiel über die wagenradgroßen Hüte denkt: »Wie kann unter den Dingern das Gehirn funktionieren?« Später hat sie geäußert: »1914? Das war noch 1900. Und 1900 – das war das Zweite *Empire*!« Und da es ja auch keinen Kaiser mehr gab, sah Coco nicht ein, warum man noch an dieser Mode festhalten mußte.

Angefangen hat es mit den Hüten, die sie auf ein normales Maß zurückbuchstabierte, aus weichem Filz anfertigte, ohne die halben Gärten, die sonst »aufgepflanzt« waren. Die Zeiten, die sie in Deauville verbringt, machen ihr etwas ganz klar: Frauen brauchen einfache, praktische Ferienkleidung. Es entsteht die erste Sportkollektion für Frauen. Sie ist nicht die erste, die sich von der Mode der Jahrhundertwende trennt; zaghafte Versuche hat es schon vorher gegeben. Aber was sie anfaßt, wird perfekt, wird ein Erfolg. Solch ein Erfolg, daß Boy Capel und sie weiterhin auch Geschäftspartner bleiben ...

Der Erste Weltkrieg. Übertriebener Patriotismus ist nicht Cocos Sache: »Eine Welt verging, während eine andere geboren wurde. Ich war dabei, und als ich meine Chance sah, habe ich sie ergriffen.« Die Chance besteht darin, 1916, mitten im Krieg, ihr *Maison de Couture* zu eröffnen. Sie bringt die erste Kollektion heraus ohne Korsetts, ohne Korseletts sogar. Schmalbrüstig und schmalhüftig sind schon die Mannequins; sie ähneln im Typ der Couturière, die mit ihren 1.60 Meter im Alter von achtundachtzig noch fast auf das Kilo genausoviel – oder genausowenig wäre hier wohl besser – wiegen wird wie als junge Frau. Und darin liegt eines der Geheimnisse für ihren Erfolg. Der Unterschied zwischen denen, die vorher schon versucht hatten, Frauen aus dem Zwang ihrer Garderobe zu befreien, und Chanel liegt darin: Die Kreateurin der neuen Modelle trägt ihre Erzeugnisse selbst und führt somit vor, wie attraktiv diese Mode sein kann. Und nicht nur Mode: Weil es praktischer ist, schneidet Coco ihre langen Haare auf Kinnhöhe ab. Weil sie schön ist, sieht das hervorragend aus. Also macht man es ihr nach – und es wird klar, daß man Chanel nicht mit aufgetürmten Haaren trägt. Nach und nach bekennen sich die Frauen, die ihre Kleider tragen, zu einer Weltanschauung, die praktisch, modern und elegant ist. Und sie beinhaltet Bewegungsfreiheit ...

1919 kommt Boy Capel bei einem Autounfall ums Leben.

Coco, die ihn wirklich geliebt hat, ist verzweifelt. Es ist ihre Freundin Misia Sert, die ihr hilft, über den Verlust hinwegzukommen. Coco lebt in dem Kreis um die schöne Misia, in dem Diaghelew, Strawinsky und Cocteau ständige Gäste sind. Sie alle werden Bewunderer von Coco, die jetzt langsam eine Enddreißigerin ist. 1920 lernt sie den nächsten Mann in ihrem Leben kennen: den russischen Großherzog Dimitri. Die Pelze und Juwelen ihres neuen Umfelds bewirken ihren Wandel ins Luxuriöse. Gleichzeitig kreiert sie ihr berühmtes »Chanel Nr. 5«-Parfüm. Es ist das erste Mal, das ein(e) Kreateur(in) eines Parfüms den eigenen Namen auf die Flasche setzt. Und was für eine Flasche das ist: so einfach, so klassisch, so unverwechselbar! Ein Mythos ist geboren.

Die zwanziger Jahre: Coco ist eine international bekannte Persönlichkeit. Sie hat sich jetzt an der Rue Cambon etabliert, und wenn sie auch nicht gerade für die Durchschnittsverkäuferin erschwinglich ist, so trägt sie doch der Nivellierung der Klassenunterschiede Rechnung. »Mode soll auf der Straße getragen werden. Sie ist kein Vorrecht einer privilegierten Klasse.« Die ehemalige Schneiderin plädiert für »elegante Einfachheit«.

Die Zeitschrift VOGUE hat bei der ersten Sichtung des »Kleinen Schwarzen« erkannt, daß hier etwas geboren worden ist, was ewig leben wird. Tatsächlich ist Coco Chanel im *Großen Knaur* nur mit der Erfindung dieses unentbehrlichen Kleidungsstücks eingetragen. Die ersten Kostüme aus Wolljersey erscheinen. Wolljersey? Kann das sein? Das ist doch das Zeug, aus dem die Männerunterwäsche hergestellt wird? Stimmt. Oder besser: stimmte. Denn von nun an werden sich Frauen in dem unverwüstlichen Material, das sich so wunderbar trägt, wohlfühlen. Coco macht's möglich. Auch, daß man lange Hosen trägt. Aus diesem Drillichzeug, woraus man für Männer Overalls schneidert: eine frühe Form der Blue Jeans ist geboren.

Und dann kommt die nächste große Liebe: Hugh Richard, Zweiter Herzog von Westminster und einer der reichsten Männer Englands, tritt in ihr Leben. Sechs Jahre dauert diese Beziehung; sie macht unter anderem Coco zur reichen Frau. Der Herzog überschüttet sie mit Juwelen. Man baut eine Villa in Südfrankreich: »La Pausa« heißt sie bezeichnenderweise; ein ganzer Flügel ist für den Herzog reserviert. Coco pendelt zwischen Paris, Südfrankreich und England hin und her, wo sie auf verschiedenen Schlössern das nicht unbescheidene Leben des englischen Adels mitgenießt. Und dann ist auch das vorbei eines Tages. Der Herzog wollte unbedingt Kinder. Coco ist, als sie ihm 1928 begegnet, bereits 45 Jahre alt! »Ich habe immer gewußt, wenn es Zeit war zu gehen«, hat sie dazu gesagt. Und dann kommt wieder solch ein Spruch, der zu ihrer Legende beiträgt: »Es hat schon zwei Herzoginnen von Westminster gegeben, aber es gibt nur eine Coco Chanel«, soll sie gesagt haben. Gut: wegstecken und weitermachen – das war schon immer ihre Devise. Ihrem Wunschtraum, von der Gesellschaft anerkannt zu werden, ist sie trotzdem ein kleines Stück näher gekommen.

»Ich bin die erste Frau, die ein modernes Leben gelebt hat.« Und wie modern! Der nächste Chanel-Coup besteht darin, daß sie die teuren Juwelen des Herzogs ungeniert mit ihrem selbstkreierten Modeschmuck kombiniert. Wenn man sie anschaut: Was ist nun echt, was nicht? Ihr ist die Antwort egal; sie hat schon wieder Neuland betreten. Cocteau hat so recht gehabt, als er meinte: »Sie hat alle Mode hinter sich gelassen und einen Stil geschaffen.« Ihr Modeschmuck ist nicht billig, aber eben nicht echt; sie regt sich auf über die Damen der Gesellschaft, die den Reichtum ihrer Ehemänner am Hals, am Arm und an den Händen spazierenführen. »Schmuck soll einen nicht wohlhabend erscheinen lassen, sondern wie Schmuck aussehen. Echter Luxus ist unauffällig.« So ihr Diktat – und die Umwelt schreibt mit.

War sie konkurrenzlos? Fast. Bis die Italienerin Elsa Schiaparelli versuchte, ihr den Rang streitig zu machen. Genüßlich verfolgt man das Duell der zwei großen Couturières. Aber nicht lange, denn Coco Chanel, die einen Gordischen Knoten erkannte, wenn sie ihn sah, und wußte, was die damit tun mußte, versetzte die Welt in Staunen: Kurz vor Kriegsausbruch schließt sie kurzerhand das *Maison Chanel*, das inzwischen immerhin aus fünf Häusern in der Rue Cambon bestand. Und nun kommt der Teil der Chanel, der es so schwer macht, sie zu mögen . . .

Coco verkauft, nicht zu ihrem Nachteil, versteht sich. Bei ihrem Tod haben die Zeitungen durchblicken lassen, daß sie die Sozialgesetze von 1936, die unter anderem bezahlten Urlaub vorsahen, nicht goutiert habe. Mademoiselle war Arbeitgeberin von viertausend Arbeiterinnen, da fielen die Sozialabgaben schon ins Gewicht . . . So sehr, daß sie ihren beiden Brüdern die Rente streichen muß, die Arme: »Ich bin untröstlich, Dir diese traurige Nachricht geben zu müssen, aber da mein Haus geschlossen ist, lebe ich selber fast im Elend.«[26] Und wie sah dieses Elend aus? 1940: Paris wird von den Deutschen besetzt. Coco wird geraten, die Stadt zu verlassen. Sie weiß nicht, warum, aber sie beugt sich dem Druck. Doch sie kommt nicht weit, bevor sie sich entschließt, zurückzukehren. »Der Krieg ging sie nichts an. Sie war so entsetzlich egozentrisch, daß dies sie besser schützte, als das Land durch die Maginotlinie geschützt worden war.«[27] Auch ihr Biograph bekundet hier Mühe. Sie zieht offiziell ins »Ritz«. Inoffiziell jedoch verbarrikadiert sie sich förmlich in der Rue Cambon – aber nicht alleine. Ihre jahrelange Affäre mit einem deutschen Baron gehört ebenso zu ihrer Charakterisierung wie die Tatsache, daß es ihr gelang, sich aus den Verhören herauszureden, denen sie sich bei der Befreiung von Paris durch General de Gaulle unterziehen mußte. Es gelingt ihr, 1944 in die Schweiz zu gelangen (wo ohnehin ihr Geld angelegt war!). Sie ist jetzt einundsechzig Jahre alt. Acht Jahre Exil stehen ihr bevor. Sie gerät in Vergessenheit. Die Welt hat anderes zu tun nach 1945, als sich mit dem verblaßten Ruhm einer Sechzigerin auseinanderzusetzen.

»Wer nicht mit sich selbst vorliebnehmen will, hat meist recht.« Wußte sie, wovon sie sprach, als sie diese Bemerkung machte? Wahrscheinlich ja. Denn wer weiß, wie sie sich mit sich selbst gelangweilt hat. Aber die Zeit ist auch gut für Abstand, Distanz, Pause. »Ich mache alles selbst. Ich liebe meine Arbeit. Ich frage mich, was Leute machen, die nicht arbeiten.« Als sie lange genug zu diesen Leuten gehört hat, entschließt sie sich zu einem Comeback.

Sie ist einundsiebzig(!) Jahre alt, als sie am 5. Februar 1954 einem erwartungsvollen Publikum ihre erste Nachkriegskollektion zeigt. Nicht, daß alle voll positiver Erwartung waren. Im Gegenteil: Was wollte das »kleine alte Ekel« eigentlich noch? Warum blieb sie nicht in der Schweiz und lebte von ihrem Geld? Es war ja, weiß Gott, genug davon vorhanden ... Coco weiß um diese Haltung; wenn sie den Krieg unbeschadet überstanden hat, wird sie auch »Tout-Paris« in den Griff bekommen, nicht wahr?

Hier aber irrt sie: Ihr, der bisher alles gelungen ist, steht ihr Waterloo bevor. Diesmal hat sie die Zeichen der Zeit entweder nicht erkannt oder nicht erkennen wollen. Ihr Comeback wird ein totales Fiasko; die Presse stürzt sich auf ihr Opfer, die Kritiker sprechen von »einer traurigen Retrospektive«, titeln »Bei Coco Chanel im Kuhdorf von 1930«. Wie schön, sich endlich schadlos halten zu können für die Jahre des Modediktats, das diese kleine Hexe mit den Habichtsaugen ausgeübt hat!

Und Coco? Sie zeigt sich nicht auf der berühmten Treppe, von der sie immer ihre Vorführungen verfolgte. Aber, wie gesagt, es sind eben nicht die Erfolge, aus denen man lernt, sondern die Fiaskos: Einen Tag später hat sie sich bereits gefangen – und arbeitet an der neuen Kollektion!

Der Rest ist Geschichte und, immer wieder, Legende. Amerika verliebt sich in das Chanel-Kostüm, und damit ist ihr Erfolg wiederum besiegelt. Es geht wieder steil aufwärts. Mademoiselle arbeitet weiter, jeden Tag, »weil ich Angst habe mich zu langweilen«. Sie habe überhaupt in ihrem Leben nur Zeit zum Arbeiten und zum Lieben gehabt, meint sie später. Trotz aller modischen Verrücktheiten der fünfziger und sechziger Jahre: Chanel bleibt sich treu, d.h. Chanel bleibt Chanel. Dieselbe Länge (knapp unterm Knie); dieselben Schuhe, farblich nuanciert; dieselben Taschen und derselbe Schmuck ... *If it works, don't fix it* sagt der amerikanische Volksmund. Es funktioniert – und sie beläßt es dabei.

Sie lebt oberhalb des Ladens, in *splendid isolation*. Und so stirbt sie auch: die telefonisch herbeigerufene Freundin kommt zu spät. Fast neunzig ist sie geworden, bis zuletzt ist sie im Atelier gestanden: mit Hut auf den schwarzgefärbten Haaren, behangen mit den berühmten Chanel-Ketten – und natürlich im »Chanel«, dem Synonym für eine bestimmte Art von Kostüm. Über ihren autokratischen Führungsstil schreibt ihr Biograph:

> »Bei ihr, im Hause Chanel, ging alles über sie. Nichts konnte ohne sie erdacht und noch weniger ohne sie getan werden. Je mehr sie an Boden verlor, desto mehr klammerte sie sich an das, was ihr verblieb, und das mit einer immer anspruchsvolleren Autorität, der man sich schlechtgelaunt unterwarf, ohne sie anzuerkennen, wobei man sie dennoch anerkannte. ›Sie dreht durch, die Alte.‹ Das las man in den Augen. Man könnte auch sagen: das *hörte* man aus den

Augen heraus. Coco hörte selbstverständlich nichts, blieb unverändert, ebenso selbstsicher, schärfer.«[27]

Ein Unikum. Eine Legende. Und dennoch: Eine Frau, von der man einiges lernen kann. Sie hat den Frauen etwas gegeben: Freiheit der Bewegung. Nicht, weil sie gerne gab, sondern weil sie sich diese Freiheit selbst zuerst nahm. Sich für Wahlrecht, Scheidung oder soziale Belange einzusetzen – es wäre ihr absurd vorgekommen. Probleme, die sie nicht hatte, hätten sie sowieso nicht interessiert. Aber: Stimm- und Wahlrecht mit Riesenhüten und fünf Kilo Unterröcken scheint mir auch nicht so erstrebenswert zu sein ... Darum gehört sie in diese Kapitel, an die Seite der Frauen, die sich als Vorkämpferinnen auf dem Wege zur Gleichwertigkeit profiliert haben – jede auf ihre Art.

Einer ihrer Wahlsprüche gehört hier noch hin; sie hat ihn ihr Leben hindurch beherzigt: »Wenn man ohne Flügel geboren ist, soll man nichts tun, um sie am Wachsen zu hindern.«

In die Politik gedrängt – und sich dort bewährt

»Nächst der Ehe ist der häufigste Fall freiwilliger Verbindung die Partnerschaft im Geschäft; und da wird es nicht für notwendig erachtet zu verordnen, daß bei jeder Partnerschaft der eine Teilhaber die vollständige Leitung des Geschäfts haben solle und die anderen verpflichtet seien, seinen Befehlen zu gehorchen. Niemand würde eine Partnerschaft eingehen unter Bedingungen, welche ihm die Verantwortlichkeit eines Prinzipals auferlegten und nur die Machtvollkommenheit und Rechte eines Commis oder Agenten gewährten.«[1]

Wie recht er hat(te), der Mann, der diese Sätze 1869 in seinem berühmten Werk *The Subjection of Women* (Die Unterdrückung der Frauen) geschrieben hat. Entstanden allerdings ist das Werk aus dem gemeinsamen Denken und Arbeiten mit seiner Frau – und schließlich einer Liebesehe, die nur sieben Jahre dauerte, bevor Harriet Taylor (1807–1858) starb. John Stuart Mill ist einer der ganz wenigen, die ihren Partnerinnen die Würdigung zuteil werden lassen, die ihnen zusteht. Er hat mit diesen Worten und den Anfangssätzen seines Buches die Problematik der Frauen im neunzehnten Jahrhundert auf einen Kurznenner gebracht: der eine Teil, männlich, bestimmte; der andere, weiblich, gehorchte:

»Zweck dieses Versuchs ist, nach bestem Vermögen die Gründe einer Meinung darzulegen, die ich gehabt habe, seitdem ich mir überhaupt über gesellschaftliche und politi-

> sche Verhältnisse eine Meinung gebildet. Diese Meinung, welche mit zunehmender Überlegung und Lebenserfahrung nur um so stärker geworden ist, geht dahin, daß der Grundsatz, auf welchem die gegenwärtigen gesellschaftlichen Beziehungen zwischen beiden Geschlechtern – die gesetzliche Unterordnung des einen Geschlechts unter das andere – sich aufbauen, an sich falsch ist und eines der Haupthemmnisse für die Vervollkommnung der Menschheit bildet; daß der Grundsatz vollkommener Gleichheit an seine Stelle treten muß, welcher auf der einen Seite ebensowenig Unfähigkeit voraussetzt, wie auf der andern Macht oder Vorrecht einräumt.[2]

Zwar lautet sein bissiger Kommentar zum Thema »Ehe«: »Männer zwingen Frauen in die Rolle der Gattin und Mutter, weil diese Rolle von den Männern so wenig attraktiv gemacht worden ist, daß freiwillig nicht genügend Frauen sie übernehmen würden.« Aber hier irrt er. Im Gegenteil: Frauen wurden geradezu darauf abgerichtet, einen Mann »mitzukriegen«, denn das Los einer unverheirateten Frau war noch viel schlimmer:

> »Töchter bürgerlicher Familien wurden einzig für die Ehe erzogen, ungeachtet der Tatsache, daß um die Mitte des 19. Jahrhunderts fast die Hälfte der Frauen unverheiratet blieb. Erwerbstätigkeit schickte sich nicht für sie. »Alte Mädchen«, so hießen unverheiratete Frauen, fristeten eine kümmerliche Existenz im Haus verheirateter Geschwister als Familientanten. Eine der wenigen Möglichkeiten für bürgerliche Frauen, selbst für ihren Unterhalt zu sorgen, war die Arbeit als Gouvernante oder als Erzieherin, bei einigem Talent und Glück vielleicht die Schriftstellerinnen-Existenz.«[3]

Genau das möchte Fanny Lewald werden: Schriftstellerin. Aber sie darf nicht. Ihr Vater will das nicht, und in einem Haushalt, wo jedes zweite Wort heißt »Der Herr will es« oder »Der Vater hat es gesagt«, hat es keinen Zweck, sich aufzulehnen. Abgesehen von den häuslichen Arbeiten gibt es Handarbeiten, etwas ausgewählte ernste Lektüre und Klavierspiel, für höhere Töchter obligatorisch. Fanny Lewald muß täglich üben, bis sie mit zweiunddreißig Jahren das Haus verläßt! Das Ganze findet nach einem Tagesplan statt, den der Vater eigenhändig für seine Tochter erstellt hat. Es ist rührend, wie sie – stellvertretend für viele Hunderttausende – versucht, dieser Existenz, die eine intellektuell ausgerichtete Frau zum Nichtstun verdammt, einen Sinn zu geben:

> »Etwas tun, etwas Ersprießliches vornehmen und die Überzeugung gewinnen, daß ich etwas für den Vater und für die Familie schaffe, wollte ich doch um jeden Preis, und so kam ich eines Tages auf den Einfall, mir ein kleines Buch zu machen, in welchem ich mit peinlicher Sorgfalt verzeichnete, wieviel Taschentücher ich an dem Tage gesäumt, wieviel Paar Strümpfe ich gestopft, was ich überhaupt für die Familie mit Nähen, Schneidern, Musikunterrichtgeben geleistet hatte und mir dies nach seinem Geldwerte am Ende des Monats zu berechnen. Klein wie die Summen waren, verschafften sie mir doch eine gewisse Genugtuung, aber die Ratlosigkeit meiner damaligen Lage trat mir klar vor Augen, als ich einmal in viel spätern Jahren das unglückliche kleine Buch wieder zu Gesichte bekam und das lange Register der genähten Küchenhandtücher und der gezeichneten Strümpfe, bei Groschen und Pfennigen berechnet, übersah.«[4]

Frauen waren auch schon im 19. Jahrhundert die eine Hälfte der Menschheit, aber ihr Status war in weiten Kreisen der von Untermenschen. Was lag da also näher, als sich für ein besseres Los der Frauen einzusetzen? Genau das haben die Frauen dieses Kapitels gemacht – wobei sie, vielleicht mit Ausnahme von Rosa Luxemburg, nicht seit Beginn ihres Lebens für die Politik bestimmt waren. Sie sind vielmehr hineingedrängt worden – aus Empörung, aus Gerechtigkeitssinn, aus logischen Überlegungen heraus oder weil sie rhetorisch gewandter waren als ihre Geschlechtsgenossinnen. Manche ist erst im Kampf zur Kämpferin geworden, andere brachten schon eine gehörige Portion Talent zum Widerstand mit, wie zum Beispiel Clara Zetkin.

Hie und da gibt es kluge Männer, die den Frauen bei deren Kampf helfen. Ferdinand Lasalle oder August Bebel zum Beispiel oder die Männer der hier ewähnten Frauen, wie Dr. Richard Pankhurst oder Lily Brauns erster Ehemann, Georg von Gizycki. Sie alle sind Sozialisten. Tatsache aber ist, daß trotz allen sozialistischen Gedankenguts die »Frauenfrage« im 19. Jahrhundert nicht im Vordergrund stand. Und das hatte nicht weltanschauliche, sondern ganz pragmatische Gründe, wie zum Beispiel Futterneid.

Daß Politik sehr viel mit Wirtschaft zu tun hat und daß Konkurrenz dabei nicht erwünscht ist, wußten schon die Kämpferinnen und Kämpfer im letzten Jahrhundert. So meinte John Stuart Mill, »daß Männer deshalb Frauen nicht zum Geschäftsleben und zu öffentlichen Ämtern zulassen wollen, weil sie Angst haben, die Frauen könnten das, was sie tun, besser machen«.[5] Und die kluge Hedwig Dohm – eine Spätberufene, die erst mit vierzig Jahren anfing zu schreiben und sich, eloquent und witzig, für die Emanzipation der Frau einzusetzen – schrieb, nachdem sie das Elend der Arbeiterinnen in den Fabriken detailliert aufgedeckt hatte:

> »Ich hoffe beweisen zu können, daß zwei Grundprinzipien bei der Arbeitsteilung zwischen Mann und Frau klar und scharf hervortreten: die *geistige Arbeit* und die *einträgliche* für die Männer, die *mechanische* und die *schlecht bezahlte* Arbeit für die Frauen; ich glaube beweisen zu können, daß der maßgebende Gesichtspunkt für die Theilung der Arbeit nicht das Recht der Frau, sondern der Vorteil der Männer ist, und daß der Kampf gegen *die Berufsarbeit der Frau erst beginnt, wo ihr Tagelohn aufhört nach Groschen zu zählen.*«[6]

Ihr Zorn richtete sich aber nicht nur gegen die Männer, sondern auch gegen die Frauen, die »sich nicht wehren, es feige dulden, daß eine Generation nach der anderen sie achtlos beiseite« schob.«[7]

An die sechs Frauen dieses Kapitels dürfte sie dabei nicht gedacht haben.

Emmeline Pankhurst

1858–1928

Was ist das für ein Mann, der der Frau, die er liebt, sagt, er wolle keine »Haushaltsmaschine« heiraten, ihr jedoch die Bücher von Mary Wollstonecraft gibt? Derselbe Mann, der sich für die gar nicht populäre Frauenbewegung einsetzt und dessen Lebensmotto heißt: »Ohne Begeisterung ist das Leben nichts wert.«[8] Es ist Dr. Richard Pankhurst – und es ist kein Wunder, daß sich die junge Emmeline Gouldon zu dem Anwalt hingezogen gefühlt. 1879 haben die beiden geheiratet und offensichtlich neunzehn Jahre lang eine sehr gute Ehe geführt hat. Vier Kinder sind daraus hervorgegangen, drei Mädchen und ein Junge, und eigentlich müßte dieses Porträt *vier* Namen als Überschrift haben: neben Emmelines den ihrer Mutter und der beiden Töchter Christabel und Sylvia, denn drei Generationen von Frauen aus derselben Familie haben sich hier für ihre Geschlechtsgenossinnen eingesetzt.

Emmelines Mutter hat ihre Tochter schon seit deren Jugend für ihre spätere »Karriere« vorbereitet. Die Gute-Nacht-Geschichte, aus der Emmeline vorgelesen bekommt, ist das soeben eingetroffene Buch einer Harriet Beecher-Stowe: *Onkel Toms Hütte* heißt es, und es ist ein Buch gegen die Sklaverei in Amerika. Die Mutter hat nicht nur diese aufrührerische Literatur im Haus, sondern bezieht auch regelmäßig das *Woman's Suffrage Journal*, das von einem Frauenstimmrechtsverein herausgegeben wird! Wahrscheinlich wird der Vater es auch gelesen haben, denn er ist ein engagierter Kämpfer für diese Sache.

Als Emmeline vierzehn ist, darf sie mitkommen zu einem Treffen des Frauenstimmrechtsvereins in Manchester. »Als überzeugte Suffragette kam ich zurück«, hat sie darüber gesagt.[9] 1889, zehn Jahre nach ihrer Eheschließung, gibt es eine neue Gruppe: »The Women's Franchise League« (Frauen-Wahlrechtsliga). Unter der Führung von Emmeline Pankhurst wollen sie radikaler vorgehen als die Mitglieder des älteren Vereins. Richard Pankhurst unterstützt sie; sowohl er als auch sie entwickeln sich zu Sozialisten, als Reaktion auf unhaltbare Zustände. So werden zum Beispiel die Frauen bei jeder Wahlrechtsreform übergangen. Jedesmal, wenn das Thema auf der Tagesordnung steht, sorgen konservative Abgeordnete dafür, daß sie über andere Dinge so lange sprechen, daß keine Zeit mehr für das Frauenstimmrecht bleibt. Männer, die sich dafür einsetzen, werden belächelt, verspottet oder angefeindet.

Für die Versammlungen im Hause Pankhurst helfen die Töchter bei den Vorbereitungen mit; sie sind stolz auf dieses Privileg. Und wie beeindruckt sind sie von dieser amerikanischen Frauenrechtlerin, dieser Susan B. Anthony, die 1902, im hohen Alter von zweiundachtzig Jahren, Manchester einen Besuch abstattet! Hat sie sich in Amerika nicht zweimal ins Gefängnis stecken lassen, weil sie sich an den Wahlen beteiligt hatte, ohne stimmberechtigt zu sein? So also mußte man es machen ... Christabel drängt zur Aktion, und so wird im Jahre 1903 die erste militant-feministische Frauenorganisation Englands gegründet, die *WSPU = Women's Social and Political Union.* Emmeline wird der führende Kopf dieser Organisation.

Mit dem Schlachtruf »Votes for Women!« fordern die Frauen das längst überfällige Wahlrecht. Sie haben eingesehen, daß es mit höflich formulierten Petitionen und dem Bauen auf den *Goodwill* einiger nicht ganz so reaktionärer Männer nicht getan war. Die deutsche Frauenkämpferin Käthe Schirmacher hat es in ihrer 1913 herausgegebenen Dokumentation über die Bewegung so formuliert:

> »Die bahnbrechende Rolle der Suffragettes besteht darin: sie hatten erkannt, daß es nicht genügt, nach Gerechtigkeit zu rufen, sondern daß man auch Macht besitzen muß, um Gerechtigkeit, wenn nötig mit Gewalt, zum Recht zu machen. Der Kampf der Suffragetten ist der erste große, organisierte, moderne Versuch der Frauen, ihr gutes Recht mit Gewalt durchzusetzen.«[10]

Der Rest ist ebenfalls Geschichte: die Demonstrationen der WSPU-Frauen, die zum Teil blutig und brutal von der Polizei auseinandergetrieben werden. Die Frauen werfen Steine; Fensterscheiben gehen in die Brüche; sie brennen mit Säure ihren Slogan in den Rasen eines Golfplatzes; sie kommen gänzlich unerwartet hinter Rednertribünen hervor, um ihr Motto herauszuschreien. Dagegen muß man eingreifen, so geht es ja nun wirklich nicht – Christabel gehört zu den ersten Frauen, die ins Gefängnis gehen! Ja, »geht«, denn sie hätte auch eine Geldbuße bezahlen und so die Strafanstalt vermeiden können. Mit ihrem Mut zum konsequenten Handeln macht sie wiederum ihren Mitstreiterinnen Mut; der Kampf hat gerade erst begonnen.

Auch Emmeline und Sylvia gehen ins Gefängnis, mehrmals sogar. Emmeline provoziert die Verhaftung ganz gezielt, damit die Presse davon Notiz nimmt und über den Kampf der Frauen berichtet. Im Gefängnis treten die Inhaftierten in den Hungerstreik. Sie und die anderen Frauen, die ihrem Beispiel gefolgt sind, werden zwangsernährt, eine äußerst schmerzhafte Prozedur, bei der ein Gummischlauch durch die Nase eingeführt wird. Trotzdem: die Frauen halten durch, trotz Einzelhaft und Sprechverbot.

Zehn Jahre sind schon vergangen seit der Gründung der WSPU – und außer Gefängnisaufenthalten, Schmerzen, Aufruhr, Anfeindung und Spott ist nichts passiert. Da bekommt die Bewegung eine Märtyrerin: ein besonders militantes WSPU-Mitglied, Emily Wilding Davinson, wirft sich beim großen Derby vor das Pferd des Königs. Vier Tage später stirbt sie an den Verletzungen. Die *Daily Mail* weigert sich, den von Sylvia Pankhurst verfaßten Nachruf zu veröffentlichen!

Der Erste Weltkrieg bringt eine Zersplitterung der Interessen, die sich sogar durch die Familie Pankhurst zieht. Emmeline und Christabel sind für den Krieg (der ja ein Verteidigungs-, kein Expansionskrieg wie auf deutscher Seite ist), Sylvia ist dagegen. Der Bruch zwischen Mutter und Tochter ist permanent: trotz des gemeinsamen Kampfes kommt es auch bei Kriegsende nicht zur Versöhnung.

Getrennt müssen die beiden die Erfolge genießen, zu denen sie beide beigetragen haben: Die Engländer, beeindruckt von der Leistung, die Frauen während der Kriegsjahre erbracht haben, lassen 1918 Frauen als Kandidatinnen für die Parlamentswahlen zu. Bis 1928 müssen die Kämpferinnen jedoch ausharren: kurz vor ihrem Tode kann Emmeline Pankhurst noch erleben, wie in England endlich das allgemeine Wahlrecht für Frauen ab einundzwanzig Jahren eingeführt wird!

Käthe Schirmacher hatte in einer rhetorischen Fragestellung geschrieben:

> »Bleibt den Frauen, wenn sie ihr Recht im Guten nicht erreichen, wirklich nichts als Beiseitestehen, Resignation, hoffnungslose Unterordnung?
> Nein, sagen die Suffragettes, dann schlagen wir los; lieber den Tod als eine solche hoffnungslose Hörigkeit. Der Kampf der Suffragettes ist so schwer, weil er gegen eine ganze Welt, eine überkommene Welt und ihre überkommenen Maßstäbe und Einrichtungen geführt wird. Ein stählernes Netz, liegt er über dem Geschlecht und muß zerhauen werden. Oh, es war klug, den Frauen die Friedfertigkeit als erste Tugend zu preisen; das machte sie wehrlos.«[11]

Es macht betroffen zu sehen, mit welcher Konsequenz die Frauen im 19. Jahrhundert überall für ihre Menschenrechte eingetreten sind. Die amerikanische Feministin Betty Friedan bemerkt sehr richtig dazu: »Es ist ein Wunder, daß die Frauenrechtlerinnen überhaupt etwas erreichten – daß sie keine verbitterten Zankteufel wurden, sondern immer zielstrebigere Frauen, die wußten, daß sie Geschichte machten.«[12]

In der National Portrait Gallery in London gibt es ein Bild von Emmeline Pankhurst, gemalt von Georgina Brackenburg. Keine Spur von Verbitterung ist zu sehen, sondern das Gesicht einer »Grand Old Lady«, mit Weisheit in den Augen und einem leicht spöttischen Lächeln um den immer noch schönen Mund. Das Kämpfen scheint ihr bekommen zu sein.

Ab und zu sollten wir uns jedoch fragen: Wie stehen wir eigentlich zu dem, wofür diese Frau und ihre Mitstreiterinnen so heftig und konsequent gekämpft haben ...?

Louise Aston

1814–1871

»Meine Damen und Herren! Es ist so vielfältig und auch heute in unserem Kreise schon öfters von dem wahren Wesen der Frauen-Emanzipation gesprochen worden, ohne daß man, wie es mir schien, eigentlich darüber klar gewesen, weder wozu die Emanzipation diene, noch wozu man darüber spricht. [...] Mich will es dünken, als müsse der Anfang zur wahren Emanzipation damit gemacht werden, daß man sich vom Hin- und Herreden darüber emanzipiert. – Die wahre Emanzipation ist die Emanzipation der *Tat*!«[13]

Die Worte spricht eine Frau in dem 1848 erschienen Roman *Lydia*. Sicher sind sie der Autorin aus übervollem Herzen in die Feder geflossen, denn Louise Aston hat ihre Emanzipation in aufsehenerregender Weise gelebt – und wie viele, die mit ihrem Denken und Handeln nicht in ihr Zeitalter passen, hat sie dafür einen hohen Preis gezahlt. Den Aphorismus »Viele, die ihrer Zeit vorausgeeilt waren, mußten auf sie in sehr unbequemen Unterkünften warten« könnte sie geschrieben haben – obwohl der auf alle Frauen dieses Kapitels paßt.

Das Leitmotiv in diesem abenteuerlichen Leben war die Forderung, daß eine Frau das Recht haben sollte, im Einklang mit ihren Gefühlen zu leben, sprich: sich den oder die Partner selbst auszuwählen. Louises eigene Eltern hatten das praktiziert. Die Mutter, eine Gräfin, hatte sich in den Pfarrer und Hauslehrer Hoche verliebt. Heirat und Enterbung waren die Folge, ebenso wie eine fortschreitende Abkühlung der Gefühle, die den finanziellen Sorgen nicht standhielten. Beide waren jedoch vereint in der Hoffnung auf eine »gute Partie« für die schöne Tochter.

Diese Partie winkt, als Louise siebzehn ist. Ein viel älterer, aber reicher englischer Fabrikant hält um ihre Hand an. Die Eltern sind überglücklich – Louise sagt nein. Der Vater erleidet vor Wut einen Schlaganfall und stirbt, worauf sich die Tochter aus Rücksicht auf die Mutter zu einem »Ja« aufrafft. Wie ihr wirklich zumute war, zeigt ein viele Jahre später erschienenes Gedicht aus der Sammlung *Wilde Rosen*, das ihre Verzweiflung am Traualtar ausdrückt:

Nicht ahnt's der Kranz in meinen Locken,
Daß ich dem Tode angetraut;
Nicht ahnen es die Kirchenglocken,
Zu läuten einer Grabesbraut! –
[...]
Verkauft ein ganzes reiches Leben,
Das seines Werths sich kaum bewußt,
[...]
Die sich nach ew'gen Himmeln sehnen,
Die kühn sich unvergänglich wähnen,
Verkaufen dir ein ew'ges Sein.
Der Priester segnet Schmerz und Thränen,
Er segnet selbst den Meineid ein!
[...]
Es tritt auf allen meinen Wegen
Verzweiflung spottend mir entgegen,
Mit irrem Blick, mit wildem Haar;
Verzweiflung sprach den Hochzeitssegen,
Sprach ihren Fluch am Traualtar![14]

In diesem Gedicht haben wir schon vieles, was Louise Aston ausmacht: ein Flair fürs Melodramatische, Mut zur Ehrlichkeit, Angriffigkeit – und, alas, schlechte Literatur!

Todunglücklich also ist sie zum Traualtar geschritten – und es wird in der Ehe nicht besser. Vor allem Louises soziales Gewissen macht ihr die Ehe mit dem Fabrikanten-Gatten unmöglich. Zu deutlich sieht sie, wie der Reichtum ihres Mannes auf der Ausbeutung seiner Arbeiter und deren Elend basiert. Louise flieht nach Berlin, wo sie 1840 geschieden wird. »Sie rettete ihr besseres

Selbst vor der brutalen Gewalt! Sie rettete die Heiligkeit der Ehe, indem sie dieselbe zerriß!«[15] So heißt es von der Heldin ihres ersten Romans, die ihren reichen Fabrikanten-Gatten verläßt ...

Pathetisch vielleicht, aber Louise meinte das ernst. Für sie, die als Gegnerin der Ehe bekannt wurde, bestand die Berechtigung für eine Ehe nur dann, wenn beide Partner aus freien Stücken und auf der Basis von Liebe diesen Bund eingingen. Kühne Gedanken in einer reaktionären Gesellschaft, in der es gang und gäbe war, die Töchter an den Meistbietenden zu verheiraten.

Darüber hinaus ist es aber wichtig zu betonen, daß dieser Roman über den Befreiungsprozeß einer Frau ein zusätzliches Element beinhaltet: die Entwicklung eines sozialen Gewissens und eines politischen Bewußtseins.

> »Das muß besonders hervorgehoben werden, denn allzuoft hat man das persönliche Engagement der Autorin, ihren Einsatz für Frauen und Arbeiter sowie ihre Beteiligung an den 48er Barrikadenkämpfen als bloße Sensationslust oder überspannte Renommiersucht mißdeutet. Daß sich diese vorrevolutionäre Parteilichkeit schon in ihren ersten schriftstellerischen Arbeiten erkennen läßt [...] und es sich hier um die so seltene Übereinstimmung von Theorie und Praxis handelt, scheinen die Literaturhistoriker beflissentlich (sic!) übersehen zu haben. Dabei soll keineswegs verschwiegen werden, daß der Roman *Aus dem Leben einer Frau* gleichzeitig eine Fülle von Übertreibungen, Verzerrungen, Vereinfachungen und Widersprüchen enthält.«[16]

Louise Aston zahlt den Preis für ihre progressiven Anschauungen. 1846 wird sie aus Berlin ausgewiesen. Drei Dinge hatten dazu geführt: einige anonyme Briefe, zwei ihr gewidmete Gedichte eines früheren Liebhabers – und die Presse. Was wirft man ihr vor? Viel Bedrohliches für ein reaktionäres Regime – teils Wahres, teils von der Presse Aufgebauschtes. Sie müsse Berlin verlassen, heißt es, weil sie Ideen geäußert habe, die für die bürgerliche Ruhe und Ordnung gefährlich seien. Dazu gehörten solch staatsgefährdende Ungeheuerlichkeiten wie Männerkleidung tragen, Zigarren rauchen und in öffentliche Lokale gehen!

Weder ihre Kontakte zu Freisinnigen, noch die Gedichte, die

einer von ihnen ihr widmet und die von ihrem freien Lebenswandel zeugen, helfen, die Situation zu bessern. Als dann noch bekannt wird, daß sie atheistische Ideen äußert, sich gegen die Ehe als Versorgungsanstalt ausspricht und Maximen wie folgende in aller Öffentlichkeit vertritt, ist sie ein interessanter Fall für die Presse: »Ich nehme das Recht in Anspruch, auf ›meine Façon‹ selig zu werden, mich auf meine Art mit dem Weltall zu vermitteln; ein Recht, das den Frauen so gut zusteht wie den Männern.«[17] Dazu noch einmal Renate Möhrmann: »Eine Frau, die dem himmlischen Herrn den Gehorsam aufkündigte und als ›undemütige Magd‹ die metaphysische Fußwäsche verweigerte, würde auch ihrem irdischen Herrn gegenüber wenig Gefügigkeit zeigen. Durch Astons Ungläubigkeit fühlte sich der Preußische Staat offensichtlich als Mann beleidigt.«[18]

So unglaublich es scheint, aber Renate Möhrmann hat, wie ich glaube, recht. Nur so läßt sich das übertrieben große Interesse erklären, das die Repräsentanten der Staatsgewalt dieser Exzentrikerin entgegenbringen.

Durch einen Artikel in der *Deutschen Allgemeinen Zeitung* erfährt Louise Aston zum ersten Male davon, daß sie einen »Klubb emancipirter Frauen« ins Leben rufen wollte. Die Berliner Polizei sieht allerdings darin eine willkommene Zementierung ihrer Anklagepunkte:

> »Nicht lange darauf erschien in den *Hamburger Jahreszeiten* ein anderer Berliner Correspondenzartikel, der durch kühne Genremalerei die Conturen des ersten ausführte. Wenn jener mehr von einer großartigen Conception des Ganzen Zeugnis ablegte, so mußte in diesem die feine Detaillierung des Einzelnen Bewunderung erwecken. Die *Deutsche Allgemeine Zeitung* machte mich zu einer falschen Miss, welche Cigarren rauchte, einige Phrasen von der ›freien Liebe, welche die Welt erlösen sollte‹, im Munde führte, und mit großen Emancipationsplänen umgehe. Die *Hamburger Jahreszeiten* schilderten schon die Verwirklichung dieser Pläne, die organisirte Emancipation, die verschiedenen Getränke, mit denen sich die emancipirten Damen in die nöthige Begeisterung versetzten, die Kühnheit, mit welcher sie die Herren zum Tanz aufforderten, und

> schreiben mir dann eine besondere Virtuosität in dieser Art des Frauenthums zu.«[19]

Dieses Gewäsch wird dann noch von einer dritten Zeitung übernommen.

Louise Aston protestiert gegen ihre Ausweisung; bis hinauf zum König führt ihr verzweifelter Weg – ohne Erfolg. Wer sich je mit Behörden schriftlich auseinandergesetzt hat und weiß, wie der Amtsstil klingt, muß die Eleganz bewundern, mit der sie ihre Verteidigung und ihre Bitten um ein Verbleiben in Berlin formuliert. Als alles nichts hilft, läßt sie im Ausland, in Brüssel, eine Schrift drucken mit dem Titel *Meine Emancipation, Verweisung und Rechtfertigung*, mit der sie das gesamte deutsche Volk zu ihrem Richter aufruft: immer noch eins der lesenswertesten Dokumente zur Verteidigung der Frauenrechte!

Dem Skandal in Berlin folgen Ausweisungen aus Hamburg, Leipzig und Breslau. Sie setzt ihre Ideen und Erlebnisse in Romane um, die sie jedoch garantiert nicht in die Reihe der Großen der Weltliteratur einreihen werden.

Als 1848 die März-Revolution ausbricht, vergißt Louise die ihr angetane Schmach, fährt nach Berlin und schließt sich dort den Freischärlern an. Bei den Truppen wird sie eine aufopfernde Krankenpflegerin, lebt nach ihren Prinzipien der freien Liebe und wird mit einer Streifschußwunde entlassen.

In dieser Zeit lernt sie ihren zweiten Mann, den Arzt Daniel Meyer, kennen – und in ihm einen Mann, der offenbar fähig war, in Partnerschaft mit einer »Emancipirten« zu leben. Als er aus politischen Gründen sogar aus Deutschland verbannt wird, beginnt für beide ein dramatisches Wanderleben, das sie bis nach Rußland führt. Dort ist der Krimkrieg jedoch schon zu Ende, und das Ehepaar steuert verschiedene europäische Städte an, bis sie sich schließlich im liberaleren württembergischen Wangen niederlassen.

Auf ihren Grabsteinen drückt sich noch einmal das progressive Denken der beiden aus: auf ihrem steht *Aston-Meyer*, auf seinem *Meyer-Aston.*

Louise Aston ist von seiten der Behörden eine Bedeutung beigemessen worden, die ihr im Vergleich zu manch einer viel bedeutenderen Frau gar nicht zukommt. Aber sie ist wichtig aus zwei Gründen: zum einen hat sie versucht, ihre Erfahrungen und Gedanken in bezug auf Emanzipation und Sozialismus in Romanform einem breiteren Publikum zugänglich zu machen. Und das mit allen Konsequenzen, die sich daraus ergeben haben. So hat sie in der deutschen Frauenbewegung des 19. Jahrhunderts »ihren« Platz als Vorkämpferin für vieles, wofür wieder einmal nur Frauen kämpfen mußten.

Zweitens ist ihr Schicksal repräsentativ für das Klima in Deutschland vor und nach der März-Revolution, von der man sich so viel versprochen hatte. Wie unsicher muß sich ein Regime sein, um sich von einer Frau wie Louise Aston bedroht zu fühlen ...?

Lousie Otto-Peters

1819–1895

Ihre Zeitgenossinnen haben sie die »Lerche der deutschen Frauenbewegung« genannt, doch paßt Ernst Blochs Bezeichnung viel besser zu der kämpferischen Tochter aus dem gehobenen Bürgermilieu. Er nannte sie »eine deutsche Pionierin aus dem Vormärz ... eine rote Demokratin« und würdigte damit ihren bahnbrechenden Beitrag im Kampf der Frauen um ihre Menschenrechte. Die Kombination von politisch-sozialem Engagement und literarischem Talent half ihr, wie auch ihrer Zeitgenossin Hedwig Dohm, bei der Formulierung und Durchsetzung ihrer Anliegen.

Wie Susan B. Anthony und Emmeline Pankhurst hat Louise Otto Glück gehabt mit ihren Eltern: Die Tochter des Gerichtsdirektors in Meißen wächst in einem Hause auf, wo politische Diskussionen zwischen Eltern und den vier Töchtern an der Tagesordnung sind. Geprägt von der fortschrittlichen Gesinnung ihrer Eltern, lernt Louise schon früh, eine Meinung zu haben und sie zu äußern.

Ihr Zuhause ist ein wohlhabendes Haus in der Stadt, in dem es an nichts mangelt und alles in Eigenproduktion hergestellt wird. Als zweites Domizil gibt es auch noch ein Sommerhaus mit einem eigenen Weinberg. Im Gegensatz zu den meisten Familien, die in solchem Wohlstand leben, haben die Ottos jedoch ein ausgeprägtes soziales Gewissen. So werden die Mädchen dazu angehalten, sich den Dienstboten gegenüber anständig zu verhalten, ihnen mit Respekt zu begegnen. Das ist wirklich höchst ungewöhnlich!

Ebenso ungewöhnlich ist die Tatsache, daß der Haushalt mehrere Zeitungen abonniert hat. Und nicht nur das: Im Gegensatz zu einer Fanny Lewald, die so gerne lesen möchte, aber nicht darf, werden die Otto-Töchter geradezu zum Lesen animiert: »Lest, damit, wenn von der Zeitgeschichte die Rede ist, ihr nicht dumm dabeisitzt und euch schämen müßt!«[20] So lautet die Aufforderung des Vaters, und weil es mit Lesen alleine nicht getan ist, bekommen die Töchter sehr guten Privatunterricht.

Die Idylle endet abrupt, als die ältere Schwester 1831 und die Eltern 1835 sterben. Louise, die jüngste, ist siebzehn Jahre alt. Doch das, was die Eltern gesät haben, trägt jetzt schon Früchte: Die drei Schwestern beschließen, ihr Schicksal in die eigenen Hände zu nehmen, ihren Haushalt gemeinsam zu dritt zu bestreiten – und ihr Vermögen selbst zu verwalten! Das ist nicht nur unüblich, sondern wäre auch in den meisten Ländern gar nicht möglich gewesen. In Sachsen aber ist es möglich, und Louise läßt noch einmal die Erinnerung wach werden an den Tag, als der Vater ihre Mutter und die Schwestern umarmt und mit ihnen zusammen ein Ereignis gefeiert hat: die Aufhebung der Geschlechtsvormundschaft in Sachsen. Damals hatte Louise nicht ahnen können, wie bald dieser Umstand für sie wichtig sein würde.

Die Schwestern heiraten und ziehen aus dem Sommerhaus aus. 1840 bekommt sie eine Einladung zu einem Besuch bei ihrer ältesten Schwester im Erzgebirge. Dies ist der Anfang von Louise Otto, der sozialen Schriftstellerin. Dort erhält sie nämlich Einblick in die Lebensbedingungen der Arbeiter- und Arbeiterinnen, eine Welt, von der sogar die gebildete und aufgeklärte Louise nicht viel gewußt zu haben scheint. Das, was sie als »Feenpaläste« ansieht – große, mehrstöckige Gebäude mit hell erleuchteten Fenstern – sind, wie man ihr erst erklären muß, Spinnereien. Die Verhältnisse in der industrialisierten Produktion sind schlimm genug, aber daneben gibt es noch die Heimarbeit der Frauen. Noch ein Vierteljahrhundert später ist die Erinnerung daran in ihr wach; in ihrer 1866 veröffentlichten Schrift *Das Recht der Frauen auf Erwerb* heißt es:

> »Hättet Ihr diese Mädchen und Frauen des oberen Erzgebirges gesehen! Die Kinder, welche in den dumpfen Stuben aufwachsen, sehen gespenstisch aus, bleich, mit abgemagerten Armen und Beinen und aufgetriebenen Leibern – von der einzigen Nahrung, welche sie haben, der Kartoffel. Der Vater hat sich im Blaufarbenwerk einen frühen Tod geholt, oder er zieht mit Rußbutten oder Holzwaren durch das Land, Weib und Kinder müssen daheim arbeiten, er

kann nicht auch für sie mit sorgen! Die kleinen Mädchen müssen klöppeln, sobald sie die Händchen regelrecht regen können – da verkümmern sie am Klöppelkissen, an dem die Mutter schon verkümmerte, daß sie nur schwächlichen Kindern das Leben geben konnte, am Klöppelkissen, an dem die Großmutter erblindete!«[21]

Ihr Besuch im Erzgebirge gibt unmittelbar nicht nur zu einem Gedicht über das Los der Klöpplerinnen, sondern auch zu zwei journalistischen Arbeiten Anlaß. In ihrem ersten Zeitungsartikel hält sie fest: »Die Teilnahme der Frauen an den Interessen des Staates ist nicht allein ein Recht, sie ist eine Pflicht der Frauen.«[22] 1843 erscheint ihr erster sozialer Roman, den sie, wie auch spätere Werke und Artikel, unter dem Pseudonym Otto Stern veröffentlicht. Ihr zweiter Roman mit dem bezeichnenden Titel *Schloß und Fabrik* (1847) wird zuerst beschlagnahmt, dann aber nach einer persönlichen Vorsprache Louise Ottos bei dem zuständigen Minister freigegeben. »Exzellenz, ich bin eine prinzipielle Gegnerin der Zensur!« hatte die ins Ministerium zitierte Autorin kühl und dezidiert dem Minister zu verstehen gegeben. Im selben Jahr erscheint ihre erste Gedichtsammlung *Lieder eines deutschen Mädchens.*

1847: ein aktives Jahr für die engagierte Frau. In dem Jahr formuliert sie nämlich auch eine Art Programm für die Frauenbewegung. Ihr Hauptziel: die bessere Erziehung und Bildung der Frau. Die später gegründeten Arbeiterinnen- und Bildungsvereine dienen demselben Ziel. Mit der Gründung der »Deutschen Frauenzeitung«, der ersten wichtigen politischen Frauenzeitung, die regelmäßig erscheint, schafft sie sich ein Organ, mit dem sie ihre Anliegen in eine breitere Öffentlichkeit tragen kann.

Daß diese Zeitung, die sie unter das Motto stellt »Dem Reich der Freiheit werb' ich Bürgerinnen«, 1852 unter dem reaktionären Nachhall der '48er Revolution beschlagnahmt wird, verwundert nicht. Schließlich gab es sogar im linksdemokratischen Lager Stimmen wie die eines Johannes Scherr, der in seinen Reflexionen über 1848 schrieb: »Ihr könnt darauf schwören, daß das Kontingent der Weiber, welche sich unberufenerweise in die Öffentlichkeit drängen, entweder aus häßlichen und hysterischen alten Jungfern – denen es aus physiologischen Gründen verziehen sein mag – oder aus saloppen Hausfrauen und pflichtvergessenen Müttern bestehe, deren Haushaltsbücher, wenn sie überhaupt welche führen, in Unordnung, deren Stuben, Küchen, Speisekammern und Weißzeugschränke im Tohuwabohu-Zustand, deren Modistinnen-Rechnung groß, aber unbezahlt, und deren Kinder physisch und moralisch ungewaschen sind.«[23]

Der Herr Scherr ist durchaus kein Einzelfall. Der Sozialismus tut sich schwer mit den Forderungen der Frauen. Aber auch viele Frauen bekunden Mühe: alle diejenigen nämlich, die die Legitimation eines »Nur-Hausfrauen«-Daseins in Frage gestellt sahen. Louise Otto mußte sich also auch mit empörten Leserbriefen wie dem folgenden herumschlagen. Da schreibt eine Frau namens Karoline Muffler, ihre Freundinnen seien »ganz verdreht«, seit sie Louise Ottos Zeitung lesen:

> »Woher kommt es, daß sogar die Frauen keine Ehrfurcht mehr haben vor den Vornehmen und Gewaltigen?... Woher es kommt? Weil die Frauen Zeitungen lesen, und ich sage: Frauenzeitungen. Gehört sich das für Hausmütter? Was soll aus die Kinderzucht werden, was soll mit das Haus werden? Was soll aus Treu und Respekt werden vor dem Landesherrn?... Ich muß nun schließen, denn ich höre meinen Schweinsbraten in der Küche zischen! Wie mag es wohl in Ihrer Küche stehen? Da wird wohl nicht viel zischen!«[24]

Abgesehen davon, daß Louise Otto einem guten Schweinebraten durchaus nicht abgeneigt war, hat sie die Sache »mit das Haus« nicht so ernst genommen, weil es nicht ihr gesamter Lebensinhalt war. Probleme »mit die Kinderzucht« hatte sie nicht, da sie kinderlos geblieben ist. Aber das Problem »mit diese Frauen« hatten alle Frauen des 19. Jahrhunderts – und haben viele des 20. Jahrhunderts auch noch. Die witzige Hedwig Dohm hat der deutschen Muster-Hausfrau 1873 in ihrer Schrift *Der Jesuitismus im Hausstand* ein Denkmal gesetzt.

> »Ich, Madame Schulz, glaube von ganzem Herzen und mit allen meinen Kräften an mich und meine Küche, an meine Kinderstube und meinen Waschkeller, an meinen Trockenboden und meine Nähmaschine. Alles aber, was darüber

ist, ist vom Übel. Ich glaube, daß, wenn der liebe Gott eine Frau hätte, sie gerade so sein müßte wie ich. Ich glaube, daß die Dienstmädchen eine nichtswürdige Rasse sind. Jede Frau aber, die meine Unfehlbarkeit anzuzweifeln wagt, die meinen Anschauungen entgegen ist oder sich mit sogenannten Ideen befaßt, erkläre ich für eine sittenlose und verabscheuungswerte Emanzipierte, für eine Ketzerin, die von Rechts wegen gespießt und mir zu süßem Duft gebraten werden müßte. Denn ich war und bin und werde sein – eine deutsche Hausfrau.«[25]

Man kann sich lebhaft den Sturm der Entrüstung ausmalen, der dieser Veröffentlichung folgte . . .

Im Zuge ihrer kämpferischen Aktivitäten lernt Louise Otto den politisch verfolgten Freiheitskämpfer August Peters, Sohn einer mittellosen Weberfamilie, kennen. Er sitzt im Zuchthaus wegen freischärlerischer Aktivitäten. Seit 1849 verlobt, sehen sich die beiden nur während der kurzen erlaubten Besuchszeiten; berühren können sie sich nicht. Nach seiner Entlassung 1858 heiraten die beiden Kämpfer; sechs Jahre später ist Louise Witwe.

Doch sie setzt ihre politische Tätigkeit zum Nutzen der Frauen mit unermüdlichem Engagement fort. 1865 tagt die von ihr einberufene »Erste Deutsche Frauenkonferenz«; so etwas hat es in Deutschland noch nie gegeben! Louise Otto-Peters muß den Vorsitz führen, zum ersten Mal vor einer großen Versammlung, deren Mitglieder ihr nicht alle wohlgesinnt sind. Ihr ist nicht wohl dabei, doch ihr Lampenfieber ist unbegründet. Auguste Schmidt, Lehrerin an der ersten Fortbildungsschule für Frauen und Mitstreiterin, berichtet: »Sie zeigte solche Kenntnis der parlamentarischen Formen, daß diejenigen, welche sich mit der Absicht eingefunden hatten, die ganze Sache zu verspotten und die Verhandlungen zu stören, verstummten.«[26]

Der »Allgem. Deutsche Frauenverein« geht aus dieser Konferenz hervor. Sein Ziel ist »das Recht der Frauen auf Erwerb« – zu erreichen durch Erziehung, Bildung und Organisation.

Die Forderung der bürgerlichen Frauenbewegung des letzten Jahrhunderts nach Berufsfreiheit konnte durchgesetzt werden: zuerst in den Büros, dann an den Universitäten und schließlich in der Kategorie der sozialen Pflegeberufe. Louise Otto-Peters ist *die*

Führungsfigur der Bewegung: eine durch und durch bürgerliche Frau ihrer Zeit, die glaubte, mit Bildung und Anstand ließen sich die anstehenden Probleme lösen. Sie fühlte sich von Frauen wie Louise Aston abgestoßen und war Frauen wie Clara Zetkin nicht radikal genug. Dafür konnten die Männer mit ihrem Wirken leben. Das Vorwort zu ihrem Buch *Das Recht der Frauen auf Erwerb* hat ein Mann geschrieben, und darin heißt es: »Die gegenwärtige Agitation für das Recht der weiblichen Arbeit hat mit den verschwommenen Emanzipations-Idealen nichts zu schaffen. Sie stellt sich auf praktischen Boden und hat die Zukunft für sich.... Gott sei Dank ist der Boden der deutschen Familie noch nicht unterwühlt von Sittenlosigkeit. Die Tiefe des deutschen Gemüts, deutsche Treue, deutsche Sitte und Biederkeit sind noch keine Mythen geworden. Die einzige Emanzipation, die wir für unsere Frauen anstreben, ist die Emanzipation ihrer Arbeit.«[27]

Zum Glück hat sich die Verfasserin des Buches von ihrem Vorwort-Schreiber freistrampeln können. Sie hat sich nämlich nicht nur für die deutsche Haus- und Ehefrau eingesetzt, sondern, ganz im Gegenteil, für *alle* Frauen. Wie Louise Aston war auch sie eine Gegnerin von Ehen, die nicht aus Liebe geschlossen wurden. Daher sollten Mädchen lernen, sich selbst zu ernähren. Nur dann – so ihre Schlußfolgerung – werden sie aus Liebe heiraten und können auf eine Versorgungsehe verzichten.

Bis an das Ende ihres 75jährigen Lebens hat sich Louise Otto-Peters für die Verwirklichung ihrer frühen Ziele – Bildung und Berufsfreiheit für Frauen – eingesetzt, journalistisch, rhetorisch und schriftstellerisch. Zu ihren Lebzeiten hat sie noch Erfolge verbuchen können.

Leider haben die nicht genügend Wurzeln geschlagen. Denn wie hieß doch der Slogan der deutschen Frauenbewegung der siebziger Jahre *unseres* Jahrhunderts:

Es gibt ungefähr tausend Berufe.
Für Frauen etwas weniger.
Also, was möchtest du werden: Verkäuferin oder Friseuse?

Lily Braun

1865–1916

Eigentlich müßte, wenn chronologisch alles mit rechten Dingen zuginge, an dieser Stelle Clara Zetkin kommen. Sie ist acht Jahre früher geboren. Aber Clara Zetkin und Rosa Luxemburg waren nicht nur befreundet, sondern dienten auch derselben Weltanschauung und werden daher nacheinander »abgehandelt«. Und obwohl Clara Zetkin und Lily Braun auch zeitweise Weg- und Streitgefährtinnen waren, trennt sie viel mehr, als sie verbindet. Lily Brauns Ideen- und Gedankengut ähnelt mehr dem von Louise Otto-Peters. Aber eigentlich hat sie – erfolglos – versucht, ein Bindeglied zwischen diesen beiden Weltanschauungen zu sein – und ist prompt zwischen zwei Stühle gefallen.

1895 hält die erste deutsche Frauenrechtlerin, die sich in öffentlichen Reden für das Frauenstimmrecht einsetzt, einen Vortrag mit dem Titel »Die Bürgerpflicht der Frau«, in dem es unter anderem heißt: »Ich möchte von Ort zu Ort wandern und jene heilsame Unzufriedenheit, welche die Mutter aller Reformen ist, in die Herzen der Frauen pflanzen, und ihr schlummerndes Gewissen möchte ich aufrütteln, daß es sich seiner Verantwortlichkeit für alles Elend in der Welt bewußt wird. Aber noch ein anderes, starkes Gefühl, das alle diejenigen beseelte, welche der Menschheit dienten, muß in den Herzen mächtig werden: der Glaube, daß das Glück aller Menschen möglich ist.«[28] Der letzte Satz kann uns Heutige naiv anmuten; der erste war – und ist – Dynamit. Und er repräsentiert gewissermaßen den Weg, der der Sozialistin Lily Braun vorgezeichnet war.

Die Jugend der Generalstochter Lily von Kretschmann verläuft (fast) so, wie es damals üblich war. Unter Leitsätzen wie »Ein gut erzogenes Mädchen zeigt seine Gefühle nicht«, »Eine Frau hat nicht für sich zu leben, sondern für andere« und »Du mußt frühzeitig lernen, daß Frauen nie sich selbst gehören« wird das adlige Fräulein standesgemäß erzogen.

Aber eben nur »fast«. Die 14jährige besucht, kurz vor ihrer Konfirmation, den Pfarrer und legt ihm – schriftlich – ihr »Glaubensbekenntnis« vor:

> »Ich glaube nicht an diesen Gott. Ich glaube nicht, daß er in sechs Tagen die Welt geschaffen hat, daß er ihm zum Bilde den Menschen schuf. Ich glaube der Wissenschaft mehr als den unbekannten Fabelerzählern des Alten Testaments.
> Ich glaube nicht an diesen Christus, denn ich halte es für heidnisch, an eine Menschenwerdung Gottes zu glauben. Ich glaube weder an seine wunderbare Geburt, noch an seine Höllen-, noch an seine Himmelfahrt, noch an seine Wunder.
> Ich glaube nicht an diesen Heiligen Geist, ich glaube nicht an eine heilige, christliche Kirche, die mordet, brennt, verfolgt, steinigt, die Seelen martert, die Wahrheit leugnet. Ich glaube nicht an Vergebung der Sünden, weil Sünde sich nur durch bessere Taten vergibt. Ich glaube nicht an Auferstehung des Fleisches, denn das ist wissenschaftlich unmöglich.«[29]

Das kann sich der Vater nicht bieten lassen: ein »furchtbarer Auftritt« ist die Reaktion! Als weitere Folge, damit ihr »furchtbarer Hochmut« gebrochen wird, wird sie zu ihrer Tante geschickt, um den »letzten Schliff« zu bekommen – selbstverständlich *nach* der Konfirmation. Lily erinnert sich an diese Zeit: »Ich stickte altdeutsche Deckchen, als ob ich es bezahlt bekäme, kämpfte stundenlang am Klavier mit meiner Talentlosigkeit, strickte unentwegt Strümpfe für die Negerkinder.«[30]

Sie bemerkt aber schon damals scharfsinnig: »Alle jungen Frauen kriegen einen fatalen Zug um den Mund: ich glaube es ist der der Enttäuschung.«[31] Noch gehört sie nicht zu diesen Frauen; noch kann sie sich standesgemäß bei Bällen, Picknicks, Ausritten »herrlich amüsieren«. Die »richtigen« Bewerber schlägt sie aus – sehr zum Kummer der Familie –, mit den falschen flirtet sie. Als der Vater sie verheiraten will, weist sie das empört zurück: Niemand habe über sie zu verfügen.

Lily langweilt sich weiter, findet aber Trost im Lesen, besonders in den verbotenen Büchern, zu denen auch Werke von Goethe und natürlich die Bücher Emile Zolas gehören. Die Zweiundzwanzigjährige weiß nach der Lektüre von Ibsens *Ein Puppenheim*: »Irgend wie und wann werde ich handeln müssen wie Nora, viele Fesseln – feine, die ich kaum fühlte, und grobe, die mir ins Fleisch schnitten, – umschnüren mich von klein an. Aber ich erkenne jetzt, daß ich jedes Jahr einige davon abstreifte. Sollte ich nicht auch mit den letzten fertig werden?«[32]

Es ist ein Prozeß, und er dauert seine Zeit. Ein Jahr später heißt es in einem Brief an eine Kusine: »Ich bin dreiundzwanzig Jahre alt, gesund an Geist und Körper leistungsfähiger vielleicht als viele, und ich arbeite nicht nur nichts, ich lebe nicht einmal, sondern werde gelebt.«[33]

Doch da gibt es jemanden, der Verständnis für diesen Verzweiflungsschrei aufbringt. Lilys Großmutter kann sich als einzige in der Familie in die unglückliche junge Frau hineinfühlen. In einem Brief an die Enkelin schreibt sie etwas, was geradezu revolutionären Charakter hat: »Eine Ehe ist nur selten ein Glück, am wenigsten eine solche, die im Ballsaal geschlossen wird, und Dich hat Gott mit so vielen guten Gaben bedacht, daß Du auch außerhalb der natürlichen weiblichen Lebenssphäre einen Dich und andere befriedigenden Lebensinhalt finden wirst... Darum ist der Rat, der letzte vielleicht, den ich Dir geben kann, der: stelle Dich auf Deine eigenen Füße.«[34]

Sie vererbt der Enkelin ihren schriftlichen Nachlaß, Briefe und Dokumente aus ihrer Zeit am Weimarer Hof. Lily verarbeitet sie zu einem Buch. Diese Arbeit gibt der Adligen, inzwischen sechsundzwanzigjährig, zum ersten Mal einen Lebensinhalt: 1891 ist »das schönste Jahr meines Lebens«, heißt es im Tagebuch.

Denken dürfen. Arbeiten können. Eigenständig sein. Das sind schon früh konkrete Wünsche. Später wird sie, als finanzielle Sorgen in ihrer zweiten Ehe schon bestehende Probleme verschärfen, zusammen mit Clara Zetkin postulieren: »Die ökonomische Selbständigkeit des Weibes ist die Voraussetzung einer glücklichen Verbindung der Geschlechter, sie hilft so manche andere Klippe der Ehe umschiffen.«[35]

Noch ist sie aber nicht einmal in erster Ehe verheiratet, obwohl dieser Schock der Familie unmittelbar bevorsteht. In dem »schönsten Jahr ihres Lebens« lernt sie nämlich auch den Universitätsprofessor Georg von Gizycki kennen. Er ist Gründer der »Gesellschaft für Ethische Kultur« und der nach ihr benannten Zeitschrift. Leider ist er auch Sozialist. Letzteres ist in Lilys Familie ein Schimpfwort. Schon von Kindheit an hat man ihr gesagt: »Sozialismus – das sind Männer mit niedrigen Stirnen und schwieligen Fäusten, schwindsüchtige Frauen und Kinder mit Greisengesichtern, haßerfüllt die Züge, die Fäuste drohend erhoben wider alles, was unser Leben schön und reich macht.«[36]

Nun trifft sie hier einen Mann, der diese Vorstellungen zunichte macht. Der Professor ist allerdings schwerkrank, gelähmt. Er bietet ihr eine »Freundschafts- und Arbeitsehe, keine Liebesehe« an. Lily akzeptiert – und geht mit fliegenden Fahnen zum Erzfeind ihres Standes, zu den Sozialisten, über. Der Bruch mit der Familie ist vollkommen.

Nach zwei Jahren schon wird Frau von Gizycki Witwe; das Gedankengut ihres verstorbenen Mannes aber ist in ihr verwurzelt. Bereits in seinem Todesjahr hält sie die eingangs erwähnte Rede für das Frauenstimmrecht.

Ein Jahr später heiratet sie den SPD-Politiker Heinrich Braun, mit dem sie einen Sohn haben wird. Die Ehe wird nicht sehr glücklich; Lily erfährt, was es heißt, sparen zu müssen. Sie leidet sehr unter den engen Wohnverhältnissen sowie der Doppel- und Dreifachbelastung. Aber sie arbeitet unermüdlich weiter.

1891 veröffentlicht sie eines der wichtigsten Bücher des Jahrhunderts: *Die Frauenfrage*. Es tut weh, das zugeben zu müssen, aber die Aktualität dieses Buches ist so groß, daß es 1979 zu einer Neuauflage gekommen ist. Die Autorin widmet ihre Aufmerksamkeit drei großen Postulaten, um Frauen zu helfen:

- einer Mutterschaftsversicherung für erwerbstätige Frauen (sie ist die erste Frau in Deutschland, die das verlangt!);
- der »Sklaverei des Haushalts«, die sie durch das Modell einer Wirtschaftsgenossenschaft abschaffen will;
- der Lage der weiblichen Dienstboten, deren Elend groß ist.

Lily Braun hat, wie man sieht, den Übergang von einer Gesellschaftsschicht zu einer anderen vollzogen. Sie behandelt Themen, die für Frauen buchstäblich lebenswichtige Themen sind. Dennoch wird sie immer weniger akzeptiert. Die engagierte Sozialistin, die in feurigen Reden gekonnt ihre Anliegen vertritt, wird vom Adel verachtet und geschnitten. Die Sozialisten, allen voran ihre zeitweilige Mitstreiterin Clara Zetkin, mißtrauen der

»Dame aus besserer Gesellschaft«. Die bürgerliche Frauenbewegung wendet sich empört von ihr ab, als sie aus der »Damenfrage« eine »Frauenfrage« macht; die Dienstmädchen, für die sie sich so einsetzt, rufen ihr entgegen: »Wir sind königstreu! Wir sind gottesfürchtig!« und weigern sich, sich aufzulehnen. So fällt diese engagierte Frau gleich zwischen mehrere Stühle ...

Wie sehr sie unter ihrer Zwitterposition gelitten hat, geht aus einer Passage in ihren Memoiren hervor:

> »Im Grunde sehnte ich mich nach einem warmen, aufmunternden Wort meiner Kampfgefährten, nach ein wenig freundlicher Anerkennung. Statt dessen begegneten sie mir stets mit gleicher Kälte, mit gleicher Zurückhaltung. Zu keiner einzigen entstand einm persönliches Verhältnis; je länger ich mit ihnen arbeitete, desto fremder schien ich ihnen zu werden ... Ich kämpfte oft mit Tränen, wenn ihr Mißtrauen mir immer wieder begegnete, und nachher hörte ich, daß man über meinen Hochmut, meine Unnahbarkeit schalt.«[37]

Eine Frau, die etwas wollte, was ihr von den anderen nicht zugestanden wurde, ein unglücklicher Mensch am Rande zweier Welten. Unfaßbar, daß Revolutionäre sich immer wieder den Luxus leisten, Uneinigkeit und Unfrieden in den eigenen Reihen zu tolerieren ... Nicht zuletzt die Feindseligkeiten werden sie gesundheitlich geschwächt haben. Sie stirbt, erst 51jährig, an einem Schlaganfall. Früh genug, um nicht mehr mitzuerleben, wie ihr überaus geliebter Sohn in dem Krieg, den sie so befürwortet hat, fällt.

Was war denn nun so unakzeptabel an ihr? Daß der Adel sie fallen ließ, das kann man noch verstehen. Aber wie Clara Zetkin, die Mächtige, die Einflußreiche, sich ihr gegenüber benommen hat, dafür kann man schon weniger Verständnis aufbringen. Nachdem sie ihr zuerst die Position einer Mitherausgeberin der *Gleichheit* angeboten hat, beginnt schon bald ein häßlicher Machtkampf hinter den Kulissen. Lily Braun, eine glänzende Rednerin, versuchte nach und nach, sich einen eigenen Wirkungskreis aufzubauen, zum Beispiel in Form eines Informationsbüro für Frauen in Berlin. Clara Zetkin weiß das zu verhindern; eine solche Konkurrenz-Organisation würde ihre Position gefährden.

Mißtrauisch und ablehnend, kritisiert sie die ehemalige Kampfgefährtin, beschimpft sie als Revisionistin und verspottet sie in der Öffentlichkeit.

Den Höhepunkt erreicht der Kampf, als Lily Braun einen Punkt für sich verbuchen kann, dem Clara Zetkin nichts entgegenzusetzen hat: ihr theoretisch wie literarisch hervorragendes Buch *Die Frauenfrage*. Obwohl das Werk überall äußerst positiv rezensiert worden ist, muß sich die Verfasserin und Mitherausgeberin der *Gleichheit* einen Verriß in der eigenen Publikation gefallen lassen. Kurz darauf wird sie dann auch noch aus der Zeitschrift herausgedrängt – und damit war der Kampf entschieden.

War Lily Braun eine Revisionistin – eine, die die Gesellschaft schrittweise reformieren statt sie in den Grundfesten erschüttern wollte? Ja, denn sie strebte keinen lupenreinen, eher theoretischen Sozialismus in einer fernen Zukunft an. Die Pragmatikerin – vielleicht auch aus intimer Kenntnis der Klasse heraus, der sie einmal angehört hatte – setzte auf sofortige und durchführbare Veränderungen, wie zum Beispiel eine Verkürzung der Arbeitszeit »auf das geringste Tagesmaß«, damit Mutter und Vater sich beide um die Kinder kümmern konnten.

Wie bitte? Damals schon? Dann sind wir heute noch keinen Schritt weiter...? Daher eben die Neuauflage des Buches im Jahre 1979!

Lily Braun war eine Vordenkerin von außergewöhnlichem Rang. Sie wollte in einer unmöglichen Situation für die Betroffenen schnelle Abhilfe schaffen. Zu ihren besten Vorschlägen gehört ein Programm für Wohnsiedlungen, das die Schaffung von Zentralküchen unter der Leitung von ausgebildeten Wirtschafterinnen und einem dazugehörigen großen Eß-Saal sowie die Einrichtung von Turn- und Spielplätzen unter Aufsicht von ausgebildeten Kindergärtnerinnen und Erzieherinnen, von den Eltern gemeinsam bezahlt, vorsieht. Es ist ein Vorläufer des Kibbuz, was sie da vorschlägt; was der Pionier-Mentalität der jüdischen Auswanderer nach Palästina machbar schien, war für das Deutschland um die Jahrhundertwende offenbar nicht denkbar. Es war Lily Brauns Tragik, daß sie zu früh und im falschen Umfeld wagte, Neues zu denken. Auch sie gehört zu denen, die in sehr unbequemen Unterkünften auf ihre Zeit warten müssen...

Clara Zetkin

1857–1933

Bei Lily Brauns Eintritt in die SPD meint zwar die Presse, die »Sozialdemokratie kann sich ob dieser ebenso interessanten wie pikanten Acquisition ins Fäustchen lachen«[38], aber in Wirklichkeit lacht niemand. Ja, nicht einmal lächeln tun die Genossinnen und Genossen, um die »Acquisition« willkommen zu heißen. Im Gegenteil: Mißtrauen begegnet ihr überall, selbst als sie die Probleme erwerbstätiger Frauen untersuchen will. August Bebel schließlich kommt ihr zu Hilfe, indem er sie an Clara Zetkin verweist: »Ist sie gegen Ihren Plan, so haben Sie alle Genossinnen miteinander gegen sich.«[39]

»Zum Führen geboren« könnte über Clara Zetkins Leben stehen. Zum Führen, nicht zum Herrschen. Mit ihrer Führungsbegabung, mit ihrem kompromißlosen Engagement, mit ihrer polemischen Rhetorik und dem Organ, das ihr auf breitester Basis eine Stimme verleiht, der von ihr mitbegründeten Zeitung *Gleichheit*, ist sie die große Leitfigur – zuerst der Sozialisten am äußersten linken Flügel, dann der Kommunistischen Partei Deutschlands, die 1918 auf Betreiben von Rosa Luxemburg und Karl Liebknecht gegründet wird. Man mag sie nicht mögen, diese »Pasionara des Nordens« – ich gestehe, daß ich den Zugang zu ihr extrem schwierig finde –, aber man muß ihre phänomenale Leistungsfähigkeit bewundern sowie ihre Hingabe an ihre Mission.

Ihre Biographie ist bekannt, genau wie die ihrer Freundin und Mitkämpferin Rosa Luxemburg. Beide sind schließlich genügend angegriffen und verteidigt worden. Daher ihre wichtigsten Lebensdaten hier in gebotener Kürze:

Im Juli 1857 wird sie als Tochter eines Dorfschullehrers namens Eissner in der Nähe von Leipzig geboren. Ihre Führungsfähigkeit manifestiert sich schon als Kind: das taten- und wissensdurstige Mädchen ist bei den Spielen der Dorfjugend die unbestrittene Anführerin. Lehrerin will sie werden, und es gelingt ihr, eine begehrte Freistelle in der renommierten Fortbildungsschule der Frauenrechtlerin Auguste Schmidt zu bekommen. Obwohl sie später die Förderung dieser Frau verliert, hat Clara Zetkin ihr immer ein ehrendes Andenken bewahrt.

Es ist während der Seminarzeit, daß Clara mit einer Gruppe russischer Studenten zusammenkommt, die wegen ihrer revolutionären Ideen aus Rußland ausgewiesen worden sind und nun in Leipzig studieren. Ihr engster Freund und Vertrauter wird Ossip Zetkin, der sie öfter zu sozialdemokratischen Versammlungen mitnimmt. Nach jedem Mal entfernt sich Clara etwas mehr von bürgerlichen Werten. So sehr, daß sie sich von ihrer Familie trennt und sich mit Auguste Schmidt überwirft. Sie muß nun eine schlecht bezahlte Stellung als Hauslehrerin annehmen, widmet sich aber mit unverminderter Begeisterung der Parteiarbeit – auch nachdem diese durch das 1878 ins Kraft getretene »Sozialistengesetz« illegal geworden ist.

1880 wird Ossip ausgewiesen; er geht nach Paris, wohin ihm Clara zwei Jahre später folgt. Aus Clara Eissner wird Clara Zetkin; es folgt die Geburt von zwei Söhnen, 1883 und 1885. Kurz darauf erkrankt Ossip schwer; Ende Januar 1889 stirbt er. Clara kann den Verlust nur schwer verwinden: »Es war mir, als müsse auch mein Leben stillstehen. Ich bin damals nur durch die Kinder zum Leben zurückgekommen und namentlich durch den Sozialismus, meine Arbeit als revolutionäre Kämpferin.«[40]

Was ist danach aus der *Frau* Clara Zetkin geworden? Hat sie noch einmal geliebt? Hat sie als Mutter mehr Freude oder mehr Probleme gehabt? Hat sie Stunden der Entspannung gehabt, in denen sie Parteiarbeit Parteiarbeit sein lassen konnte? Es scheint fast, als ob die Privatperson Clara Zetkin mitgestorben und die Funktionärin Clara, die große Führerin, geboren worden ist.

Der nächste große Moment in ihrem Leben ist ihr Auftritt auf dem Gründungskongreß der II. Internationale. Es ist das Todesjahr ihres Mannes, es sind noch nicht einmal sechs Monate vergangen, seit er gestorben ist – und nun soll sie ein Referat halten. Zudem ist es noch das erste Mal, daß eine Frau reden darf. Die Zweiunddreißigjährige muß all ihren Mut zusammennehmen, um vor den rund vierhundert Anwesenden zu sprechen. Mit jedem Satz jedoch spürt sie mehr Kraft in sich, mit jedem Abschnitt weiß sie, daß sie hier Durchschlagskraft hat. »Für die Befreiung der Frau« ist der Titel ihres Referats, in dem sie den Zuhörenden klarmacht: »Diejenigen, welche auf ihr Banner die Befreiung alles dessen, was Menschenantlitz trägt, geschrieben haben, dürfen nicht eine ganze Hälfte des Menschengeschlechtes durch wirtschaftliche Abhängigkeit zu politischer und sozialer Sklaverei verurteilen.« Mit der offenbar ihr damals schon eigenen Kompromißlosigkeit erklärt sie dem vorwiegend männlichen Publikum: »Wie der Arbeiter vom Kapitalisten unterjocht wird, so die Frau vom Manne, und sie wird unterjocht bleiben, solange sie nicht wirtschaftlich unabhängig dasteht. Die unerläßliche Bedingung für diese ihre wirtschaftliche Unabhängigkeit ist die Arbeit.«[41]

Damit ist ihre Mission geboren. Für den Rest ihres langen, kämpferischen Lebens wird das Thema »Frau und Arbeit« im Mittelpunkt ihres Denkens und Handelns stehen. Ihr Auftreten hat wesentlich dazu beigetragen, daß sich der Kongreß für die Berufsarbeit der Frau aussprach und die Parteien verpflichtete, Frauen und Mädchen in die sozialistische Bewegung miteinzubeziehen. Das ist auch ihr Anliegen, und damit dieses Anliegen möglichst vielen Frauen dargelegt werden kann, bedient sie sich eines der ältesten Mittel, um Aufmerksamkeit bei einem breiten Publikum zu erlangen: einer Zeitschrift. Sie übernimmt die Redaktion der von ihr mitbegründeten *Gleichheit*.

> »Die Zeitschrift wurde rasch zum Motor der proletarischen Frauenbewegung. Sie enthielt Artikel über die Lage der Arbeiterinnen in Deutschland und in anderen Ländern. Sie belehrte ihre Leserinnen über die Grundbegriffe des Marxismus und über das Wesen der kapitalistischen Ausbeutung. In einer Beilage für Frauen und Mütter wurden Fragen der Gesundheit, der Hygiene, Ernährung und Krankenpflege erörtert. Zudem bildete Clara Zetkin Arbeiterkorrespondenten und Arbeiterkorrespondentinnen aus. Funktionäre der Sozialdemokratischen Partei und der Gewerkschaften, Betriebsarbeiterinnen, Landarbeiterinnen, Dienstmädchen und proletarische Hausfrauen berichteten über ihre Lebensverhältnisse und Arbeitsbedingungen.«[42]

Das Publikum war wahrhaftig groß genug. Gegen Ende des Jahrhunderts betrug die Zahl der im Erwerbsleben stehenden Frauen fast 7 Millionen. Davon waren 1,5 Millionen in der Industrie,

2,7 Millionen in der Landwirtschaft und 1 Million als Dienstboten tätig. Die Arbeitstage dieser Frauen waren zwischen elf und achtzehn Stunden lang, ihre Löhne lagen weit unter denen der Männer. Die Arbeitsbedingungen waren unvorstellbar.

Dennoch war es äußerst schwierig, diese Frauen zu organisieren, und es ist ein Beweis mehr für Clara Zetkins Fähigkeiten, daß sie viele Frauen dazu bringen konnte, ihre Schicksalsergebenheit mit Agitation zu vertauschen. »Die unterbürtige Stellung der Frau in der Familie und der Gesellschaft hat diese verdammte Bedürfnislosigkeit großgezogen und nährt sie noch heute, und das Kapital beutet sie aus. Der Unternehmer schätzt es als eine kostbare Tugend der Arbeiterinnen, daß sie so kulturwidrig bescheiden und anspruchslos sind, mit weit weniger ihren Unterhalt bestreiten als ihre Brüder der Frohn.«[43]

Sie gründet Frauen-Agitationsgruppen im ganzen Land, die einer Verfolgungswelle der Reaktionären ausgesetzt sind. Aber die Proletarierinnen wehren sich tapfer, immer wieder angefeuert und zum Durchhalten animiert von ihrer obersten Vorsitzenden. Laut eigener Aussage soll Clara in manchen Jahren bis zu dreihundert Versammlungen pro Jahr abgehalten haben – und das trotz einer Herzkrankheit, die sie öfter an solchen Veranstaltungen ohnmächtig werden läßt. Daneben hält sie Vorträge an internationalen Kongressen.

Immer weiter entfernt sie sich in der Argumentation von der bürgerlichen Frauenbewegung, der sie nicht das Recht zugestehen will, auch für die Arbeiterinnen zu sprechen. Vehement attackiert sie die Bewegung und deren Vertreterinnen, obwohl sie zugibt: »Das Beste, was die bürgerliche Frauenbewegung geleistet hat, ist die Betonung der Bedeutung, die der Berufsarbeit für die Gleichberechtigung der Frau mit dem Mann zukommt.«[44] Und da ihr die Sozialisten zu revisionistisch sind, entfernt sie sich auch immer mehr von ihnen. Doch hier zieht sie den kürzeren. Der erste Schlag der Parteileitung gegen sie wird 1908 ausgeteilt: Aufgrund des neuen Reichsvereinsgesetzes können jetzt Frauen in die Partei aufgenommen werden; folglich müßte die Frau, die sich am meisten um die Partei verdient gemacht hat, in den Vorstand gewählt werden. Diese Wahl findet nicht statt. Der zweite Schlag trifft sie noch härter: 1919 wird die Redakteurin der *Gleichheit*, die sie mitbegründet und fünfundzwanzig Jahre lang redigiert hat, vom Parteivorstand fristlos entlassen. (Ob Lily Braun das als späte Gerechtigkeit empfunden hätte . . .?)

Clara Zetkin hat sich allerdings innerlich schon lange von allem entfernt, was sozialistisch ist. Die Sozialisten haben diesen schrecklichen Krieg befürwortet, ohne zu merken, wie sie damit den Kapitalisten ins Netz gegangen sind und dem Faschismus in die Hände spielen – wie kann sie, als passionierte Friedenskämpferin, sich da noch mit ihnen identifizieren? Im März 1914 hatte sie bereits eine internationale Anti-Kriegsdemonstration der Frauen organisiert und dann 1915 auf dem Internationalen Frauentag in Bern eine Resolution entworfen, die als »Berner Flugblatt« in die Geschichte eingegangen ist. Bei ihrer Rückkehr nach Deutschland wird sie wegen versuchten Landesverrats verhaftet, jedoch aufgrund ihres Gesundheitszustands bald wieder aus der Haft entlassen.

Ihr Gesundheitszustand im Alter: Herzkrankheit, ein Augenleiden, Malaria-Anfälle, ein erfrorener Fuß, der sie zwingt, am Stock zu gehen. Hat es sie an irgend etwas gehindert? Was für eine Frage: Was hätte diese Frau am Kämpfen hindern können? Nichts, solange sie lebt. Sie schont sich nie, verlangt aber ebensoviel von den anderen. Zum Herrschen ist sie nicht geboren, aber ihr ganzes Leben lang hat sie Macht gehabt und ausgeübt. Sie wird bewundert, aber ist gefürchtet.

Die letzten zehn Jahres ihres Lebens lebt sie hauptsächlich in Moskau, wo sie unter anderem auch lange Gespräche mit Lenin führt. Im August 1932 rafft sie sich – fünfundsiebzig Jahre alt, gebrechlich und fast blind – auf, um nach Berlin zu reisen. Dort hat sie ihren letzten großen Auftritt: Als Alterspräsidentin eröffnet sie den Deutschen Reichstag und benützt die Tribüne zu einer leidenschaftlichen Rede gegen den Faschismus.

Ein Jahr später ist sie tot. Es ist ihr erspart geblieben, die jubelnden Deutschen beim Ausbruch des Zweiten Weltkriegs zu erleben.

Rosa Luxemburg

1871–1919

Nein, nicht noch eine Frau, die sich im politischen Kampf aufgerieben hat – für Frauen, für Gleichberechtigung, für Bildung, für Stimm- und Wahlberechtigung! Nicht noch eine Revolutionärin, die sich mit allen anlegt, dauernd gegen den Strom schwimmt – und darüber zu leben vergißt!

Also, was dann? *Ein* Porträt in dieser stattlichen Galerie sei mir gestattet, das sich nicht auf eine politische Führungsfigur, eine große Denkerin, eine ebenso große Rednerin, eine unermüdlich produzierende Schreiberin konzentriert – obwohl man viele Seiten füllen könnte mit Schreiben über all diese Aktivitäten. *Ein* Porträt, das statt dessen zeigt, was solch eine Frau *auch* sein kann: liebend, witzig, poetisch, romantisch, hoffend, verzweifelt, müde; kurz: ein Privatmensch, eine Frau.

Denn das war mein erster Zugang zu Rosa Luxemburg, der »roten Rosa«, der »kommunistischen Hexe«: ihre Liebesbriefe und ihre Korrespondenz aus den verschiedenen Gefängnissen heraus. Da offenbart sich eine ganz andere Rosa L., eine, die vielleicht auch gerne in die Geschichte eingegangen wäre ...

Sie hat auch nach ihrem schrecklichen Tod inspirieren können, und zwar nicht nur politisch, sondern wiederum auf eine fast poetische Art. Biographen wie Frederik Hetmann oder der Verfasser der rororo-Bilmonographie, Helmut Hirsch, stehen der von ihnen Porträtierten durchaus nicht unemotional gegenüber. So habe ich selten einen besseren Einstieg in ein Porträt gelesen als das, was Hirsch an den Anfang seiner Monographie stellt:

> »Das wahre Land der unbegrenzten Möglichkeiten – ein Menschenleben. Jemand mag eine winzige Gestalt, einen unverhältnismäßig großen Kopf und eine allzu lange Nase haben. Er mag obendrein auch noch unschön gehen. Alles das braucht ihn an der Gewinnung langjähriger Liebesbe-

ziehungen nicht zu hindern. Ein anderer bringt gleich zwei gesellschaftliche Höcker mit auf die Welt. Er gehört zum schwächeren Geschlecht und zur numerisch wie machtmäßig schwächsten der drei abendländischen Glaubensgemeinschaften, gelangt jedoch trotz Diskriminierung in die Führungsspitze solcher geschichtsbildender Bewegungen wie der sozialdemokratischen und kommunistischen. Wieder ein anderer wächst in einem bestimmten Sprachbereich auf, sagen wir im russisch-polnischen, und lernt in einer dritten Sprache, der deutschen etwa, unvergängliche Sätze sprechen und schreiben.
Der Mensch, dessen Weg und Werk dieser Essay nachzuzeichnen unternimmt, vereinigte in seiner Person sämtliche aufgezählten Kontrastentwicklungen.«[45]

Die Fakten, die sich herausschälen, muß man sich immer wieder in Erinnerung rufen: Eine polnische Jüdin, die hinkt; ein Persönchen, kaum 1,60 Meter groß, mit einem phantastischen Denkapparat; eine Ausländerin, die deutsche Geschichte macht, vor der ein Staatswesen so sehr Angst hat, daß man sie auf brutalste und primitivste Weise ermorden lassen muß, um sie loszuwerden ... Ein anderer Mann, Ossip K. Flechtheim, hat in seiner Einführung zu ihren politischen Schriften von ihr gesagt: »Sie blieb ihr allzu kurzes Leben lang ein ›Mensch in seinem Widerspruch‹. Wie sie zwischen den Zeiten lebte und wirkte, so spiegelte sie den Widerspruch der Epochen wider – das Gegeneinander von Reform und Revolution, von Krieg und Frieden, von Gewalt und Humanität. Stets erneut rang sie um deren Synthese – eine glatte Lösung sollte ihr nicht beschieden sein.«[46]

Hätte sie sie gewollt, diese glatte Lösung? Ich glaube nicht – außer zuweilen, wenn sie müde, sehr müde war. »Da sitze ich zu Hause (d. h. im Hotel) vor dem Tisch und versuche, mich an die Proklamation zu machen. Mein Dziodziu! Ich habe so keine Lust! Der Kopf schmerzt mich und ist schwer, auf der Straße der Lärm und ein schreckliches Getöse, im Zimmer ist es scheußlich ...«[47] Sie ist dreiundzwanzig Jahre alt. Ein Jahr später schreibt sie, wiederum an Leon Jogiches: »Endlich erhole ich mich. Seelisch und physisch bin ich schrecklich müde. Das erste Mal seit der Ankunft bin ich endlich allein: in diesem Augenblick ziehe ich in meine

Wohnung ein. Ich habe ein hübsches Zimmer, fast ein Salon, und ich träume, daß Du herkämest und wir beide darin wären.«[48]

Aber das waren Momente (Stunden, Tage manchmal), die sie sich mit einer sympathischen Offenheit ein- und zugesteht, um danach wieder mit noch größerer Energie weiterzuarbeiten. »Die kleine, gebrechliche Rosa war die Verkörperung beispielloser Energie ... Wenn sie unter einer Überanstrengung zusammenzubrechen drohte, so ›erholte‹ sie sich bei einer noch größeren Leistung. Bei Arbeit und Kampf wuchsen ihr Flügel.«[49] Ihre Freundin Clara Zetkin, auch sie eine unermüdliche Schafferin, wie wir wissen, hat dieses Phänomen offenbar öfter bei ihr beobachten können. Nur im Gefängnis konnte Rosa Luxemburg sich eben nicht bei »noch größeren Leistungen« erholen – und da setzte dann hie und da schon die Verzweiflung ein. So schreibt sie im Januar 1917 an ihre Freundin Luise Kautsky:

> »Verzeih, Liebste, daß ich Dich so hab auf Antwort warten lassen, ich hatte aber soeben eine kurze Periode erbärmlicher Feigheit. Wir hatten mehrere Tage eisigen Sturmwind und ich fühlte mich so winzig und schwach, daß ich gar nicht aus der Bude ging, damit mich die Kälte nicht vernichtet. In sothaner Stimmung wartete ich natürlich mit Sehnsucht auf einen herzhaften warmen Brief, aber meine Freunde warten leider immer nur auf Anstoß und Auftakt von mir. Niemand hat je von selbst einen forschen, guten Einfall, um mir zu schreiben ...«[50]

Und ein paar Wochen später nochmals an dieselbe Adressatin: »Ich bin in der Tat ein wenig wie ein Mensch ohne Haut geworden: ich erschauere vor jedem Schatten, der auf mich fällt. Es scheint, daß das Jahr Barnimstraße und dann die 4 Monate rasende Arbeit und wieder 7 Monate Einsamkeit auf verschiedenen Etappen nicht spurlos an mir vorübergegangen sind.«[51]

Schon als Kind und junges Mädchen erweist sie sich als Energiebündel: Obwohl immer die Kleinste und Jüngste, ist sie ihre ganze Gymnasiumszeit hindurch die Beste – aber auch ein Störenfried. Die Tochter eines jüdischen Holzhändlers, seit ihrem dritten Lebensjahr in Warschau, weiß um das Riesenglück, überhaupt eine höhere Schule besuchen zu dürfen. Das hindert sie nicht daran, sich gegen einiges aufzulehnen: gegen Russisch als einzige Sprache, wenn sie doch in Polen lebt; dagegen, wie dieses Gebot mit Nachdruck durchgesetzt wird; gegen jede anpasserische Haltung – und nicht zuletzt gegen die Stimmung beim Staatsbesuch des deutschen Kaisers Wilhelm I. Da schreibt die Dreizehnjährige ein Gedicht, das ihre Ehrfurchtslosigkeit wie auch ihr früh entwickeltes politisches Verständnis gerade in den letzten Zeilen so deutlich zum Ausdruck bringt:

[...]
Was Politik angeht, bin ich zwar noch ein dummes Schaf,
also mach ich keine langen Worte,
doch vergiß eines nicht, mein lieber Wilhelm:
Sag diesem listigen Lumpen von Bismarck,
er soll die Friedenshosen nicht zuschanden wetzen.
Du tust es für Europa, Kaiser des Westens.[52]

Als aufsässig ist sie ihren Lehrern erschienen, und deswegen glaubt man sich berechtigt, ihr die Goldmedaille, die Auszeichnung für das beste Abschlußexamen, zu verweigern. Ich könnte mir vorstellen, daß ihr das keinen großen Eindruck gemacht hat. Sie hat schon andere Interessen, ist bereits illegal politisch aktiv, und als das entdeckt wird, geht die Achtzehnjährige nach Zürich, um dort zu studieren. Es ist ihre erste Flucht: in einem Bauernwagen, unter Stroh versteckt, passiert sie die deutsch-polnische Grenze.

Zürich hat ihr nicht gefallen, als sie dort lebte. Aber später erwacht die Sehnsucht nach »diesem heiteren, gottbegnadeten Zürich«. Es hat ihr die Möglichkeit gegeben, Volkswirtschaft und Rechtswissenschaft zu studieren, 1897 »magna cum laude« zum Dr. iur. zu promovieren – und sich zu verlieben. Natürlich in den Falschen, wie könnte es anders sein? Kann man sich – aus der Sicht unserer 360-Grad-Optik, siebzig Jahre nach ihrem Tod – vorstellen, daß Rosa Luxemburg so etwas wie ein bürgerliches Glück gehabt hätte? Wohl kaum. Aber *sie* konnte es oder hatte zumindest eine große Sehnsucht danach.

Sehnsucht: ein Schlüsselwort, das den Zugang zu ihrem Leben und Wirken erleichtert. »Ich umarme Sie in großer Sehnsucht«, heißt die Schlußformel in Briefen aus dem Gefängnis an ihre Sekretärin Mathilde Jacob. Als Kind hat sie öfter ganz früh morgens aus ihrem Fenster geblickt, auf den Hof hinunter, wo der Hausknecht das Pflaster fegte, und über die Dächer der Stadt hinweg: »Damals glaubte ich fest, daß das ›Leben‹, das ›richtige‹ Leben irgendwo weit ist, dort über die Dächer hinweg. Seitdem reise ich ihm nach, aber es versteckt sich immer wieder hinter irgendwelchen Dächern. Am Ende war alles ein frevelhaftes Spiel mit mir, und das wirkliche Leben ist gerade dort im Hofe geblieben?«[53] Dreiunddreißig ist sie, als sie das schreibt – hat sie gewußt, daß ihr hektisches, arbeits- und energiegeladenes Leben das ist, was ihr bestimmt war? Wenn sie es gewußt hat, dann hat sie es nicht akzeptieren wollen. Es erstaunt immer wieder, in dieser kristallklaren Denkerin soviel Romantik und Sehnsucht zu finden, so viel Hoffnung und Zukunftsglauben. »Es stimmt, ich habe verfluchte Lust, glücklich zu sein, und bin bereit, Tag für Tag um mein Portiönchen Glück mit dumpfem Eigensinn zu feilschen«.[54]

»Man soll sein wie eine Kerze, die an beiden Enden brennt«, ist einer ihrer Lieblingssprüche. Wie müßte denn der Mann aussehen, der sich solch einer Hitze aussetzt? Nun, nicht so wie der, in den sie sich verliebt: Leon Jogiches, ihren »Dziodziu«. Er kann so viel Brennen nicht ertragen, fühlt sich der ihm überlegenen Denkerin nicht gewachsen. Das zeigt sich an dem heftigen und kleinlichen Kritteln und Korrigieren ihrer Manuskripte. »Ganz sicher ist er eifersüchtig auf ihre Karriere. Er besteht auf seiner Rolle als Berater und Besserwisser, während Rosa schon längst gelernt hat, sich allein durchzusetzen. Und dann wieder überschüttet sie ihn mit Gefühlsausbrüchen, wünscht sich ein Kind von ihm: ›Ein kleines, ganz kleines Baby – werde ich nie eins haben dürfen? Nie?‹ und bittet ihn: ›Laß uns um Himmels willen anfangen zu leben. Lieber Dziodziu, laß uns doch anfangen zu leben!‹«[55]

Das zeigt sich auch in anderen Briefen an ihn, deren Inhalt zwischen Enttäuschung und Ermahnung, zwischen Hoffnung und Erkenntnis, zwischen Anwandlungen von leidenschaftlich-romantischer Liebe und der Ahnung, daß sie das wohl doch nie wird aus- und erleben werden dürfen. Sie droht ihm ihren persönlichen »Terrorismus« an für die Zeit nach ihrer Rückkehr und gibt ihm ein kleines Muster davon: »Als Auftakt meines Terrorismus: merke Dir, *sei gut!* Schreibe warmherzige, gute Briefe, schreib mir nicht so förmlich, deinerseits eine taktlose Schroffheit.«[56] Und sie endet diesen Brief, genauso unmißverständlich fordernd: »Kurz, sei freigebiger, innerlich hochherziger, gehe mit Deinen Gefühlen etwas edelmütiger um. Ich verlange das! Leider spüre ich schon an mir selbst gewissen charakterlichen Makel vom dauernden Umgang mit Dir, aber das weckt mich um so energischer zum Kampf mit Dir. Bedenke, Du mußt Dich ergeben, weil ich Dich besiegen werde durch die Kraft der Liebe. Einziger, bleib gesund, ich umarme und küsse Dich tausendmal.«[57]

Sie hat geführt, auch in der Liebe, aber sie hat sich auch ganz gegeben, immer; er hat sich verschlossen gezeigt die meiste Zeit, hat sie zwischen Romantik und Realismus hin- und herpendeln lassen. Wie schwierig die Beziehung war, auf welch wackeliger Basis sie gebaut war, zeigt in voller Deutlichkeit der berühmte Brief an Leon vom 6. März 1899, der hier, minim gekürzt, abgedruckt ist. Er zeigt in konzentrierter Form alles, was sie an Liebesglück und Liebesleid mit ihm erfahren hat.

Brief an Leon Jogiches vom 6. III. 1899

Berlin, 6. III. [1899]

Mein lieber, geliebter Dziodziu! Ich küsse Dich tausendmal für den liebsten aller Briefe und das Geschenk, das ich noch nicht erhalten habe. Was ist nur in diesem Jahr geschehen, ich werde überschüttet, wie aus einem Füllhorn. Stell Dir vor, was ich von den Schönlanks bekommen habe: 14 Bände Goethe in *Luxuseinband!* Zusammen mit Deinem ist das mit einem Mal eine ganze Bibliothek und meine Wirtin muß mir ein neues Regal geben, zu den zweien dazu, die ich habe! Wie ich mich über Deine Wahl freue, kannst Du Dir wohl selber vorstellen. Rodbertus ist doch mein *liebster* ökonomischer Schriftsteller, den ich einfach zum geistigen Genuß hundertmal hintereinander lesen kann. Nun, und das Handwörterbuch, das übersteigt schon meine kühnsten Träume! Mir kommt es so vor, als bekäme ich nicht ein Buch, sondern so eine Art *Besitztum*, so etwas wie ein Haus oder ein Stückchen Boden. Weißt Du, daß wir, wenn wir alles zusammenlegen, schon eine sehr schöne Bibliothek haben werden, und wenn wir uns endlich gemeinsam menschlich einrichten, daß wir dann einen verglasten Bücherschrank werden kaufen müssen.

Mein Goldener, Lieber, was für eine Freude Du mir mit Deinem

Brief gemacht hast: ich habe ihn schon sechsmal von Anfang bis zum Ende gelesen. Also wahrhaftig, Du bist mit mir zufrieden! Du schreibst, daß ich vielleicht nur so innerlich weiß, daß es dort irgendwo einen Menschen mit Namen Dziodziu gibt, der zu mir gehört! Und fühlst Du denn nicht, daß ich alles, was ich tue, immer nur mit dem Gedanken an Dich tue: wenn ich einen Artikel schreibe, so ist mein erster Gedanke – das wird Dir Freude machen, und wenn ich Tage habe, wo ich an meiner eigenen Kraft zweifle und nicht arbeiten kann, dann nagt an mir nur der Gedanke, wie das auf Dich wirkt, ich halte mein Versprechen an Dich nicht ein, ich enttäusche Dich. Wenn ich Beweise für einen Erfolg habe, z.B. so einen Brief von K. K(autsky), so sehe ich das einfach als meine moralische Steuer an Dich an. *Ich gebe Dir mein Wort*, bei der Liebe zu meiner Mutter, daß *mir selbst* der Brief von K. K(autsky) völlig gleichgültig ist; ich habe mich riesig über ihn gefreut, weil ich ihn, schon als ich ihn öffnete, mit Deinen Augen gelesen habe und fühlte, welche Freude Dir das bereiten wird. Ich erwarte auch ungeduldig Deine Antwort darauf (sicher wird sie morgen zusammen mit den Büchern kommen, es wird eine doppelte Freude). Nur eines fehlt mir zu meiner inneren Ruhe: Dein äußeres Leben und unser Verhältnis in Ordnung zu bringen. Du fühlst, daß ich hier nicht lange (moralisch) eine solche Stellung haben werde, daß wir ruhig miteinander werden leben können, offen als Mann und Frau! Du verstehst das sicher selbst. Ich bin glücklich, daß es mit Deiner Staatsbürgerschaft nun doch zu einem Ende kommt und daß Du Dich energisch dem Doktorat näherst. Ich spüre aus Deinen letzten Briefen, daß Du in sehr guter Stimmung zum Arbeiten bist, übrigens haben mich Deine Briefe während der Schippel-Kampagne geradezu täglich zum Nachdenken angeregt, und im letzten damals hast Du mir direkt den ganzen Teil gegeben, der die größte Zierde der Artikel ist (diese Stelle über die Wirkungen der *Entlastung* auf die Arbeiter habe ich Wort für Wort ganz genau aus Deinem Brief übersetzt).

Glaubst Du, daß ich das nicht sehe und nicht schätze, daß Du mir sofort auf *zwuki bojewyje* (Kampfsignal) helfend zur Seite stehst und mich zur Arbeit drängst, statt mich wegen meiner *upuschtschenija* (Vernachlässigungen) auszuschimpfen. Du hast keine Ahnung, mit welcher Sehnsucht ich jetzt nach jedem Deiner Briefe Ausschau halte: ich weiß, daß jeder mir Kraft und Freude bringt, Rückhalt und Lebensmut.

Am meisten habe ich mich über die Stelle in Deinem Brief gefreut, wo Du schreibst, daß wir beide noch jung sind und noch imstande, auch unser persönliches Leben einzurichten. Ach, Dziodziu goldener, würdest Du doch dieses Versprechen halten!... Eine kleine Wohnung für uns, unsere eigenen Möbel, unsere Bibliothek; Stille und regelmäßige Arbeit, gemeinsame Spaziergänge, von Zeit zu Zeit eine Oper, ein kleiner, *sehr* kleiner Kreis von Bekannten, die man manchmal zum Abendessen einlädt, jeden Sommer für einen Monat aufs Land fahren, aber das dann ganz *ohne* Arbeit!... (und vielleicht noch so ein kleines, ganz winziges Baby? Wird das nie sein dürfen? Niemals; Dziodziu, weißt Du, was mich gestern plötzlich beim Spazierengehen im Tiergarten überfallen hat? *Aber ohne jede Übertreibung!* Auf einmal ist mir so ein drei- oder vierjähriges Kind vor die Füße geraten, in einem hübschen Kleidchen, mit blonden Haaren, und hat mich angestarrt. Da packte es mich plötzlich, das Mädelchen an mich zu reißen und schnell mit ihm nach Hause zu laufen und es für mich zu behalten. Ach, Dziodziu, werde ich niemals ein Kind haben?)

Aber wir werden nie mehr miteinander streiten bei uns daheim, nicht wahr? Bei uns muß es still und ruhig sein, wie bei allen Leuten. Nur, weißt Du, was mich ängstigt, ich fühle mich schon etwas alt und ich bin schon häßlich, Du wirst eine häßliche Frau haben, wenn Du mit ihr Arm in Arm durch den Tiergarten spazieren wirst. – Von den Deutschen werden wir uns ganz fernhalten. Ich werde mich auch jetzt, trotz der Einladungen K. K(autskys) zum *Anschluß*, immer so verhalten, daß eher *sie* ziehen und daß sie spüren sollen, mir selber liegt an ihnen gar nichts.

Dziodziu, wenn Du 1. Deine Staatsbürgerschaft hast, 2. Dein Doktorat fertigmachst, 3. Dich mit mir in aller Offenheit in einer eigenen Wohnung niederläßt und wir *beide* arbeiten werden, dann wird es bei uns *ideal* sein! Kein Paar auf der Welt hat so wie wir alle Voraussetzungen glücklich zu sein. Und wenn es nur ein wenig guten Willen bei uns gibt, dann werden wir, müssen wir glücklich sein. Waren wir nicht so viele Male glücklich, wenn wir nur etwas länger zusammengelebt haben und es dabei Arbeit gab? Erinnerst Du Dich an Weggis? Melide? Bougy? Weißt Du noch, daß wir die ganze Welt nicht brauchen, wenn wir selber uns nur gut vertragen? Im Gegenteil, ich habe dann nur Angst vor dem geringsten Eindringen eines fremden Menschen. Weißt Du noch, in Weggis, letztes Mal, als ich *»Von Stufe zu Stufe«* schrieb (ich denke immer mit Stolz daran, was das für ein Meisterstück ist!), ich war krank, schrieb im Bett und war aufgeregt, und Du warst so sanft, so gut, liebevoll, hast mich beruhigt mit dieser Deiner lieben Stimme, die ich immer noch höre: »Nun, sei nur ruhig, *alles wird gut.*« Ich werde das *niemals* vergessen. Oder erinnerst Du dich, in Melide, wie Du nach dem Mittagessen auf dem kleinen Balkon gesessen bist und diesen dicken Kaffee getrunken hast, wie Du ganz verschwitzt warst unter der sengenden Sonne, und ich bin in den Garten hinuntergestiegen mit meiner *»Verwaltungslehre«*. Oder erinnerst Du Dich, wie dort einmal am Sonntag Musikanten in den Garten gekommen sind und wir konnten nicht sitzen bleiben und gingen zu Fuß nach Maroggio und zurück und dann ging über dem San Salvatore der Mond auf, und wir sprachen gerade in diesem Moment darüber, ob ich nach Deutschland fahren soll, wir blieben stehen und umarmten uns im Dunkeln und blickten zur Mondsichel über dem Berg. Weißt Du noch? Fast spüre ich noch den Duft jenes Abends. Oder erinnerst Du Dich, wie Du aus Lugano, abends um 8.20, mit den Einkäufen kamst, ich lief mit der Lampe hinunter, und wir schleppten gemeinsam die Pakete hinauf, und dann lud ich alles auf den Tisch, die Orangen, Käse, Salami, die Torte auf dem Papierteller . . .; ach weißt Du, wir haben kaum jemals ein herrlicheres Abendbrot gegessen als damals an dem kleinen Tischchen in dem leeren Zimmer, beim geöffneten Balkon, wie da der Duft aus dem Garten kam, und Du hast kunstvoll Eier in der Pfanne gebraten, und weit weg in der Dunkelheit jagte mit großem Getöse über die Brücke der Zug nach Mailand . . .

Ach, Dziodziu, Dziodziu! Komme schon schneller, wir verstekken uns zusammen vor der ganzen Welt in zwei Zimmerchen, wir werden allein arbeiten, selber kochen und es wird uns so gut sein, so gut! . . .

Dziodziu lieber, ich umschlinge Deinen Hals und küsse Dich tausendmal, ich möchte, wie ich mir das öfters wünsche, daß Du mich auf den Händen trägst. Aber wenn Du Dich immer darauf ausredest, daß ich zu schwer bin.

Heute will ich nichts über Geschäfte schreiben. Morgen, gleich nach dem Besuch bei K(autsky). Ich gehe ohne Artikel hin, weil ich auf Deinen Brief warte.

Ich umarme Dich und küsse Dich und will, daß Du mich unbedingt auf die Hände nimmst.

Deine Rosa[58]

Die Realität hat sie beide eingeholt: Revolutionskämpfe, Flucht und Gefängnisaufenthalte haben ihnen kein gemeinsames Glück ermöglicht; sie haben es ihr aber auch erspart, ihre Wunschträume an der Realität zu messen.

Chancen erkennen – und ergreifen

Vier ganz unterschiedliche Frauen sind hier unter einem Titel vereint: eine Schauspielerin, eine – nein, *die* Krankenschwester, eine Zeitungsherausgeberin und eine Unternehmerin im Sozialbereich. Ihr Wirken erstreckt sich über mehr als drei Jahrhunderte, und jede kommt aus einem anderen Land. Was haben sie gemeinsam?

Ganz einfach: Sie alle sind irgendwann einmal in ihrem Leben an etwas herangeraten, was man als ihre Aufgabe, als fast eine Mission bezeichnen könnte. Keine von ihnen war dafür in irgendeiner Weise »vorprogrammiert« – aber keine von ihnen hat aus Angst oder Unsicherheit »Nein, danke!« gesagt. Ganz im Gegenteil: Sie haben alle, wie Coco Chanel, ihre Chance erkannt – und sie ergriffen.

In einem Zeitungsinterview aus den frühen 80er Jahren habe ich unter der Rubrik »Frauen, die es geschafft haben« über eine Top-Managerin einer internationalen Hotelkette gelesen. Wie kommt man zu solch einer verantwortungsvollen Traumposition? »Ich hatte einfach Glück«, war die Antwort, die die Journalistin auch brav hingeschrieben hat. »Das Management brauchte jemanden in Hongkong, und dabei dachte man an mich. Ich war gerade zu Hause, als das Telefon läutete. Und so bekam ich den Job.«

Dieser hier – sinngemäß – wiedergegebene Auszug aus dem auch sonst nicht überwältigenden Text hat mich sehr geärgert. So einfach war das also: Man ist zu Hause, wenn das Telefon läutet – und schon öffnet sich einem eine Karriere im internationalen Hotel-*business* ... Ich wußte damals nicht, daß ich mich noch oft ärgern sollte. Fast jede der Frauen in den letzten zehn Jahren, die »es« geschafft hat, führt, nach ihrer Laufbahn befragt, das Wort »Glück« an. Und was ist das denn anderes, dieses oft berufene Glück, als Chancen erkennen – und sie ergreifen? Und dann? Der

»Rest« ist harte Arbeit, großes Engagement für die Sache, der man sich verschrieben hat, Mut zu Neuem, zu Ungewöhnlichem sowie ein permanentes »Über-seinen-Schatten-Springen«.

Die Frauen in diesem Kapitel haben all das gehabt und getan. Sie waren alle äußerst erfolgreich in dem, was sie geleistet haben. Hatten sie Glück? Ja, in dem Sinne, daß sie Chancen erkannt und ergriffen haben ...

Wie glücklich sie dabei waren, mögen die Leserinnen und Leser selbst entdecken.

Nicht zuletzt ist dieses Kapitel in einem Buch, das von möglichen Rollenvorbildern handelt, eines mit einer *message*: Diese vier Frauen beweisen unter anderem auch, daß man »Karrieren« nicht planen kann, sondern daß sie entstehen – aus Arbeit, die man gerne und gut macht, aus vollem Einsatz, aus Liebe dazu und Freude daran.

Friederike Caroline Neuber

1697–1760

Die ersten zwanzig und die letzten zehn Jahre ihres Lebens ging es ihr sehr schlecht; dazwischen war sie die berühmte und hochangesehene Prinzipalin einer Schauspielertruppe. Sie war, für damalige Verhältnisse, eine gute und vielseitige Schauspielerin. Aber darüber hinaus war sie eine echte, unternehmerisch denkende Führungspersönlichkeit. Ihr größtes Verdienst: Sie verhalf dem Theater, dem Schauspielerstand – und ganz besonders den Frauen am Theater – zu bürgerlichem Ansehen.

»Sie hat vier Bursche von den berühmtesten Sächsischen Academicen so unvergleichlich characterisiert, daß ich mein Leben lang nichts schöneres gesehen habe.«[1] Diese begeisterte Äußerung kommt von niemand Geringerem als einem Theaterkritiker und -reformer, dem berühmten Leipziger Gelehrten Johann Christoph Gottsched. Die »vier Bursche«, die Friederike Caroline Neuber so gekonnt in einer vierfachen Hosenrolle darstellte, waren »ein Schläger, ein Freund der morgenländischen Sprache, ein Zänker und ein Galanthomme«[2] – keine Kleinigkeit für eine bereits Achtundzwanzigjährige. In dem Alter waren viele ihrer Geschlechtsgenossinnen, und besonders ihrer Berufskolleginnen, bereits müde und verbraucht. Und Gottsched war dem Theater gegenüber ein erbarmungsloser Kritiker, dem solch ein Lob ganz sicher nicht leicht herauszulocken war.

Das war 1725. Zwei Jahre später wird die begabte Schauspielerin bereits einer eigenen Truppe vorstehen, und ein Jahrzehnt danach wird sie, auf der Höhe ihres Ruhmes, für ihren Berufsstand weitaus mehr getan haben als viele ihrer männlichen Vorgänger. Jahrelang war das für mich eine Art Wunder, daß eine Frau Anfang des 18. Jahrhunderts alle Funktionen am Theater innehatte, die sich ein Theatermensch nur wünschen kann: Sie war verantwortlich für die Leitung des Theaters, die Spielplan-Erstellung, die Besetzung der Stücke, und teilweise hat sie die

Stücke sogar selbst geschrieben. Daneben kümmerte sie sich ausgiebig um das Wohl und Wehe ihrer Truppe, wobei es ihr in erster Linie darum ging, daß aus dem *Wehe* keine *Wehen* wurden . . .

Inzwischen weiß ich, daß Theaterdirektorin gar kein so ungewöhnlicher Beruf war. Die Neuberin war nicht die erste Frau in diesem Metier, und in einer Zeit, in der Frauen selbständige Bierbrauerinnen, Teppichweberinnen oder Seidenmacherinnen waren, konnte man sich offenbar auch mit Frauen als Theaterdirektorinnen befreunden. Aber wer war nun diese Frau, die auf dem bekanntesten Bild von ihr so pausbäckig und sinnenfroh dreinschaut?

Am 9. März 1697 wird dem angesehenen Advokaten und Doktor der Rechte Weißenborn eine Tochter geboren. (O unsere Sprache! Ich bin sicher, daß seine Frau, die natürlich wieder einmal nirgendwo genannt wird, auch etwas damit zu tun hatte . . .) Auch damals gab es das, worüber heute noch viele Zeitgenossen staunen: das brutale Schlagen von Frauen und Kindern in gutbürgerlichen bzw. akademischen Haushaltungen. Der angesehene Advokat krankt nämlich an Gicht – und an Jähzorn: eine sehr schlechte Kombination, unter der Frau und Tochter dauernd zu leiden haben. Carolines Jugend ist eine einzige Leidensgeschichte, und als sie es nicht mehr aushält, läßt sie sich von dem Studenten Gottfried Zorn entführen. Ob sie sich auch *ver*führen ließ, entzieht sich unserer Kenntnis, aber der Herr Zorn rief den Zorn ihres Vaters hervor, und der wußte nichts Besseres, als seiner Tochter den Prozeß zu machen und die Fünfzehnjährige samt Entführer ins Gefängnis zu spedieren!

Als sie wieder frei ist, beginnt eine erneute fünfjährige Leidenszeit (sooo krank scheint nun der Vater auch wieder nicht gewesen zu sein!), bis sie 1717 mit dem Gymnasiasten Johann Neuber einfach durchbrennt. Die anrüchige Situation wird Anfang des folgenden Jahres legitimiert: Aus Caroline Weißenborn wird Caroline Neuber. Die Neubers schließen sich zuerst einmal der Elenson-Haackschen Schauspielertruppe an, die übrigens auch von einer sehr tüchtigen Frau geleitet wird. Bald aber bringen sie es zu einer eigenen Truppe.

An die nun wendet sich Gottsched mit seinem leidenschaftlichen Reformationsdrang. Er will das literarische Theater, hat gar nichts übrig für das mimische, komödiantische Theater, das sich zu einer Art Stegreifspiel herunterentwickelt hat. Für solche Aufführungen gibt es zwar einen Szenen-Ablaufplan, der in den Kulissen hängt und den die Mitwirkenden einsehen können; der Dialog aber ist Sache der Schauspieler. Einmal abgesehen davon, daß dem Herrn Gottsched diese Art von Theater nicht paßte, muß man zumindest zugeben, daß diese Komödianten Menschen mit Witz, Verstand und Geistesgegenwart gewesen sein müssen, um die Dialoge einfach so aus dem Ärmel zu schütteln. Diese Aufführungen können jederzeit vom Harlekin unterbrochen werden.

Hier nun setzen Gottsched und die von ihm so bewunderte Neuberin ein: Caroline verbannt öffentlich den Harlekin von der Bühne. Damit erweist sie sich zwar als große Optimistin, war doch die *Commedia dell'arte* beim breiten Publikum sehr beliebt. Gleichzeitig verhilft sie dadurch aber einem ernstzunehmenden, vom Bürgertum anerkannten deutschsprachigen Theater zum Durchbruch. So empfahl z. B. ein Hamburger Kaufmann einem Frankfurter Freund die Neubersche Truppe mit folgenden Worten: Viele feine Leute nähmen sich dieser Komödianten an, »umb so mehr, als sie zuerst die teutsche Schaubühne von aller Unflätherey gesäubert haben, so daß nunmehr honette Leute selbige nicht nur ohne zu erröten frequentiren, sondern sogar auch gute Sittenlehren daraus ziehen, und sich zu Nutzen machen können. Ihre Weibsbilder sowohl als ihre Männer halten sich sehr ehrbar und eingezogen und können die Bürger, wobey sie logiren, ihre christliche und friedfertige Lebensart nicht genug rühmen.«[3]

In diesem Zitat ist sowohl die Geburt des deutschen Dramas enthalten als auch das Resultat der unermüdlichen Bemühungen Carolines um die Moral und Disziplin ihrer Truppe. Ob es ihre bürgerliche Herkunft oder der unbürgerliche Anfang ihres Lebens mit Johann Neuber war – eines hatte die Neuberin sehr früh und gründlich begriffen: diese Art von Theater konnte auf die Dauer nur bestehen, wenn die Moral der Schauspieler über jeden Zweifel erhaben war. Strenge Disziplin innerhalb der Truppe war die erste Voraussetzung für ihre Reformbemühungen.

Resolut geht die Chefin ans Werk: Mit äußerster Strenge sieht sie auf Zucht und Ordnung in ihrer Truppe. Die jungen Schauspielerinnen kommen in ihre Obhut; die unverheirateten müssen in ihrem Haus wohnen. Mit Argusaugen überwacht sie das Privatleben der Schauspieler und zerstört erbarmungslos jede Liebschaft unter den Truppenmitgliedern, es sei denn, die Betreffenden entschließen sich zur Heirat. Damit die Schauspielerinnen in ihrer ohnehin geringen Freizeit nicht auf dumme Gedanken kommen, werden sie mit dem Anfertigen und Ausbessern der Kostüme beschäftigt.

Die Neuberin ist mit ihren Bemühungen erfolgreich: Das Ansehen ihrer Truppe wächst beträchtlich, wie wir gesehen haben, die Vorurteile des Bürgertums schwinden wenigstens teilweise und machen menschlicher Achtung dieser mütterlich-resoluten Theaterfrau gegenüber Platz. Zu ihren Lebzeiten ist diese Achtung aber nur der Neuberschen Truppe vorbehalten. Zu viele Truppen gibt es, die die deutschen Lande durchwandern, und bei den meisten sind Zucht- und Maßlosigkeit an der Tagesordnung. Die nächste Generation hat jedoch ihre Bestrebungen durch Nachahmung gewürdigt.

Auf der Höhe ihres Ruhms, 1737, hat die Neuberin in Leipzig ihr eigenes Theater, spielt in Hamburg, Nürnberg, in Straßburg. Dann folgt sie einem Ruf nach Rußland. Dieses russische Abenteuer wird jedoch ein künstlerisches und finanzielles Fiasko – der Beginn eines unaufhaltsamen Abstiegs. Als sie nach Leipzig zurückkehrt, scheint dort kein Platz mehr zu sein für die einst so Berühmte. Doch noch einmal findet sie einen Gönner in dem Grafen Brühl, der es durchsetzt, daß sie in Leipzig spielen darf, obwohl ihr Privileg nicht mehr erneuert worden war. Wahrscheinlich war sie inzwischen von dem rechthaberischen, egozentrischen Gottsched ohnehin ziemlich ernüchtert; jedenfalls läßt sie der Gottsched-Gegner Brühl in einem Stück auftreten, in dem der »Literaturpapst« lächerlich gemacht wird.

1753 geht die nunmehr Sechsundfünfzigjährige zu einem Gastspiel nach Wien – aber auch dort hat sie keinen Erfolg. Der Ausbruch des Siebenjährigen Krieges 1756 ist keinem Theater förderlich und versetzt der Neuberin den Todesstoß. Sie hat, trotz all ihrer Bemühungen um die Achtbarkeit ihres Standes, gegen Ende ihres Lebens erfahren müssen, was es hieß, in den Augen der Umwelt eine recht- und ehrlose Komödiantin zu sein. 1760 stirbt sie, einsam und völlig verarmt, nicht ohne kurz vor ihrem Tode noch einmal schrecklich gedemütigt zu werden: Ein

Freund hat ihr in einem Gasthaus ein Zimmer besorgt. Wenige Tage vor ihrem Tod verlangt der Wirt, daß sie auszieht, da er nicht durch den Tod einer Komödiantin in schlechten Ruf geraten wolle.

Diese Einstellung manifestierte sich auch nach ihrem Tod. Ihr Sarg mußte nachts über die Kirchhofmauer befördert werden; sie wurde bei den Verbrecher-Gräbern am Rande des Kirchhofs beigesetzt!

Die Wegbereiterin Caroline Neuber gehört zu den vielen, deren Schaffen erst nach ihrem Tode voll gewürdigt wird. Immerhin: es mußten *nur* siebzehn Jahre vergehen, bevor man ihr in Laubegast bei Dresden, wo sie gestorben ist, ein Denkmal setzte. Und nur weitere sieben Jahre später heißt es über sie in der *Gallerie von Teutschen Schauspielern und Schauspielerinnen der ältern und neuern Zeit*:

> »Vorzüglich legte sie sich auf tragische Rollen, und es bleibt ihr der Ruhm, daß sie unter unsern Schauspielerinnen unstreitig zuerst den Ton der tragischen Deklamation angegeben hat. [...] Sie besaß männliche Einsichten, und von Natur alle Eigenschaften einer guten Prinzipalin, Wachsamkeit, Thätigkeit, Gegenwart des Geistes, Strenge gegen ihre Schauspieler, Liebe zur Ordnung und Eifer für die Unterhaltung der Zuschauer. Nur in einem Stück verriet sie ihr Geschlecht, sie tändelte ungemein gern auf dem Theater, und liebte Putz, Verkleidung, Festivitäten, Wunderbares und Schimmerndes.«[4]

Letztere Lieben sollen der Neuberin von Herzen gegönnt sein – besonders, da von ihrer ersten Liebe, ihrem Johann, in keiner biographischen Abhandlung mehr die Rede ist! Das ist ja fast so wie bei den berühmten Männern, deren Gattinnen gewöhnlich auch totgeschwiegen werden ...

Florence Nightingale

1820–1910

Wenn jemand als »Don Juan« bezeichnet wird, weiß jeder im deutschen Sprachbereich, was damit gemeint ist. Dasselbe bei »Casanova«. Wenn jemand an »Cäsarenwahn« leidet oder als »kleiner Napoleon« eingestuft wird, hat bzw. verursacht er Probleme mit seinem Ego und/oder seinen Machtansprüchen.

Was sind die weiblichen Gegenstücke? Eine »Messalina« vielleicht als »femme fatale«, aber nur für Leute, die sich in der Antike auskennen. Man spricht vom »Viktorianischen Zeitalter« – und ich habe noch niemanden getroffen, bei dem das positive Assoziationen ausgelöst hat. Ach ja, da ist dann noch die Bemerkung: »Sie ist eine richtige Florence Nightingale« für die selbstlose, aufopfernde Pflegerin, wie all die unverheirateten Töchter, die ihren alten Eltern den Lebensabend erträglich machen.

Florence Nightingale: ist das alles, was man von ihr sagen kann, daß sie selbstlos und aufopfernd gepflegt hat? Es ist eine – für mich typische – Verbiegung der Geschichte, und es macht mir Freude zu sehen, was die hochseriöse *Encyclopedia of Social Sciences* über sie zu sagen hat. Da heißt es unter anderem: »She initiated and guided the movement for training nurses ...; planned the modern system of hospital building and administration; and, by her advice to British statesmen in India, saved millions of lives. She was, for many years, a source of inspiration and practical help to all who were working for social causes in every part of the world. She showed what a woman could do in practical statesmanship and thus helped forward the cause of women's freedom everywhere.«[5]

Voilà, das nenne ich einen Eintrag in einem Nachschlagewerk, der etwas aussagt und einer Frau gerecht wird! Ich verzeihe hiermit dieser Enzyklopädie den Artikel über Elizabeth I. (zumal die Beiträge ohnehin von verschiedenen Verfassern kommen).

Noch einmal zurück ins 19. Jahrhundert; noch einmal die Misere der Fanny Lewalds, der Louise Astons, der Lily Brauns: also noch einmal wird eine Siebzehnjährige, zusammen mit ihrer ein Jahr älteren Schwester, vorbereitet auf die »gute Partie«. Handarbeits- und Zeichenunterricht, das obligatorische Klavierspiel, Bälle, Jagdgesellschaften und Reisen, und zwar die üblichen Bildungsreisen des Engländers der gehobenen Gesellschaft: in die Schweiz, nach Italien und Frankreich. Schließlich wissen die Eltern, was sie den Töchtern – und den zukünftigen Schwiegersöhnen – schuldig sind.

Aber sie scheinen nicht zu begreifen, was Flo eigentlich will. Sie betrachtet diese Aktivitäten als Zeitverschwendung und langweilt sich bei den endlosen Gesprächen über Dienstbotenprobleme oder Reisepläne. Sie würde viel lieber etwas Unschickliches tun: zum Beispiel von Heldentaten träumen, was sich für eine junge Dame aus bester Gesellschaft nun gar nicht schickt. Da sie sich niemandem anvertrauen kann, schreibt sie ihre Gedanken auf. »Meine persönlichen Aufzeichnungen« heißt die Mappe, und darin findet sich ein Satz vom 7. Februar 1837, der schicksalshaft für sie sein wird: »Gott sprach zu mir und berief mich in seinen Dienst.«[6]

Vierzig Jahre später wird sie bestätigen, daß sie damals diese Stimme wirklich gehört habe – und noch dreimal danach. Sie gehört also im wahrsten Sinne des Wortes zu den »Berufenen«. Aber nicht zu denen wie Franz von Assisi oder Martin Luther, die sofort wissen, wozu sie berufen worden sind. Acht qualvolle Jahre vergehen, bevor sie es wissen wird. Acht Jahre, in denen sie sich langweilt, sich unnütz vorkommt und nach einer sinnvollen Beschäftigung lechzt. Wenn man bedenkt, wieviel Potential da im 19. Jahrhundert in ganz Europa unerfüllt geblieben ist...

Endlich weiß sie, was sie will: zum Entsetzen ihrer Umwelt verkündet sie, daß sie – Krankenpflege lernen möchte! Um Himmels willen, was kann man seinen Eltern denn noch antun? Abgesehen davon, daß eine Frau Krankenpflege doch nicht *lernen* muß – so etwas kann man einfach, das liegt in der weiblichen Natur –, ist das doch eher eine Tätigkeit für gefallene Mädchen und/oder ältere, dem Alkohol verfallene Prostituierte... Und wer weiß, was eine junge Frau aus gutem Hause alles an Unständigem hören und sehen würde... Und der Schmutz in den Krankenhäusern, bei den Patienten ebenso wie in den großen Krankensälen ... Und schließlich: »Mama war entsetzt wegen der Dinge, die sich zwischen Ärzten und Pflegerinnen abspielen sollen. Ich könnte Unanständigkeiten hören. Dabei hörte ich viel unanständigere Dinge von den Töchtern ihrer besonders guten evangelischen Freunde, die im Kinderzimmer meine Gäste waren.«[7]

Kann man es den Eltern verdenken, daß sie den Berufswünschen ihrer Tochter ein striktes NEIN entgegensetzen? Und daß sie langsam die Geduld verlieren ... Flo hat nämlich den Heiratsantrag ihres aussichtsreichsten Bewerbers abgelehnt, und mit ihrer Schwester, die sich den Erwartungen entsprechend verhält, hat sie jeden Tag Streit. Daß sie sich ein Gewissen daraus macht, gerade ihrer »Mama« soviel Kummer zu machen, hilft auch nichts: »Wie sehr ich sie enttäusche, macht mich ganz verrückt ... Bin ich nicht ein Mörder, ihr Glück so zu zerstören?«[8]

Die Tochter mit dem schlechten Gewissen entwickelt sich jedoch langsam zu einer selbstbewußten jungen Frau, die weiß, daß sie sich gewisse Dinge im Leben einfach *nehmen* muß. So löst sie sich langsam vom Elternhaus und verbringt 1851 einige Monate im Diakonissen-Mutterhaus in Kaiserswerth bei Düsseldorf. Während sie die Hingabe der evangelischen Schwestern bewundert, entsetzt sie sich über die hygienischen Verhältnisse. So wie Lily Braun endlich weiß, daß sie lebt, als sie die Aufzeichnungen ihrer Großmutter ordnet und herausgibt, so erlebt sich Florence Nightingale zum ersten Mal als vollwertigen Menschen. »Endlich weiß ich, was es heißt, zu leben und das Leben zu lieben«, schreibt sie an ihre Eltern.[9]

Die pragmatische Miss Nightingale hat revolutionäre Gedanken in bezug auf Frauenarbeit: »Ich will keinen religiösen Orden gründen, sondern möchte eine hochbezahlte Karriere eröffnen. Mein Prinzip ist immer gewesen, daß wir jeder Frau, von welcher Klasse oder Sekte sie auch sei, die bestmögliche Ausbildung geben müssen, wenn sie sittlich, geistig, körperlich die notwendigen Voraussetzungen für den Beruf der Pflegerin hat ... Wer Kranken helfen will, darf kein sentimentaler Schwärmer, sondern muß ein aufrechter Mensch sein, der harte Arbeit liebt.«[10]

Das sind ganz neue Töne, und sie werden neu bleiben für einige Jahrzehnte. Inzwischen sind diese Töne unseren Ohren vertraut, doch wenn die heutigen Krankenpflegerinnen von

»hochbezahlter Karriere« hören, werden sie sich wohl kaum eines bitteren Lachens erwehren können.

Das »Schicksal« kommt ihr zu Hilfe. Im März 1854 haben England und Frankreich Rußland den Krieg erklärt. Im September landen die alliierten Truppen auf der Krim. Und bald darauf erscheinen in der *Times* die ersten Berichte über die entsetzlichen Zustände an den Elendsorten, die sich »britische Lazarette« nennen. Die Soldaten sterben wie die Fliegen – nicht an den Wunden unbedingt, obwohl es auch dafür an Verbandszeug mangelt, sondern am Schmutz, an den unhygienischen Verhältnissen, an der Tatsache, daß es nicht einmal genügend Becher oder Tassen gibt, um ihnen einen Trunk Wasser zu geben. »Stinkende Rattenlöcher« sind die Säle, aber sehr viele sterben ohnehin unter freiem Himmel. Und dann gibt es weder genügend Ärzte noch Pflegepersonal.

Der amtierende Kriegsminister Sidney Herbert, auch für das Gesundheitswesen der Armee zuständig, handelt sofort; in einem Schreiben an Miss Nightingale bittet er sie, eine Gruppe von geeigneten Frauen zusammenzustellen, die in der Lage wären, unter den fast unzumutbaren Bedingungen im Lazarett in Skutari Pflegedienste zu übernehmen.

Er hat auf die richtige Frau gesetzt: sein Schreiben kreuzt sich mit dem Angebot von Miss Nightingale, der Regierung zu helfen! Was ihr jetzt zugute kommt, ist die eingehende theoretische Beschäftigung mit dem ganzen Problemkreis der Krankenpflege. Über Jahre hinweg hat sie alles gesammelt und recherchiert, was mit diesem Thema zu tun hatte, und ist dadurch eine Art Expertin geworden. So weiß sie auch genau, was für Frauen es braucht, um der Aufgabe gewachsen zu sein. Keine »fetten, trunksüchtigen«, wie man sie aus den Londoner Spitälern kennt, aber auch keine Ordensangehörigen, von denen Miss Nightingale mit dem ihr eigenen Pragmatismus sagt: »Ausgezeichnete, aufopfernde Frauen, aber sie passen besser in den Himmel als ins Spital. Sie schweben wie Engel ohne Hände zwischen den Patienten umher.«[11]

Gut drei Dutzend Frauen machen sich auf Weg – ihnen steht der Schock ihres Lebens bevor, denn die Verhältnisse, die sie vorfinden, übertreffen alles, was sie sich in ihren schlimmsten Träumen haben vorstellen können. Sechs Räume stehen ihnen zur Verfügung, davon einer eine winzige Kammer und einer eine Küche.

Und nun zeigt Florence Nightingale ihr Führungstalent: Einerseits stellt sich ihr die Aufgabe, die Gruppe zusammenzuhalten. Anderseits muß sie sich mit dem Lazarett-Kommandanten und seinem Umfeld auseinandersetzen. Liebenswürdig, aber zäh, wie niemand es von der Tochter aus bester Familie erwartet hat, setzt sie alles durch, was sie will: so unerhörte Dinge wie sauberes Bettzeug und Krankenkost für die Verwundeten, zum Beispiel. Schon mit den einfachsten Hygienemaßnahmen sinkt die Sterblichkeitsziffer; jedes gerettete Leben beweist, daß die getroffenen Maßnahmen richtig sind. Innerhalb von einem knappen halben Jahr haben die Pflegerinnen unter der kundigen Führung ihrer Leiterin die Kasernen in menschenwürdige Unterkünfte verwandelt. Und nicht nur das: Lese- und Spielzimmer sind entstanden; sinnvolle Freizeitbeschäftigungen werden organisiert, um die Soldaten vom Trinken abzuhalten.

Es ist kein Wunder, daß Florence Nightingale vergöttert wird, daß sie den Verwundeten als »Engel«, als »Geschenk des Himmels« erscheint. Doch der Engel entpuppt sich als sehr irdisch: er erkrankt nämlich an dem berüchtigen Krim-Fieber. Vielleicht war aber doch etwas Himmlisches im Spiel, denn Florence Nightingale übersteht die Krankheit. Der Himmel wird gewußt haben, für welche Aufgaben sie noch einzusetzen war . . .

1856, als der letzte Patient das Lazarett verlassen hat, kann auch sie nach England zurückkehren. Sie ist gesundheitlich angeschlagen und wird Jahre brauchen, bis sie sich physisch erholt hat. Natürlich ahnt sie nicht, daß sie neunzig Jahre alt wird. Aber sie will keine Minute vergeuden: Krank oder nicht – sie arbeitet von zu Hause aus. Sie wird zu einer Expertin im Bau und in der Einrichtung von Krankenhäusern und Lazaretten; bereits 1860 gründet sie die erste Krankenpflegerinnen-Schule im St. Thomas-Hospital in London. Aus Gesundheitsgründen kann sie die Leitung nicht selbst übernehmen, aber sie hat den Lehrplan entworfen und die Eintrittsgespräche der Bewerberinnen selbst durchgeführt. Über viele Jahre hinweg wird sie am Schicksal jeder einzelnen Anteil nehmen. Das Geld für diese Schule kam aus einem Fonds, den sie auch gestiftet hatte: Während die heimgekehrten Soldaten das Hohe Lied »ihrer« Miss Nightingale gesungen hatten, die sich auf der fernen Krim für deren Kameraden so aufopfert, hatten praktisch gesinnte Leute eine Sammlung veranstaltet, die die ungeheure Summe von £ 50000 zusammengebracht hatte. Auf ihren Wunsch kam das der Erweiterung des Hospitals zugute, von der die Krankenpflegerinnen-Schule ein Teil war.

Widerwillig erträgt sie das Aufhebens, das um ihre Person gemacht wird: die endlosen Empfänge; die Schiffe, die nach ihr benannt werden; die Lieder und Gedichte, die sie über sich zu hören bekommt; der Einzug in Madame Tussauds Wachsfigurenkabinett – all das ist, obwohl äußerst lästig, gut für eines ihrer Hauptanliegen: der Beruf der Pflegerin ist nun geachtet und angesehen. Es sind sozusagen lauter kleine Florence Nightingales, die da die Pflegerinnen-Schule verlassen ...

Natürlich verarbeitet sie ihre Erfahrungen auch in Büchern, von denen das bekannteste *Bemerkungen über Krankenpflege* sein wird: ein praktisches Handbuch für die Familie, in dem sie Anleitungen gibt für die Krankenpflege daheim. Frische Luft, Licht, Reinlichkeit und angemessene Ernährung sind für sie die Basis guter Krankenpflege. Für sie, ja; für die allermeisten Menschen sind das große Neuigkeiten.

Durch ihre beratende Tätigkeit für die Regierung und das Militär wird sie zu einer zwar unbequemen, aber kompetenten Gesprächspartnerin. Ihre Forderungen scheinen den Militärs oft etwas übertrieben, aber mit dem ihr eigenen Durchsetzungsvermögen, ihrer liebenswürdigen Beharrlichkeit, bekommt sie gewöhnlich, was sie will. Und sie tut es ja nicht für sich selbst, sondern, wie es weiter oben heißt, »she saved millions of lives«.

Und die Familie? Sie fand: »Du führst ein amüsantes Leben«[12] – und gab sich weiterhin dem gekonnt emporstilisierten Nichtstun hin. Flo hat noch weniger Geduld mit ihr als früher – sie weiß jetzt, was Frauen tun können, wenn man sie nur läßt ...

Und da kommen wir auf eine Schwachstelle der Fast-Heiligen. Endlich! Sie stand der Frauenbewegung, für die sich die Pankhursts und unzählige andere ins Gefängnis stecken ließen, mit großer Skepsis gegenüber. »Ich habe das Stimmrecht nie vermißt«, meinte sie distanziert.[13] Auch befürwortete sie nicht, daß Frauen zum Medizinstudium zugelassen würden. Wenn sie an ihre Schwester und ihre Mutter dachte, die es fertigbrachten, den ganzen Tag nutzlos zu verbringen, dann fand sie, Frauen hätten eigentlich schon mehr als genug Möglichkeiten, von denen sie noch gar keinen Gebrauch machten. Warum also noch ein Studium dazu?

Eine seltsame Logik, aber irgendeinen »Fehler im Gewebe« muß ja auch eine Florence Nightingale haben. Sie hat auf alle Fälle ihr Lebensziel, die Krankenpflege zu einem geachteten und anerkannten Beruf zu machen, erreicht. Als sie im hohen Alter von neunzig Jahren stirbt, gibt es allein in den Vereinigten Staaten über tausend Nightingale-Schulen! Nur das mit der »hochbezahlten Karriere« hat nicht geklappt – wäre das nicht ein Betätigungsfeld für eine Florence Nightingale des 20. Jahrhunderts?! Dazu noch einmal Hedwig Dohm, die Frauenrechtlerin aus Berlin, die auch hier kluge Einsichten hatte: »Arbeiten, die umsonst geleistet werden, lassen sich die Männer schon eher von den Frauen gefallen. Man ließ Miss Nightingale gewähren; hätte sie aber ein paar hundert Pfund Gehalt als Hospital-Direktorin verlangt, wer weiß – das massenhafte Hinsterben der Kranken hätte vielleicht mit Gottes und der männlichen Ärzte Hilfe seinen ungeschwächten Fortgang genommen!«[14]

Florence Nightingale: aufopfernde, selbstlose Gehilfin? Oder Top-Managerin mit Verantwortung für Hunderttausende von Menschen, mit einem hervorragenden Führungsausweis, mit einer bewunderungswürdigen Pionierleistung? Ich würde gerne den Spruch Coco Chanels so abwandeln: »Wenn man mit Flügeln geboren wird, sollte man alles tun, um sie zum Fliegen zu benutzen.«

Marguerite Durand

1864–1936

Drei Jahre lang habe ich versucht, sie zu finden. Freunde, die nach Paris fuhren, bat ich, ihre *Bibliothèque féminine* für mich ausfindig zu machen. Der letzte hatte schließlich Erfolg: auf Kulturattaché-Ebene fand man für mich wenigstens Adresse und Telefonnummer heraus. Die Telefonnummer erwies sich als falsch, aber die Adresse stimmte wenigstens. Nur, als ich dann endlich selbst vor dem angegebenen Haus stand, schien niemand mein Suchobjekt zu kennen. Doch ich habe sie gefunden: Marguerite, die Journalistin, die Zeitungsherausgeberin, die Frauenrechtskämpferin, die Pionierin – Marguerite, »die Strahlende«, wie sie oft genannt wurde.

Es erstaunt immer wieder, wie viele Frauen erst als Erwachsene entdeckt haben, was ihre wirkliche Aufgabe im Leben war, und mit welcher Vehemenz und Konsequenz sie sich dann dieser Aufgabe gewidmet haben. Die ersten drei Jahrzehnte ihres Lebens verlaufen sozusagen gutbürgerlich, bis auf die Tatsache vielleicht, daß Marguerite durch ihre Ehe mit dem Rechtsanwalt und Abgeordneten Georges Laguerre schon früh politisches Engagement an den Tag legt. Aber so ungewöhnlich ist das auch wieder nicht für die Nachfahrin von glühenden Bonapartisten, für die Tochter einer Frau, die vernarrt ist in die Geschichte und ein Nachschlagewerk über berühmte Frauen (!) verfaßt hat. Außerdem ist Marguerite auch noch die Tochter eines gewissen General Bocher, der sich aber nie zu ihr bekannt hat.

Das junge Mädchen genießt bei den Trinitarierinnen eine sorgfältige Erziehung. Mit 17 Jahren kommt der erste kleine »Schlenker« auf dem gutbürgerlichen Weg: Sie versucht den Sprung ins *Conservatoire*, die berühmte Schauspielschule – mit Erfolg. Sie bekommt nicht nur einen Theaterpreis, sondern auch Rollen als »jugendliche Naive«, in denen sie ihr Publikum mit Anmut, Charme und viel Talent bezaubert. Vier Jahre vergehen auf diese

Weise. Dann tritt Georges Laguerre, Protegé von Clémenceau, in ihr Leben; sie verläßt das Theater, und das junge Paar richtet sich in der Rue St. Honoré häuslich ein.

Selbstverständlich eröffnet Madame Laguerre einen Salon, wo sich die politische »crème de la crème« einfindet; er wird zum Treffpunkt der Boulangisten, der Gruppe um General Boulanger, die einen Staatsstreich plant. Die Gastgeberin ist aktiv an dem Projekt beteiligt. Als der Staatsstreich wegen schmutziger Intrigen, in die sie gegen ihren Willen verwickelt wird, mißlingt, zieht sie sich vorläufig aus der Politik zurück – und trennt sich gleichzeitig von ihrem Mann.

Bei der Mitarbeit an der von ihm gegründeten Zeitung der Boulangisten-Bewegung, *La Presse*, hatte sich ihr journalistisches Flair gezeigt; nun wird sie Mitarbeiterin beim *Figaro*. Hier ist der Beginn ihres feministischen Engagements anzusetzen: Eines Tages bekommt sie den Auftrag, eine humoristische (!) Reportage zu machen über den »Kongreß für Frauenrechte« (1896). Sie soll für die Leser etwas Amüsantes über das an den Versammlungen herrschende Chaos schreiben ...

Marguerite Durand geht hin – und die Zweiunddreißigjährige spürt innerhalb von wenigen Tagen, daß dies der Anfang einer großen Wende in ihrem Leben ist. Als politisch interessierte und geschulte Frau anerkennt sie die Forderungen, die auf diesem Kongreß laut werden, und beglückwünscht die Präsidentin zu dem Vorschlag, man solle eine Tageszeitung gründen, die der Sache der Frau diene. Marguerite Durand beschließt auf der Stelle, solch eine Zeitung zu lancieren. Der Artikel für den *Figaro* wird nie geschrieben ...

Das ist der Anfang der Zeitung *La Fronde* (Die Schleuder), deren herausfordernder Titel von Anfang an klar den Kollisionskurs ihrer Gründerin signalisiert. Die Publikation ist die Stimme in einem erbarmungslosen Kampf gegen die sozialen Ungerechtigkeiten, unter denen die Frauen zu leiden haben. *La Fronde* soll eine *Tages*zeitung sein, die *nur von Frauen gemacht wird*. Das bedeutet, daß von der Chefredaktorin bis zur Typographin ausschließlich Frauen daran beteiligt sind.

Seltsamerweise ist es nicht so schwierig, die Typographinnen zu bekommen. Was sich hingegen als unerwartet kompliziert erweist, ist die Suche nach den Journalistinnen. Marguerite Durand hat dann auch entsprechende Anfangsschwierigkeiten. Mit ihrer Autorität und ihrem Einfluß gelingt es ihr jedoch, gestandene Journalistinnen von der Idee zu überzeugen und sie für die Mitarbeit zu gewinnen.

Das ehrgeizige Projekt einer Zeitung, die den Frauen all das bieten will, was eine normale Tageszeitung ihren Lesern bietet, ist schon in vollem Gange, aber noch immer gibt es keine Redakteurin, die sich um Finanzhinweise und Börsenkurse kümmert: »Eine einzige Spalte brachte mich in Verlegenheit. Keine Frau hatte Zutritt zur Börse, und ich kannte keine Frau, die fähig gewesen wäre, mit Kompetenz Finanzprobleme abzuhandeln. *La Fronde* erschien schon seit einigen Tagen, als sich jemand vorstellte. Es war Madame Méliot. Sie wurde die Leiterin unseres Finanzressorts.«[15] Dieselbe Madame Méliot war so kompetent, daß sie eine Kampagne zur Einführung des Verrechnungsschecks lancieren konnte, der bis dahin in Frankreich völlig unbekannt war ...

Fünf Jahre lang erscheint *La Fronde*, ernstgenommen selbst von denen, die nur allzu bereit waren, sich darüber zu mokieren, die aber von den gut recherchierten und seriös geschriebenen Artikel beeindruckt sind. Dennoch fehlt es nicht an Kritikern: *Le temps en jupons* (Die Zeit im Unterrock) ist der herablassende Spitzname, der die Frondeusen belustigt. Die Journalistinnen dürfen die Reisen des Präsidenten und der Minister mitverfolgen. Dank dieser Zeitung sind Hélène Sée und Marguerite Durand die ersten Frauen, die zur Parlamentstribüne im Palais Bourbon und im Palais de Luxembourg zugelassen werden.

Auf Veranlassung von *La Fronde* öffnen sich die Türen der Kunstakademie für die Frauen – Anlaß zu einem Riesenaufruhr. Die bürgerliche Seite wirft ihr Anti-Klerikalismus vor – zu Recht: die Lektionen, die einst das junge Mädchen bei den Nonnen so eifrig in ihre Notizbücher geschrieben hat, sind lang schon vergessen.

Einer der Höhepunkte der Zeitung ist die Dreifach-Berichterstattung über den Dreyfus-Prozeß, dem nur wenige Frauen beiwohnen dürfen. Als überzeugte Dreyfus-Anhängerinnen haben Marguerite Durand, Jeanne Brémontier sowie die kampflustige Séverine über die fünfundzwanzig Sitzungen berichtet. Ihre tieftraurigen Schlußworte berühren heute noch!

Marguerite Durand setzt ihre Zeitung nicht nur ein, um Frauen zu informieren, sondern auch, um sie wachzurütteln und um ihre Anliegen in der Öffentlichkeit zu vertreten. Ähnlich wie Lily Braun versucht sie, die Arbeiterinnen und Dienstboten zu organisieren. Sie wünscht sich, daß sich ihre Geschlechtsgenossinnen der aktiven Rolle bewußt werden, die sie zu übernehmen haben, um der Sache der Frau zum Erfolg zu verhelfen. Sie ermahnt sie, ihren Zustand nicht als gottgewollt zu akzeptieren und ihre Bescheidenheit abzulegen, da diese »Tugend« sie den Männern gegenüber in einen Nachteil setzt. Sie hilft den Arbeiterinnen in der Bekleidungsindustrie, wo das Lohngefälle besonders steil ist, Gewerkschaften zu gründen. Sie tut dasselbe für die Typographinnen, die an sich nachts nicht arbeiten dürfen. Die Arbeitsbörse weigert sich, diese Gewerkschaft anzuerkennen; Marguerite prozessiert – und verliert.

Besonders wichtige Anliegen sind ihr: menschenwürdige Unterkünfte für die Dienstboten; geregelte Arbeitszeiten für Fabrikarbeiterinnen; bessere Haftbedingungen in Gefängnissen. Gesetzesänderungen für die verheiratete Frau; Einführung der Vaterschaftsklage; Zulassung von Frauen zu allen Schulen. Eine breite Palette von Problemen, denen sie ihre Energie und ihr Schreibtalent widmet – aber die Auswahl ist ja auch groß genug ...

Und ähnlich wie die Aristokratin Lily Braun gerät auch Marguerite Durand zwischen die Fronten. 1907 beruft sie einen Kongreß ein, um ein *Office féminin* ins Leben zu rufen – eine Institution, die ermöglichen soll, weibliche Forderungen zu erfassen, zu bündeln und zu formulieren sowie den bestehenden Frauenorganisationen eine Dachorganisation zu geben. Ihr Reformprogramm umfaßt u. a.:

Gleicher Lohn für gleiche Arbeit; Mütterurlaub; Verfügungsrecht der Ehefrau über ihren Lohn; ein Verbot, Frauen in Berufen arbeiten zu lassen, die dem Stillen abträglich sind. O Marguerite, wie sich die Zeiten gleichen! Und auch damals sind diese Forderungen bei Volk und Parlament auf Ablehnung gestoßen. Die Abgeordneten werfen ihr vor, die Männer arbeitslos zu machen, weil sie die Frauen dazu anstachele, auf den Arbeitsmarkt vorzuprellen und den Männern Konkurrenz zu machen. (John Stuart Mill und Hedwig Dohm lassen einmal mehr grüßen ...) Die Gewerkschaften hingegen verbreiten in gehässigstem Ton, daß sich die »schöne Marguerite« von ihren guten Freunden Clémenceau und Viviani 18000 Francs hätte geben lassen für ihre Kampagne: »Die Tagung war also ein gutes Geschäft für Marguerite, da sie sicher nicht 18000 Eier ausgegeben hat, um es 50 Delegierten wohlsein zu lassen. Arbeiterinnen, nehmt euch in acht!«

Auch was diese Angriffe betrifft, sind wir gut acht Jahrzehnte später nicht viel weitergekommen. »Die schöne Marguerite« kämpft jedoch weiter. Daß der Prophet im eigenen Lande nichts gilt, weiß sie nur zu gut; dafür sind ihre Verdienste im Ausland jedoch längst bekannt. Aus Deutschland, England, Italien, Schweden, der Türkei, Argentinien und den Vereinigten Staaten gehen anerkennende Briefe bei ihr ein. Sogar aus Rußland schreibt man ihr: »Jede Frau, die zur Verbesserung des Frauenschicksals beiträgt, hat Anrecht auf Anerkennung ihrer Genossinnen, ohne Unterschied von Rasse oder Staatszugehörigkeit.« Der Brief ist unterschrieben von fünfzig Frauen.

1910 läßt sich die kämpferische Marguerite für Wahlen im 9. Arrondissement aufstellen. Da ihre Kandidatur abgelehnt wird (Begründung: eine Frau habe nicht die Qualifikationen eines Bürgers), führt sie ihre Kampagne weiter im Namen eines geistig Behinderten, dessen Kandidatur prompt angenommen wird!

1922 organisiert sie eine Ausstellung über berühmte Frauen des 19. Jahrhunderts. Sie will damit Mittel beschaffen, um einen Journalistinnen-Club zu gründen. Mit größter Anstrengung gelingt es ihr, genügend Geld zu beschaffen, um das kleine Landhaus der verstorbenen Séverine zu kaufen, aus dem sie ein Ferienheim für Journalistinnen macht.

Angriffsziel Nr. 1 aber ist und bleibt für die engagierte Zeitungsherausgeberin die gesetzlich verankerte Ungleichbehandlung der Geschlechter. Natürlich fordert sie das Wahlrecht für Frauen. Aber sie geht dabei sehr subtil vor: Sie arbeitet ein Sozialprogramm aus, das obligatorisch für Frauen sein und denselben Stellenwert haben soll wie der Militärdienst bei den Männern. Mit dieser Maßnahme will sie das Argument zunichte machen, nach dem Frauen gar nicht gleiche Bürgerrechte beanspruchen dürfen, da ja von ihnen auch »kein Blutzoll verlangt« würde, wie es pathetisch heißt.

Ihr größtes Werk aber, neben *La Fronde*, ist die Gründung der *Bibliothèque féminine*. Jahrelang hat sie Bücher von und über

Frauen zusammengetragen und eine ausgezeichnete Sammlung angelegt. 1931 macht sie diese Bibliothek, der sie die restlichen Jahre ihres Lebens widmet, der Stadt Paris zum Geschenk. Die Verwaltung hat es ihr schlecht gelohnt, wenn man bedenkt, daß die Bibliothek nicht im Telefonbuch verzeichnet ist, bei der Auskunft nicht ausfindig gemacht werden kann, ja, daß selbst vor dem Gebäude, wo sie zu finden ist (*Mairie* des 5. Arrondissement; 21, Place du Panthéon), mir niemand sagen konnte, ob ich endlich an der richtigen Adresse sei. Einmal oben angekommen, spürt man noch etwas von der Ausstrahlung dieser engagierten Frau, die – geistig und körperlich total erschöpft – im März 1936 auf der Schwelle zu dieser Bibliothek, dem Lebensinhalt ihrer letzten Jahre, gestorben ist.

Die *Bibliothèque* steht am Ende, *La Fronde* am Anfang ihres feministischen Engagements. Marguerite Durand, heute offensichtlich vergessen, hat vier Jahrzehnte ihres Lebens in den Dienst der Frauen gestellt, hat ihnen ihre Gesundheit geopfert sowie ihr gesamtes Privatvermögen. Als die Zeitung mehr verschlang, als sie einbrachte, mußte sie sie aufgeben. Erst später gab sie zu, daß *La Fronde* niemals genügend Abonnent(inn)en gezählt habe, um ihr auch nur zwei Wochen Existenz zu sichern! Nach ihrem Tode mußte ein Verein zu ihrem Andenken gegründet werden, damit genügend Geld gesammelt werden konnte, um ihr einen Grabstein setzen zu lassen ...

Das Wenigste, was wir heute noch für ihr Andenken tun können, ist, beim nächsten Parisbesuch neben den Restaurants, den Geschäften und den Museen auch der *Bibliothèque féminine* einen Besuch abzustatten!

Else Züblin-Spiller

1881–1948

Zehntausende von arbeitenden Menschen in der Schweiz kommen an jedem Arbeitstag in den Genuß einer Einrichtung, die aus der Arbeit einer Schweizer Wirtschaftspionierin entstanden ist: Sie essen Mahlzeiten, die der »Schweizer Verband Volksdienst« an Kantinen und Personalrestaurants vieler großer Schweizer Firmen liefert. Die Gründerin dieser Einrichtung wäre wohl zufrieden mit ihrem Werk, das über ihren Tod hinaus weiterbesteht. Damit wären wir aber bereits am Ende des erfolgreichen Lebenswegs dieser Frau. Ihren ersten Ruhm erlangte sie als »Soldatenmutter«, als Begründerin der Soldatenstuben während des Ersten Weltkriegs. Und davor war sie bekannt als erste Redaktorin einer politischen Zeitung der Schweiz. Aber fangen wir von vorne an . . .

Else Spiller wird im Oktober 1881 in Seen bei Winterthur geboren. Die Eltern sind einfache Leute; der Vater stirbt, als Else zweieinhalb Jahre ist. Doch ein guter Vormund, der damalige Advokat und spätere Bundesrat Ludwig Forrer, sowie ein liebender Stiefvater verhelfen ihr zu einer relativ glücklichen Kindheit.

Auch Elses Familie wird von der Wirtschaftskrise der 90er Jahre betroffen, und die Siebzehnjährige muß Geld verdienen. Die ersten beiden Stellen vermitteln ihr Erfahrungen, die sie ihr ganzes Leben nicht vergessen wird: Bei schlechter Behandlung, einem Zehn-Stunden-Tag für 40 Franken Monatslohn und den gratis mitgelieferten Zornesausbrüchen eines Chefs lernt sie, »wie es Menschen zumute ist, die unterdrückt werden und die an Minderwertigkeitsgefühlen leiden«.

Im Jahre 1904 findet sie eine ihren Fähigkeiten angemessene Stelle im Zürcher Jean Frey-Verlag. Dies ist der Beginn ihrer journalistischen Tätigkeit – nicht nur, weil es sie dazu drängt, Erlebtes und Gesehenes für verschiedene Landzeitungen in Berichte zu fassen, sondern weil sie dringend den zusätzlichen Verdienst braucht. 1908 stirbt der geliebte Stiefvater, 1909 die Schwägerin, die vier Kinder im Alter von vier bis elf Jahren hinterläßt. Elses Bruder kann den Verlust nicht verwinden und geht ins Ausland. Somit ist die 28jährige Else Spiller plötzlich Mutter von vier Kindern, die mit ihr und ihrer Mutter einen Sechs-Personen-Haushalt bilden. An eigene Wünsche und Zukunftspläne kann sie nicht mehr denken, und nur dank der Tatsache, daß die 59jährige Mutter die Haushaltspflichten übernimmt, kann Else Spiller noch Artikel schreiben und später Vorträge halten.

Sie schreibt gut, und was sie schreibt, wird gedruckt: schon bald veröffentlicht die *Neue Zürcher Zeitung* ihre Aufsätze. Im Sommer 1911 wird ihr die Redaktion der *Schweizer Hauszeitung* übertragen, was sie zur ersten Redaktorin einer politischen Zeitung in der Schweiz macht. Endlich ist der Moment gekommen, wo sie ihr kräfteverzehrendes Doppelleben aufgeben und sich ganz dem Journalismus widmen kann.

An einem Vortragsabend lernt sie den Nationalrat Eduard Sulzer-Ziegler, Mitinhaber der Maschinenfabrik Gebr. Sulzer, kennen. Durch Diskussionen mit ihm über Arbeiterfragen wird ihr politisches Verständnis geweckt und gefördert. Er ist es auch, der ihr Geld leiht, um in Kilchberg für die sechsköpfige Familie ein eigenes Haus bauen zu lassen. Im Herbst 1911 bezieht die Familie ein geräumiges Haus mit schönem Garten.

Immer mehr treten soziale Fragen in Else Spillers Artikeln in den Vordergrund. Ihre Recherchen führen sie eines Abends in das Nachtasyl der Heilsarmee; tief beeindruckt, beginnt sie eine enge Zusammenarbeit mit dieser Organisation, deren Pressedienst sie fortan besorgt. Zwar ist sie nie Salutistin geworden, aber sie hat der Heilsarmee als Außenstehende wertvolle Dienste geleistet.

Die Journalistin überzeugt nicht nur in ihren Berichten und Aufsätzen; sie ist auch eine zündende Rednerin, die ein Publikum motivieren kann. Mit dem Mittel einer bildhaften, gefühlsbetonten und ergreifenden Sprache will sie wachrütteln, will nicht Mitleid, sondern Verantwortungsgefühl und Gerechtigkeitssinn in ihren Zuhörern wecken. Und in diesem Sinne plant sie auch ihre erste spektakuläre Aktion: Als sie 1910 in Dänemark den »Kinderhilfstag« in Kopenhagen miterlebt, will sie so etwas auch in Zürich durchführen. Bereits ein Jahr später, am 11. Juni 1911, findet der erste »Zürcher Kinderhilfstag« statt – mit einem Reinertrag von 142 000 Franken! Das ist ein unvorstellbarer Erfolg, der ihrem Organisationstalent und ihrer Motivationsfähigkeit zuzuschreiben ist. Die Dreißigjährige ist nun bekannt – als Journalistin, als Rednerin und als Organisatorin der Kinderhilfstage, die von da an eine ständige Einrichtung werden.

Drei Jahre später wird sie mit ganz anderen Problemen konfrontiert, oder besser: sie läßt sich konfrontieren. Sie gehört zu den leider viel zu seltenen Menschen, die nicht die Augen schließen, wenn sie an Probleme geraten, sondern sich davon zu Handlungen inspirieren lassen. Es ist Herbst 1914, auch die Schweiz macht mobil. Im Grunde ist niemand so recht auf die Mobilmachung vorbereitet – das ist man ja bekanntlich nur bei Offensiven … Die Unterbringung und Verpflegung der Soldaten im Winter 1914/15 ist daher völlig unzureichend. Man ist überhaupt nicht auf eine längere Fürsorge eingerichtet. Die Soldaten versuchen, das Elend zugiger, nasser Behelfsunterkünfte und unzureichender Verpflegung im Alkohol zu ertränken, was für viele Familien große Not bedeutet.

Else Spiller bekommt den Auftrag vom »Bund abstinenter Frauen«, mit dem Armeestab Kontakt aufzunehmen. Am 9. November fährt sie nach Bern und sucht, da sie ihren früheren Vormund Bundesrat Forrer nicht antrifft, den Armeearzt, Oberst Hauser, auf. Der Empfang ist, um es milde auszudrücken, zurückhaltend. Der Oberst verwahrt sich vor allem gegen das Wort »alkoholfrei« im Zusammenhang mit den Truppen.

Else Spiller lernt schnell und ist, wenn sie etwas will, eine kluge Taktikerin. Von da an wird sie diese Bezeichnung, wo immer möglich, vermeiden – an dem dahinterstehenden Grundsatz aber unberirrt festhalten!

Trotz der anfänglichen Schwierigkeiten läßt sich der Oberst doch noch überzeugen. Und nicht nur er. Ohne Koketterie, aber voll Überzeugungskraft und Beredsamkeit gelingt es der Journalistin, die Offiziere von ihrem Vorhaben zu überzeugen. Mit Hilfe der Armee kann sie bereits am 22. November 1914, also *knapp zwei Wochen nach ihrem Besuch in Bern*, die beiden ersten Soldatenstuben eröffnen! Der »Verband Schweizer Soldatenwohl« ist geboren. Nur wer die Armee etwas näher kennt – und sich die nicht übergroße Entscheidungsfreudigkeit der Schweizer vor

Augen hält –, kann ermessen, was für einen Erfolg sie da errungen hat. Bis Weihnachten 1914 sind es bereits dreißig (!) Soldatenstuben – dank der Arbeit vieler Helferinnen sowie der tatkräftigen Unterstützung der Armee. Und nicht zuletzt dank der Tatsache, daß Else Spiller den zündenden Funken überspringen lassen konnte.

Else Spiller arbeitet unermüdlich, beschafft finanzielle Mittel, findet Unterkünfte : aus der anfangs belächelten Initiative ist eine das ganze Land umfassende Organisation geworden. Dem Grundsatz der Abstinenz bleibt sie treu; sicher hat sie sich da an Florence Nightingale orientiert. Dafür ist das Angebot, von dem die Soldaten dankbar Gebrauch machen, jedoch äußerst preiswert.

Aus der Journalistin mit dem sozialen Gewissen ist inzwischen eine Vollblut-Unternehmerin geworden. Else Spiller verhandelt mit Fabrikanten, überwacht Einkauf und Verteilung der Lebensmittel, überwindet die Schwierigkeiten der Rationierung. Auch sie richtet Lese- und Schreibecken in den Soldatenstuben ein, die bis 1920 von rund 15 Millionen Mann besucht werden. Aus dem sozialen Elend der Familien, die ihrer Ernährer beraubt waren, ergibt sich die Notwendigkeit einer Soldatenfürsorge. Else Spiller stellt sich auch dieser Aufgabe.

Die Energie dieser Frau muß unerschöpflich gewesen sein. Sie wächst an der Größe ihrer Aufgaben. So fordern 1918 die Grippewelle und der Generalstreik alle ihre organisatorischen Talente, um die Not der Betroffenen zu lindern. Sammlungen, Verteilung des Sammelguts, Krankendepots – alles organisiert Else Spiller, trotz privaten Kummers : In diesen Tagen verliert sie ihren Bruder und einen geliebten Neffen.

Nach Kriegsende kann sie sich ein wenig Luft verschaffen und 1919 sogar eine Studienreise nach Amerika antreten. In den USA lernt Else Spiller die sozialen Einrichtungen verschiedener Großunternehmen kennen. Von da an ist sie von dem Wunsch durchdrungen, Brücken zu bauen zwischen Arbeitnehmern und Arbeitgebern, sie zur Zusammenarbeit zu führen. Dazu braucht es erst einmal die sozialen Einrichtungen in den Betrieben wie Lehrlingsfürsorge, Wohlfahrtshäuser und Gemeindestuben als Mittelpunkt geistiger Unterhaltung sowie Ausbildung von Wohlfahrtsbeamten.

Den Soldatenstuben folgen also *Arbeiterstuben*, eingerichtet und beaufsichtigt vom »Schweizer Verband Soldatenwohl«. Daraus entsteht die *Arbeiterfürsorge*, mit Akzent auf Selbsthilfe und Erziehung zur Wirtschaftlichkeit.

Am 15. März 1920 beschließt der »Schweizer Verband Soldatenwohl«, sich als einfacher Verein zu konstituieren: der »Schweizer Verband Volksdienst« wird ins Leben gerufen – eine Einrichtung, die zwar heute den ursprünglichen Rahmen sprengt, der Idee der Gründerin jedoch nach wie vor verpflichtet ist. Bis zu ihrem Tode am 11. April 1948 behält Else Züblin die Leitung des Verbandes.

Und wie ist aus Else Spiller Dr. med. h. c. Else Züblin-Spiller geworden? Auf der Amerika-Reise trifft sie ihren späteren Mann, den Arzt Dr. Ernst Züblin, den sie 1920 heiratet. Und die Medizinische Fakultät der Universität Zürich hat ihr den Ehrendoktor verliehen. Vorher jedoch muß sie noch etwas Schlimmes durchstehen; auch diese Frau, die ihr soziales Engagement so oft und so überzeugend unter Beweis gestellt hat, ist nicht gegen Verleumdung, gegen Hetzkampagnen gefeit.

Was ist passiert? 1918 hatten die Soldatenhilfswerke beschlossen, eine »Schweizerische Nationalspende für unsere Soldaten und ihre Familien« einzuberufen. Acht Millionen Franken waren schon gesammelt, als die Grippewelle der Aktion ein jähes Ende bereitete; die Armee-Tage konnten nicht mehr durchgeführt und die zum Verkauf bestimmten Silber- und Bronzeplaketten im Werte von einer dreiviertel Million Franken nicht mehr verwertet werden. Else Spiller übernimmt es, dieses Warenlager zu verlosen, ohne zu ahnen, wieviel Zusatzarbeit sie sich damit aufbürdet. Dank ihrer Initiative können immer noch 658 000 Franken eingenommen werden, von denen 116 000 Franken an den Verband »Soldatenwohl« gehen, dem sie vorsteht. Sie hat sie sich redlich verdient – aber das hindert die Neider nicht, die Aktion zu kritisieren. Mit Hilfe der Presse beginnt nun eine regelrechte Hetzkampagne gegen die Frau, der das Land so viel schuldet. Wahrscheinlich hatte sie zuviel Publizität, zuviel Lob gehabt . . .

Else Spiller geht vor die Gerichte – und bekommt recht. Die Rechnungsführung des Verbandes wird geprüft und für einwandfrei befunden. Alle hohen Armeeoffiziere halten zu ihr, ebenso wie weite Kreise der Bevölkerung. Trotzdem: sie leidet sehr unter den Verleumdungen. Alles, was sie geleistet und worauf sie verzichtet hat: soll das alles für umsonst gewesen sein?

Kein Skandal. Keine Affären. Keine Schwachstellen?? Doch – Gottseidank, möchte man sagen, angesichts der fast erdrückenden Anzahl großartiger Eigenschaften und Leistungen. Else Züblin-Spiller war eine Persönlichkeit, eine Autorität. »Die Generalin« wurde sie genannt. Unnachsichtig war sie beim kleinsten Verstoß gegen Ehrlichkeit, Zuverlässigkeit, Pünktlichkeit. Wer unter ihr wirken wollte, mußte sich unterordnen können. Der kooperative Führungsstil, Schlagwort unserer Management-Zeiten, lag ihr nicht. »Ich tue meine Pflicht und lasse im übrigen alles seinen Weg gehen«,[16] hat sie 1917 festgehalten, jedoch nicht unbedingt danach gehandelt. Aber: »Die Generalin« war auch als »Soldatenmutter« bekannt... Und: »Nie blieb sie beim Negativen stehen, das ihr begegnete; der Glaube an das Gute im Menschen befähigte sie und ihre Mitarbeiterinnen zu großen Leistungen.«[17] So äußert sich 1981 Dr. Margrit Bohren-Hoerni, damalige Präsidentin vom »Schweizer Verband Volksdienst«, in einer Festbroschüre zum hundertsten Geburtstag der Gründerin. Wie groß die Leistung ist, läßt sich unter anderem an harten Zahlen ermessen: 1980 hat der Verband einen Jahresumsatz von 127 400 000,– Franken ausgewiesen!

Ja, und dann noch etwas: die leidenschaftliche Jasserin* konnte nicht verlieren...

Else Züblin-Spiller war eine Frau mit Weitsicht, Organisationstalent, Überzeugungskraft und großem Engagement. Sie war eine unermüdliche Arbeiterin, eine Pionierin, die viel von sich gab, aber auch viel verlangte. Sie war – eine authentische Führungskraft. Das ehrenvolle Gedenken, das ihr die derzeitigen Mitarbeiterinnen und Mitarbeiter des Verbands widmen, ist mehr als angebracht: »Am 100. Geburtstag erfüllt uns Dankbarkeit gegenüber der Persönlichkeit, deren Ausdrucksfähigkeit bewunderungswürdig war und deren Zielformulierungen weit in die Zukunft wiesen. Dankbar sind wir gegenüber der Initiantin und ihren vielen tüchtigen Mitarbeiterinnen, die ein bedeutendes Sozialwerk aus seiner Zeitgebundenheit herauszuführen wußten.«[18]

* Jass; einen Jass klopfen: Schweizer National-Kartenspiel

Führungsfrauen der Neuzeit – anders als die Männer?

Wie gut haben es doch Historiker/innen! Aus der sicheren Distanz der Jahrzehnte und Jahrhunderte läßt sich, ausreichend dokumentiert, vieles be- und verurteilen, erklären und entschuldigen.

Wieviel schwieriger dagegen, Menschen und ihre Leistungen auf objektive Art zu begutachten, wenn sie noch nicht so lange tot sind – oder sogar noch leben. Vertreter/innen meines Studiengebiets, der Germanistik, scheinen sich da ebenso schwer zu tun; Literaturgeschichte schreibt sich halt leichter über die Vergangenheit als über Autoren der Gegenwart, von denen man noch nicht so recht weiß, ob sie . . . oder vielleicht doch nicht . . .

Anderseits: Was wäre die Galerie von Führungsfrauen, die in der Geschichte Spuren hinterlassen haben, ohne Vertreterinnen aus der Neuzeit, die man aus der Tagespresse, aus Radio und Fernsehen kennt? Golda Meir als Premierministerin eines hochmodernen, blutjungen Staatswesens, vor gut einem Jahrzehnt gestorben – und ihre lebende Kollegin Margaret Thatcher, Premierministerin einer mit Traditionen beladenen ehemaligen Kolonialmacht: zwei Frauen, die auch in unserer Zeit den Beweis angetreten haben, daß Frauen auch unter den schwierigsten Umständen einen hervorragenden Führungsausweis vorlegen können.

Wer hätte sich da sonst noch angeboten? Unter den Verstorbenen der Neuzeit wäre sicher Indira Ghandi zu nennen; aber für eine Westeuropäerin ist es ein äußerst schwieriges Unterfangen, sich in die indische Welt und ihre Art, Geschichte(n) zu vermitteln, hineinzufühlen. Benazir Bhutto ist erst zu kurze Zeit an der Macht, und ihre soeben erschienene Autobiographie, wenn auch faszinierend geschrieben, vielleicht doch nicht das ideale Quellenstudium. Corazon Aquino? So sehr ich ihren Mut – und inzwischen auch ihr Durchhaltevermögen – bewundere, so kann ich (noch) nicht zu einem abschließenden Eindruck gelangen. Alles, was ich über sie gelesen habe, hat mich ein wenig an die Geschichten über Heilige erinnert; die Legendenbildung um diese Frau bedarf erst noch der Messung an der Wahrheit.

Gro Harlem Brundtland in Norwegen und Vigdis Finnbogadóttir in Island, beide die ersten Frauen ihres Landes – und dann wären wir wohl schon am Ende der Liste. Das alleine zeigt mehr als alle Bücher oder Artikel über die Unterrepresentation der Frauen in (politischen) Führungspositionen, wie sehr sich die Waagschale zu unseren Ungunsten neigt. Daran hat auch die Tatsache, daß Frauen inzwischen wohl auf der ganzen Welt das Stimm- und Wahlrecht haben, nichts geändert. Für die Suche nach zeitgenössischen weiblichen Rollenvorbildern brauchen wir offenbar noch viele Meilensteine mehr . . .

Insofern haben Golda Meir und Margaret Thatcher, obwohl beide keine Feministinnen oder besonders frauenfreundlich, viel für die »Sache der Frau« getan, wenn auch nicht bewußt. Sie können daher den weiblichen *und* den männlichen angehenden Führungskräften gewisse Orientierungshilfen auf dem »Weg nach oben« bieten.

Natürlich drängt sich da der Wunsch auf, daß gerade dieses Kapitel in zehn, zwanzig Jahren auf Buch-Proportionen anschwellen könnte . . .

Golda Meir

1898–1978

»I was no nun.«[1] Diese Aussage einer Frau, die genau wie Maria Theresia so häufig als »Landesmutter« bezeichnet worden ist und die auf fast allen Fotos eher großmütterlich erscheint, in bezug auf ihre Liebesbeziehungen zu männlichen Mitstreitern mag überraschen. Ebenso überraschend mag die Tatsache erscheinen, daß von allen hier porträtierten Frauen sie diejenige ist, die sich am eingehendsten mit der Doppel- und Dreifachbelastung einer Frau mit Ehemann, Kindern und unzähligen Führungsaufgaben auseinandergesetzt hat. Was *nicht* überraschen sollte, ist, daß sie zur Premierministerin ihres Landes »aufgestiegen« ist: der Lebenslauf der ersten und bisher einzigen Staatschefin Israels ist von früher Jugend an auf »Aufstieg« programmiert gewesen.

Am 3. Mai 1898 wird Golda Mabovitch als Tochter eines Zimmermanns in Kiew geboren. Von den sieben Geschwistern werden nur die ältere Schwester, Shana, und die jüngere, Clara, überleben; fünf Brüder sterben schon im Kindesalter. Fünf Jahre später übersiedelt die Familie nach Pinsk – einem Ort, der für das wache kleine Mädchen überaus bedrückend ist:

> »Das Gefühl der Angst ist die klarste meiner Erinnerungen. Ich war sehr jung, vielleicht dreieinhalb oder vier Jahre alt. Wir wohnten im Erdgeschoß eines kleinen Hauses in Kiew. Damals hörte ich von einem Pogrom, das über uns hereinzubrechen drohte. [...] Ich entsinne mich, wie ich auf der Treppe stand, die in den ersten Stock führte, wo eine andere jüdische Familie wohnte. Hand in Hand mit ihrer kleinen Tochter sah ich unseren Vätern zu, wie sie die Haustür mit Holzbrettern verbarrikadierten. Es kam nicht zu diesem Pogrom. Doch ich weiß bis zum heutigen Tag, wie ich mich fürchtete und wie wütend ich war, daß mein Vater nicht

mehr tun konnte, um mich zu schützen, als ein paar Bretter zusammenzunageln, während wir auf den Mob warteten.«[2]

Der Mob wurde gewöhnlich von den Kosaken geschützt, ja sogar angefeuert, und so ist es kein Wunder, daß sie auch hier ihre Erinnerungen hat: »An einem Winterabend, an dem ich mit anderen Kindern in einer schmalen Gasse in der Nähe der verbotenen *Blotte* (Sümpfe) spielte, kamen plötzlich wie aus dem Nichts oder vielleicht aus den Sümpfen selbst die Kosaken auf ihren Pferden. Sie galoppierten über unsere geduckten Körper hinweg.«[3]

Nicht alle sehen untätig zu oder lassen es beim Vernageln von Türen bewenden. Ihre neun Jahr ältere Schwester Shejna (später amerikanisiert zu »Shana«) ist bereits als Vierzehnjährige ernsthaftes Mitglied der *Poalei Zion*, der zionistischen Arbeitergruppierung, die für Goldas Laufbahn lebensbestimmend sein wird. Im Haus des Jizchak Mabovitch' finden politische Versammlungen mit Shejnas Parteifreunden statt. Die kleine Golda beobachtet und hört zu: »Auf meinem Ofensitz lernte ich zumindest eine sehr wichtige unpolitische Lektion: nichts im Leben kommt von selbst. Es genügt nicht, an etwas zu glauben; man muß auch die Kraft haben, Hindernisse zu überwinden und zu kämpfen.«[4]

Das Hindernis »Pinsk« wird schon bald überwunden sein: dem Vater ist es gelungen, mit seiner Familie den Sprung ins »Goldene Land«, in die Vereinigten Staaten, zu schaffen, wo die Familie in Milwaukee ein bescheidenes Auskommen findet. Mit vierzehn verläßt die junge Golda heimlich das Haus ihrer Eltern, um zu ihrer Schwester nach Denver zu ziehen. Ihre Eltern haben den Schritt ins 20. Jahrhundert und in die buchstäblich »Neue Welt« noch nicht vollziehen können: Ihre intelligente Tochter soll nicht auf die *High School* gehen dürfen, sondern sich – auf eine gute Partie vorbereiten. »Es ist nicht gut, zu klug zu sein. Männer mögen keine intelligenten Mädchen.«[5] Dies ist die Meinung ihres Vaters, der sich Golda nicht anschließen kann. Sie fühlt sich der neuen Welt viel mehr verbunden und erzwingt durchs Weglaufen den Zugang zum Reich des Lernens und Wissens.

Bei ihrer Schwester lernt sie den Mann kennen, den sie mehr als alle anderen geliebt hat: Morris Meyerson, sechs Jahre älter als sie. »Er ist nicht sehr hübsch, aber er hat eine schöne Seele!«[6] Dies vertraut die inzwischen Sechzehnjährige ihrer Freundin in Milwaukee an, wohin sie nach zwei Jahren zurückkehrt. Zuvor hat die »schöne Seele« aber noch eine Liebeserklärung gemacht; da Golda noch zu jung zum Heiraten ist, hat man beschlossen zu warten; jedoch: die Liebe beruht auf Gegenseitigkeit. Er ist der Mann, der ihr Kultur und Kunst erschlossen, der sie in Dichtung, Malerei und Musik eingeführt hat. Er ist auch der Mann, mit dem sie zwei Kinder haben wird, was über lange Jahre hinweg die Ehe aufrechterhalten wird, obwohl sie 1938 formell getrennt wird. »Morris ist insofern immer ein Teil meines Lebens geblieben, als er zum Leben meiner Kinder gehörte. [...] Zwar bedauere ich sehr stark, daß ich nicht imstande war, unsere Ehe glücklich zu gestalten. Morris und ich blieben verheiratet und liebten einander bis zu dem Tag, da er 1951 in meinem Hause starb – bezeichnenderweise in meiner Abwesenheit.«[7]

Bis dahin ist es aber noch ein langer Weg, aber einer, der stetig nach oben führt. Golda wird zuerst einmal Lehrerin, aber die politisch Interessierte fängt schon früh an, den Pol, um den Aktivitäten, Wünsche und Träume ihres Lebens kreisen, in der zionistischen Arbeiterpartei zu sehen. Ihr starkes Engagement endet logischerweise in dem Wunsch, nach Palästina auszuwandern. Morris' Liebe zu ihr ist so groß, daß er gegen seine Überzeugung auf Goldas Bedingung eingeht: Heiraten ja, aber nur wenn er sich zur *Alijah* (hebräisch für »Aufsteigen« bzw. Auswanderung nach Palästina/Israel) entschließen kann. Seine Liebe ist größer als seine Bedenken, obwohl er im Land von Goldas Träumen todunglücklich sein wird. Nicht zuletzt, weil er die Frau, die er über alles liebt, an dieses Land verlieren wird ...

Man muß einmal die Schilderung der Ankunft und der frühen Jahre im ersten Kibbuz oder in Tel Aviv und Jerusalem der zwanziger Jahre lesen, um zu begreifen, was für eine Leistung – einzeln und im Kollektiv – erbracht worden ist, um Israel zu einem modernen Staatswesen zu machen. Es ist buchstäblich aus dem Nichts bzw. aus Sand, Hitze, Malariasümpfen – und härtester Arbeit der frühen Siedler entstanden. Zu ihnen gehören auch die Meyersons, und während Golda zu einer sehr hübschen, lebenssprühenden Frau erblüht, geht der intellektuelle Morris an ihrer Seite fast zugrunde.

Ihre spätere Führungsposition manifestiert sich schon im ersten

Kibbuz, wo die pragmatische und an amerikanische Reinlichkeit gewöhnte junge Frau Änderungen einführt, die die Lebensqualität erheblich verbessern. Sie ist jung, hübsch, arbeitsbesessen und belastbar; zudem kann sie denken und reden, letzteres unter anderem auch in Jiddisch und akzentfreiem amerikanischen Englisch. Dieser Umstand macht sie automatisch zur idealen Delegierten für internationale Anlässe. Und so kommt sie schon früh in der Welt herum und erwirbt sich auf diese Weise die Basis einer Führungsposition, die ihr keiner streitig machen kann.

Sie hat es sich nie leicht gemacht; es gibt keine Zeit in ihrem Leben, wo sie nicht bis zum Umfallen gearbeitet hat, und es gibt viele Jahre der bittersten Armut, der intensiven Belastung durch mehrere Jobs gleichzeitig, die sie mit dem ihr eigenen Pragmatismus durchgestanden hat. Aber sie ist auch als hübsche und strahlende junge Frau in einem Kreis von hochintelligenten, kraftvollen und faszinierenden Männern tätig, fast konkurrenzlos. In ihrer Autobiographie reflektiert sie darüber: »Ich bin keine große Bewunderin jenes Feminismus, der zur Büstenhalterverbrennung, zu Männerhaß und zu Kampagnen gegen die Mutterschaft führt. [. . .] Natürlich sollen Frauen in jeder Hinsicht den Männern gleichgestellt sein. Das gilt auch für das jüdische Volk; Frauen sollten nicht besser als Männer sein müssen, um als menschliche Wesen betrachtet zu werden. Sie sollten nicht das Gefühl haben, sie müßten Wunder vollbringen, um angenommen zu werden.«[8] Sie selbst ist dem nicht ausgesetzt gewesen und hat das auch ohne Scheu zugegeben: »Tatsache ist, daß ich mein ganzes Leben lang zusammen mit Männern gelebt und gearbeitet habe. Die Tatsache, daß ich eine Frau bin, hat mich nie in irgendeiner Weise behindert. Nie habe ich unter Minderwertigkeitskomplexen gelitten oder an dem Gedanken, daß Männer besser gestellt sind als Frauen. Nie hielt ich es für schrecklich, Kinder zu gebären. Ich bin von Männern auch nie bevorzugt behandelt worden.«[9]

Das sieht ihr Biograph Ralph G. Martin allerdings etwas anders. Von den Männern, die damals die allmächtige Gewerkschaft *Histadrut* leiteten, heißt es: »Generally, they were ›very unkind to women near the top‹.«[10] Aber er beeilt sich hinzuzufügen: »Golda was a clear exception. Golda was their plum, their protegée, not simply because she was vivacious, talented and pretty, but because they needed her. She was the only one among them who spoke fluent American English and had a similar fluency in Yiddish. They needed her as an emissary, a spokesman with the British rulers, the Europeans, the Americans. All of them groomed her for that.«[11]

Einige dieser Männer sind ihr nähergestanden, als es Arbeitskollegen sein dürften. Begonnen haben diese Beziehungen zu einer Zeit, als Morris in Jerusalem wohnte, wo er eine bescheidene Stellung als Buchhalter bekleidete, und nur am Wochenende zu seiner hyperaktiven Frau und seinen Kindern nach Tel Aviv kam. Ralph G. Martin sieht diese Liebesaffären ebenso pragmatisch, wie sie wahrscheinlich die von ihm Porträtierte auch gesehen hat: »The point is these leaders were extraordinary men, men of power, the men who created the country. They attracted all kinds of women, and they needed the relaxation of women. And the women were available. For Goldie, it was the other way around: the men were available, and for the same reason. [...] She was a normal human being with normal desires who no longer had a physical relationship with her husband.«[12]

Abgesehen davon, daß ihre damals auf dem Papier immer noch bestehende Ehe ihr einen gewissen Schutz den Männern gegenüber bot, mit denen zusammen sie dauernd arbeitete und reiste, hatte sie auch keine Wahl: Morris hat sich geweigert, in eine Scheidung einzuwilligen.

Daß sie neben ihrer Sonderstellung in diesem Männerkreis immer wieder und unzählige Male in ihren verschiedenen Funktionen ihr Können unter Beweis gestellt hat, weiß die Geschichtsschreibung. Sie ist früh in den Vorstand der Gewerkschaft wie auch in den des palästinensischen Frauen-Arbeiterrats gewählt worden, wo sie sich sehr bald einen Namen als beispielhaft energische Politikerin macht. Schließlich wird sie Mitglied der Arbeiterpartei *Mapai*; in dieser Eigenschaft wird sie dem Exekutiv-Komitee der *Jewish Agency* angehören. Dort wird ihr 1946 die politische Leitung dieser so wichtigen Agentur übertragen.

Zwei historische Auftritte machen sie weltberühmt. Ende 1947 trifft sie sich mit dem transjordanischen König Abdullah: Sie will ihn dazu bewegen, sich nach einem Teilungsbeschluß der UNO für Palästina dem neuen Staat Israel gegenüber neutral zu verhalten. Sie kehrt mit einigen Zugeständnissen zurück, den ihr Gesprächspartner jedoch bei einem zweiten Treffen nicht mehr bestätigen kann. Zu diesem zweiten Treffen ist Golda in arabischem Kostüm nach Amman gefahren.

Der zweite Auftritt ist ihre berühmte »Geldbeschaffungsreise« durch die Vereinigten Staaten. Das Jahr ist 1948, der neu gegründete Staat Israel ist in seiner Geburtsstunde bereits in einen Krieg gegen eine zahlenmäßig ungeheure Übermacht verwickelt worden. Geld, Waffen, moralische und materielle Unterstützung sind vonnöten. Man schickt Golda nach Amerika, um das dort alles zu »besorgen«. Ihre Rede vor dem *Council of Jewish Federations* in Chicago ist in die Geschichte eingegangen. Rhetorisch ungeheuer begabt und durchdrungen von ihrer Mission, gelingt es Golda, in wenigen Wochen eine Spendensumme von über fünfzig Millionen Dollar zusammenzubringen.

> »›Wir können ohne eure Hilfe nicht weitermachen‹, sagte ich bei Dutzenden von öffentlichen und privaten Auftritten. ›Worum ich euch bitte, ist, daß ihr unsere Verantwortung mit uns tragt, mit allem was damit zusammenhängt – Schwierigkeiten, Probleme, Unbequemlichkeiten und Freuden. Was heute in der jüdischen Welt geschieht, ist von so großer vitaler Bedeutung, daß auch ihr eure Lebensweise für ein Jahr oder zwei oder drei ändern könntet, bis wir gemeinsam Israel auf die Beine gestellt haben. Entschließt euch und gebt mir Antwort.‹«[13]

Diese Reise und ihre Resultate haben Ben-Gurion zu dem Ausspruch bewogen, es sei eine jüdische Frau gewesen, die das Wunder bewirkt habe, daß der Staat Israel das Licht der Welt erblickt hat. Golda war auch eine der beiden Frauen (Rachel Kagan war die andere) unter den siebenunddreißig Persönlichkeiten, die ihre Unterschrift auf die Gründungsurkunde gesetzt haben. Der Platz in der Geschichte wäre ihr also auch sicher gewesen ohne die Krönung ihrer Karriere.

Wo immer sie eingesetzt wird, bewährt sie sich. Ihr erster »Auftritt« als Botschafterin ihres Landes ist in Moskau, wo sie als Gesandte von Juni 1948 bis April 1949 amtet. Bald darauf wird sie als Abgeordnete der Arbeiterpartei in die *Knesset*, das israelische Parlament, gewählt; sie kann ihren Platz dort bis 1974 behaupten. Von 1949 bis 1956 ist sie Ministerin für Arbeit und soziale

Sicherheit; anschließend ist sie bis 1965 Außenministerin. Es ist in dieser Funktion, daß sie ihren Namen internationalisiert in »Meir«.

Es ist amüsant, in ihrer Autobiographie zu lesen, wie die 67jährige nach einem Leben für den Zionismus, für die Arbeiterpartei, für ein besseres Los der Juden freiwillig als Außenministerin zurücktritt. Der fähige, eloquente Abba Eban wartet in den Kulissen, um ihre Nachfolge anzutreten. Golda Meir lehnt den ihr von Levi Eshkol angebotenen Posten als stellvertretende Ministerpräsidentin ab: lieber hauptamtliche Großmutter als halbamtliche Ministerin! So erklärt sie Eshkol: »Ich möchte zwar nicht in ein politisches Nonnenkloster gehen, aber ich möchte endlich ein Buch lesen oder ins Konzert gehen können, ohne mich dabei schuldig zu fühlen, und ich will einige Jahre keinen Flughafen sehen.«[14]

Kochen, Bügeln und Putzen machen ihr großen Spaß. »Ich fühlte mich tatsächlich wie ein Häftling, der aus dem Gefängnis entlassen worden ist. [...] Ich war genau zum richtigen Zeitpunkt aus dem Amt geschieden, aus eigenem Antrieb, bevor irgend jemand sagen konnte: ›Um Gottes willen, wann wird der alten Frau endlich klar, daß sie gehen muß.‹ Ich fühlte mich wie neugeboren.«[15]

Sie hat dann selbst gesagt, sie hätte sich denken können, daß diese Beschaulichkeit nicht anhalten könne. 1966 wird die Neugeborene, Frischentlassene von ihren Parteifreunden gebeten, »vorübergehend« Generalsekretärin der Partei zu werden. Sie akzeptiert. In dieser Position hat sie sozusagen einen Logenplatz bei den Vorbereitungen zu dem, was in die Geschichte als »Sechstagekrieg« eingehen wird. Besorgt verfolgt sie die Vorbereitungen des ägyptischen Regierungschefs Nasser zu einer weiteren Aktion, die das Land, dem sie ihr Leben verschrieben hat, von der Weltkarte wegradieren soll. Sie erlebt natürlich auch den Sieg, und wie die meisten Bewohner Jerusalems – und wie so viele Juden weltweit – geht sie sehr bald nach der Wiedervereinigung der Stadt zu dem größten Heiligtum der Juden: der Klagemauer, einem Stück Mauer des Zweiten Tempels, der im Jahre 70 zerstört wurde. Dort wird ihr ein besonderes Erlebnis zuteil: »Als ich dort stand, legte plötzlich einer der Soldaten (ich bezweifle, daß er wußte, wer ich war) seine Arme um mich und seinen Kopf auf meine Schulter, und wir weinten gemeinsam. Ich nehme an, er brauchte die

Warmherzigkeit einer alten Frau. Es war für mich einer der bewegendsten Augenblicke meines Lebens.«[16]

1969 tritt sie nach dem Tode Levi Eshkols dessen Nachfolge an. Es überrascht wiederum nicht, daß sie eine ausgesprochen fähige Premierministerin ist – und das in ausgesprochen schwierigen Zeiten (hat es je leichte für Israel gegeben . . .?). In ihre Amtszeit fallen unter anderem die Annahme eines US-Plans für einen beschränkten Waffenstillstand – eines der Resultate des Sechstagekriegs von 1967 – sowie ihre dezidierte Erklärung, daß Israel niemals zu seinen Grenzen vor jenem Krieg zurückkehre, da es endlich wirkliche Sicherheit brauche.

In ihren verschiedenen Funktion hat sie unzählige Reden halten müssen. Überall ist es ihr gelungen, die Menschen von ihrem Anliegen zu überzeugen – nicht zuletzt wohl deswegen, weil sie authentisch war. Der Pioniergeist hat sie nie verlassen, hat sie beflügelt, anderen ihre Vision zu vermitteln – auch als die Vision der Realität nicht mehr standhalten konnte. Sie hat gelitten für ihr Land – manchmal auch an ihrem Land – und für die Menschen, die es bevölkern. Unter anderem hat sie den Preis für ihre Hingabe mit großen Schuldgefühlen bezahlt. Zwei Beispiele dafür sollen am Ende dieses Porträts daran erinnern, daß der Preis für die Verantwortung, die immer mit einer Führungsposition einhergeht, manchmal sehr hoch sein kann. Sie sollen aber nicht zuletzt auch die sehr menschliche Seite einer großen Führungspersönlichkeit zeigen.

Eine der Eigenschaften, die Frauen besonders für Führungspositionen geeignet erscheinen lassen, ist Intuition. Frauen orientieren sich nicht nur an Fakten und Erfahrungswerten, sondern haben sich im allgemeinen einen »inneren Geigerzähler« bewahrt, der sie oft zu logisch nicht begründbaren Handlungen motiviert, die sich aber letztlich als richtig erweisen. Auch Golda Meir hatte sich diese Eigenschaft erhalten, aber sich einmal, als es darauf ankam, nicht darauf verlassen. Das hat sie bis an ihr Lebensende bereut.

Am Freitag, 5. Oktober 1973, erfährt sie durch Berichte des Geheimdienstes, daß russische Familien in Syrien in höchster Eile packen, um sofort das Land zu verlassen. Ihr gefällt diese Meldung gar nicht. »Da aber niemand in meiner Umgebung sich deswegen große Sorgen machte, versuchte ich, nicht in Zwangsvorstellungen zu verfallen. Außerdem ist Intuition oft ein sehr trügerischer Ratgeber; mitunter muß man ihr sofort folgen, aber manchmal ist sie nichts weiter als ein Symptom der Angst, und dann kann es gefährlich werden, wenn man ihr nachgibt.«[17]

Trotz der Tatsache, daß wenige Stunden später der höchste jüdische Feiertag, *Jom Kippur*, der Tag des Fastens, Betens und Bereuens, beginnt, beruft sie eine Kabinettssitzung ein. »›Ich habe das schreckliche Gefühl‹, sagte ich, ›daß sich dies alles schon einmal ereignet hat. Es erinnert mich an 1967, als man uns beschuldigte, wir würden an der syrischen Grenze Truppen zusammenziehen. Die arabische Presse behauptet jetzt genau das gleiche. Ich glaube, das alles hat etwas zu bedeuten.‹«[18] Sie scheint die einzige zu sein, die dieses Gefühl, diese Erinnerungen hat:

> »Wie war es möglich, daß ich voller Schrecken an einen Kriegsausbruch dachte, obwohl der gegenwärtige Stabschef, zwei ehemalige Stabschefs ... und der Chef des Geheimdiensts ihn für unwahrscheinlich hielten? [...]
> Heute weiß ich, was ich hätte tun sollen. Ich hätte mein Zögern überwinden müssen. Ich wußte ebensogut wie jeder andere, was eine Generalmobilmachung bedeutet und wieviel Geld sie kostet. [...] An jenem Freitagmorgen hätte ich auf die Warnungen meines Herzens hören und die Mobilmachung anordnen sollen. Was mich betrifft, kann und wird diese Tatsache nicht aus der Welt zu schaffen sein.«[19]

Golda Meir fühlt sich persönlich verantwortlich für Tod, Verwundung und Gefangenschaft von Hunderten von Israelis, die zu den ersten Opfern des Überraschungskriegs zählen, der als »Jom-Kippur-Krieg« bekannt ist. Man hat sie trösten, hat sie überzeugen wollen, daß der Entscheid für eine rechtzeitige (!) Generalmobilmachung unlogisch gewesen wäre. Ihr bitterer Kommentar:

> »Es kommt nicht darauf an, was die Logik vorschrieb. Es zählt nur, daß ich, die ich so daran gewöhnt war, Entscheidungen zu fällen – und im Verlauf des Krieges laufend welche traf –, diese eine Entscheidung nicht getroffen habe. Hier geht es auch nicht um so etwas wie ein Schuldgefühl. Auch ich kann Handlungen vernunftgemäß deuten und

mir sagen, daß es angesichts so vollkommener Sicherheit seitens unseres Geheimdienstes und der hervorragenden Militärs unvernünftig von mir gewesen wäre, auf der Mobilmachung zu bestehen. Ich weiß aber, daß ich sie dennoch hätte anordnen müssen, und mit diesem schrecklichen Wissen werde ich bis zum Ende meiner Tage leben müssen. Ich werde nie mehr der Mensch sein, der ich vor dem Jom-Kippur-Krieg gewesen bin.«[20]

Dieses Bekenntnis gibt zu denken und macht betroffen. Ebenso zu denken gibt der Schluß dieses Porträts. In einem Essay, den sie für eine Anthologie von Frauen-Texten verfaßt und anonym veröffentlicht hat, setzt sie sich detailliert mit der Rolle der arbeitenden Frau und Mutter und den darin enthaltenen Schuldgefühlen auseinander. Der Text verdient es, hier ausführlich zitiert zu werden, obwohl er sechzig (!) Jahre alt ist. Täten wir nicht gut daran, uns zu fragen, wie weit wir, sechzig Jahre später, in der Lösung der hier angesprochenen Probleme gekommen sind ...?

»Die inneren Kämpfe und Zweifel einer berufstätigen Mutter sind – alles in allem – mit kaum etwas auf der Welt zu vergleichen. Es gibt da jedoch viele Schattierungen und Variationen. Das sind einmal jene Mütter, die nur dann arbeiten, wenn sie dazu gezwungen sind, weil der Mann krank oder arbeitslos ist, oder weil die Familie auf andere Weise aus der Bahn geworfen wurde. In solchen Fällen fühlt die Mutter ihre Handlungsweise durch die Notwendigkeit gerechtfertigt, ihre Kinder ernähren zu müssen. Doch es gibt einen Typ von Frau, der aus anderen Gründen nicht zu Hause bleiben kann. Trotz des Platzes, den ihre Kinder und ihre Familie in ihrem Leben einnehmen, verlangen ihre Natur und Wesensart mehr: Sie können auf die aktive Teilnahme in der Gesellschaft nicht verzichten. Sie können ihren Tätigkeitsbereich nicht auf ihre Kinder beschränken. Für sie gibt es keine Ruhe.

Theoretisch sieht es ganz einfach aus. Die Frau, die ihre naturgegebene Stelle bei den Kindern einnimmt, ist hingebungsvoll. Sie liebt ihre Kinder, ist zuverlässig und begnügt sich mit der Hausarbeit. Die Kinder sind bei ihr gut versorgt. Aber es gibt sogar Pädagogen, die behaupten, daß es besser

> für die Kinder sei, wenn die Mutter sich nicht dauernd um sie kümmert. Und eine Mutter, die alles andere aufgibt, um nur für Mann und Kinder da zu sein, tut dies nicht immer aus Pflichtgefühl, Hingabe und Liebe. Oft zeigt diese Einstellung auch, daß sie nicht imstande ist, die Vielseitigkeit des Lebens mit ihren Leiden und Freuden zu erfassen. Beweist eine Frau, die bei ihren Kindern bleibt und sich nur ihnen widmet, wirklich, daß sie hingebungsvoller ist als andere? Bringt eine Frau ohne enge Freundschaften ihrem Mann deshalb größere Liebe entgegen?
> Viele Mütter leiden unter der Arbeit, die sie angenommen haben. Immer haben sie das Gefühl, daß ihre Arbeit nicht so produktiv ist wie die eines Mannes oder auch wie die einer unverheirateten Frau. Die Kinder beanspruchen sie immer, in gesundem und noch mehr in krankem Zustand. Die arbeitende Mutter leidet unter der doppelten Beanspruchung, immer hat sie das Gefühl, ihre Pflicht noch zu erfüllen – einmal gegenüber der Familie, dann gegenüber ihrer Arbeit. Das ist das Problem der arbeitenden Mutter.«[21]

Trotz allem konnte Golda Meir am Ende ihrer Lebensbilanz festhalten: »Was mich betrifft, so ist mein Leben gesegnet gewesen.«[22] Und drei Jahre vor ihrem Tod am 8. Dezember 1978, hervorgerufen durch einen lange zuvor erkannten Lymphgewebekrebs, hat die 77jährige ihre Autobiographie in derselben Geisteshaltung beendet, in der sie gelebt, gearbeitet und gekämpft hat – einer Mischung aus Dankbarkeit, Entschlossenheit und kraftvollem Mut: »Und nun habe ich nur noch diesen Wunsch: nie das Gefühl dafür zu verlieren, daß ich für alles, was mir gegeben wurde, Dank schuldig bin – von damals, als ich in einer kleinen Kammer in Rußland zum ersten Mal vom Zionismus hörte, ein halbes Jahrhundert hindurch bis hierher, wo ich meine fünf Enkel als freie Juden heranwachsen sah, in einem Land, das ihnen gehört. Niemand in aller Welt soll daran zweifeln: unsere Kinder und Kindeskinder werden sich nie mit Geringerem abfinden.«[23]

Margaret Thatcher

geb. 1925

Golda Meir hat von einem »Trauma« gesprochen im Zusammenhang mit den Ereignissen des Jom-Kippur-Kriegs. Einer ihrer britischen Freunde, der verstorbene Richard Crossmann, fand das wild übertrieben. So fragte sie ihn, wie denn die Reaktion in Großbritannien gewesen wäre, wenn den Briten etwas Ähnliches widerfahren wäre. »Er war über meine Frage so verblüfft, daß er beinahe seine Kaffeetasse hätte fallen lassen. ›Glauben Sie etwa, uns wäre so etwas noch nicht passiert?‹ fragte er. ›Glauben Sie, Churchill hätte während des Krieges nicht auch Fehler gemacht? Haben Sie Dünkirchen vergessen und noch viele andere Rückschläge? Wir haben uns das damals nur nicht so sehr zu Herzen genommen.‹«[24]

Eine definitiv britische Art, mit Katastrophen umzugehen. So definitiv britisch wie Maggie Thatcher, von der erst die Geschichtsschreibung aus sicherer Distanz sagen wird, ob auch sie zu den Fehlern, den Katastrophen Großbritanniens gehört – oder ob die »Pasionara der Mittelschicht«[25] als einzig mögliche Rettung vor dem nationalen Bankrott einer ehemaligen Weltmacht bezeichnet werden kann.

Für den Moment kann sie sicher Anspruch auf ein »Sowohl – als auch« erheben. Es kommt, wie so oft, auf den Standpunkt des Beschauers an. Großbritannien, Europa und der Rest der Welt haben es hier mit einer formidablen Führungsfrau zu tun – einer, die viele ihrer männlichen Kollegen das Fürchten gelehrt, die aber auch Bewunderung bei ihnen hervorgerufen hat. Sie hat so viele Erfolge aufzuweisen, wie kaum ein britischer Regierungschef vor ihr; allein schon die Tatsache, daß sie die erste Frau in der britischen Geschichte ist, die das Amt des Premierministers bekleidet. Dann ist es schon mehr als 170 Jahre her, daß jemand in dieser Funktion die dritte Amtsperiode hintereinander angetreten hat. Schließlich hat sie in erstaunlich kurzer Zeit den

Briten, oder sehr vielen von ihnen, ein neues »Wir-Gefühl« gegeben – eines, das so weit geht, daß es (allzu) häufig ein »Wir gegen den Rest von Europa« bedeutet. Wie bedeutend sie ist, zeigt sich unter anderem darin, wie gut sich ihr Name, ihr Image, ihre Eigenschaften vermarkten lassen. Selbst das amerikanische Wochenmagazin *Newsweek* fand das erwähnenswert; unter dem Titel *A Burst of Maggie Mania* berichtete es in der Ausgabe vom 8. Mai 1989, daß es inzwischen Thatcher-Teekannen, -Eierbecher, -Fingerhüte, -Masken, -Hausschuhe, -Schlüsselringe, -Büsten, -Poster und – Thatcher-Toilettenpapier gibt!

Weiterhin zählt zum Ausbruch dieser Manie auch ein etwas teureres und vornehmeres Andenken an »Ein Jahrzehnt ›eiserne Lady‹« (wie die *Neue Zürcher Zeitung* ihre Kritik des Fernsehfilms betitelte, der aus Anlaß des Jubiläums auch über den Schweizer Bildschirm geflimmert ist) : eine Porzellanschüssel der renommierten Marke *Royal Worcester* für den stolzen Preis von 375 Dollar. Auf der Schüssel sind vier Motive – es darf nostalgiert werden, denn der Lady geht ja Tradition über alles –: der Lebensmittel-Laden in Grantham, wo Margaret Roberts geboren wurde; ihre Mädchenschule; ihr College in Oxford und die Kapelle in London, wo sie getraut worden ist. Und Tatsache ist, daß man das, was Margaret Thatcher tut, das, wofür sie einsteht, und das, was sie in der Mittelschicht so populär gemacht hat, alles auf die Werte und Erlebnisse ihrer frühen Jahre in Grantham zurückführen kann: »Bei näherer Betrachtung ihrer Kindheit und Jugend gelangt man zu den Grundfesten ihrer Philosophie. Sie mißt England an der Atmosphäre und an den Normen der kleinen heilen Welt eines Ladeninhabers in Grantham in der Zeit zwischen den beiden Weltkriegen, und in gewissem Sinne soll England unter ihrer Führung dazu zurückfinden.«[26]

Das ist dann allerdings auch genau das Problem mit der derzeitigen Regierungschefin : Sie verkörpert die Mittelklasse, sie kämpft für die Mittelklasse – alles, was in diesem sehr begrenzten Spektrum nicht Platz hat, liegt auch nicht im Rahmen des Regierungsprogramms, wie zum Beispiel Sozialfragen oder visionäre Zielsetzungen.

> »Margaret Thatcher ... repräsentiert eine konservative Wende hin zu Entschlossenheit und Rücksichtslosigkeit, die in der neueren Geschichte Englands ohnegleichen ist. [...]

> Die Krämerstochter mit zweifachem Universitätsabschluß im Amt des Premierministers verkörpert den Aufstiegswillen der in der Konservativen Partei dominierenden alten und neuen Mittelschicht. Deren Ängste über die eigene Stellung in der Gesellschaft werden durch demonstratives Vorwärtsstreben kompensiert. Die Frage nach dem Ziel wird nicht gestellt, eine soziale Utopie gibt es nicht mehr, sie hat sich aufgelöst in den Egoismus der konkurrierenden Einzelnen.«[27]

Das sind schonungslose Worte, mit denen der Autor seinem Lese-Publikum schon auf dem Einband sagt, was es zu erwarten hat. Ich glaube nicht einmal, daß die Premierministerin darüber unglücklich wäre. Sie hat schon sehr viele harte und noch härtere Worte hören müssen, die sie mit beeindruckendem Gleichmut an sich abprallen läßt. Und außerdem: sie steht zu ihrem Programm, zu ihrer Weltanschauung. Wenn es etwas gibt, was man an ihr bewundern muß, dann ist es ihre konsequente Haltung in vielen Bereichen ihrer zehnjährigen Amtszeit. Man kann diese Haltung allerdings ebenso als enervierende Sturheit bezeichnen ...

Blenden wir kurz zurück nach dem so wichtigen Grantham: Der Vater, Alfred Roberts, hat als intelligenter junger Schusterssohn die Schule bereits im Alter von zwölf Jahren verlassen müssen. Der eifrige Methodist holt mit eiserner Selbstdisziplin die versäumte Schuldbildung nach; er wird der beste Kunde der Stadtbücherei. Den Lebensunterhalt verdient er allerdings als Gemüsehändler; noch im Ersten Weltkrieg haben er und seine junge Frau mit ihren Ersparnissen einen eigenen kleinen Laden mit zugehöriger Poststelle erwerben können. Erst vier Jahre danach kommt 1921 die erste Tochter, Muriel, zur Welt. Die Roberts tun nichts Unbedachtes; statt dessen arbeiten sie hart und sparen immer noch, bis sie das Geschäft auf die beiden anliegenden Häuser erweitern können. Das Ehepaar hat mit Disziplin, Sparsamkeit und enormem Arbeitswillen den Aufstieg in die untere Mittelschicht geschafft. Am 13. Oktober 1925 wird dann, in einem Zimmer im ersten Stock, die zweite Tochter geboren: Margaret Hilda ist ihr Name.

Das Haus hat weder fließend Wasser noch eine Toilette. Keinen Garten, dafür Verkehrslärm. Gebrauchte Möbel, aber enge Familienbande. Der Vater betätigt sich politisch, jedoch ohne Parteizugehörigkeit. Einstellungsmäßig neigt er eher zu »Labour«, wird aber später die Kandidatur seiner Tochter für die Konservativen unterstützen. Mit fünf Jahren wird diese intelligente Tochter bereits eingeschult; sie ist ein ruhiges, ernsthaftes und sauberes Mädchen, großzügig und mit einem beneidenswerten Selbstvertrauen ausgestattet. Ich liebe die Anekdote über die Neunjährige: Ihre Lehrerin gratuliert ihr zu einem Preis, den sie bei einem Gedichtvortrag bekommen hat, mit den Worten: »Hast schönes Glück gehabt, Margaret«, und die »Beglückte« erwidert: »Nicht Glück, es war verdient.«[28] Mit neuneinhalb Jahren bewirbt sie sich bereits um einen Platz in der Stipendienklasse, von wo aus sie die Aufnahme in die höhere Mädchenschule anstreben darf. Mit zehneinhalb hat sie auch diese Hürde genommen.

Kirche und Bibel spielen in ihrer Jugend ebenso eine Rolle wie Arbeit im Haushalt und praktische Nachbarschaftshilfe. In den Ferien und nach der Schule sind die beiden Mädchen zur Mithilfe im Laden angehalten. Aber ebenso regt der Vater sie dazu an, sich für das Tagesgeschehen und die Politik zu interessieren. »Von den beiden Töchtern zeigte sich Margaret am meisten interessiert an diesen Gesprächen, wobei ihr Vater sie zum Mitreden aufforderte. Die Roberts waren eine engverbundene Familie, und beide Eltern bemühten sich um ausgeglichene Behandlung ihrer Kinder, aber zwischen Margaret und ihrem Vater entstand aufgrund der gemeinsamen Interessen ein besonders enges Verhältnis. Beide lasen viel.«[29]

Natürlich ist Margaret die Klassenbeste. Was überraschen mag, ist, daß sie erwägt, Schauspielerin zu werden. Ihr phänomenales Gedächtnis sowie ihr Aussehen und ihre Ausstrahlung hätten sie ohne weiteres dazu befähigt. Doch plötzlich beschließt sie, in den Beamtendienst für Indien einzutreten. Auch hier eine typische Reaktion auf Einwände oder Widerstände: Als die Schulleiterin versucht, ihr das auszureden, mit dem Hinweis, daß eine Frau schwerlich im Beamtendienst für Indien Karriere machen könne, erwidert Margaret: »Das ist ein ausgezeichneter Grund, es zu versuchen.«[30]

Die Schulleiterin ist wohl ganz und gar typisch für ihre Zeit und für Grantham gewesen – also ganz und gar nicht richtig für die untypisch-ehrgeizige Margaret. Es folgen noch weitere (fruchtlose) Auseinandersetzungen, bei denen Margaret immer als Siegerin hervorgeht: So hat sie zum Beispiel gegen den Widerstand der Schulleitung Latein nachgeholt, um nach Oxford gehen zu können. Sie hat sich zum Chemie-Studium entschlossen; später wird sie dem noch ein Jura-Studium hinzufügen, weil das die bessere Voraussetzung für eine politische Laufbahn ist – denn in die Politik drängt es sie nun mal.

Zwischen den beiden Studienabläufen liegt der Namenswechsel, dem Frauen ja nun einmal unterworfen sind. Am Anfang ihrer politischen Tätigkeit lernt sie Denis Thatcher kennen. Er ist ein Mittdreißiger, erfolgreicher Leiter eines erfolgreichen Familienbetriebs und erfolgloser Kandidat um einen Sitz im Bezirksrat von Kent. Er ist auch geschieden – eine Tatsache, die ihre Kinder erst als Erwachsene erfahren! Man habe einfach nie darüber gesprochen, hat Maggie einmal gesagt.

Einer der besten Beweise für die Bedeutung, die ihr auch von ihren Gegnern widerwillig attestiert wird, ist die Flut von Literatur, die es bereits jetzt, während ihrer Amtszeit, über sie gibt. Allein in diesem Jahr werden rund ein Dutzend Bücher über sie erscheinen; dazu wird eine Anzahl von Dokumentarfilmen gedreht. Sicher ist sie eine der bestdokumentierten Regierenden unserer Zeit. Und so läßt sich, während man auf ihren nächsten Coup wartet, mühelos nachlesen, wie sie ihren Aufstieg in der Konservativen Partei bewerkstelligt hat – begonnen hat er, während sie als Nahrungsmittel-Chemikerin arbeitete –, wie sie dank Denis' Sekretärin mehr erledigen konnte als die anderen, wie sie dank seines Geldes kurz nach der Geburt der Zwillinge Carol und Mark eine Kinderschwester und später dann eine Erzieherin anstellen konnte.

Ihre Jahre als Steueranwältin kommen ihr heute noch zugute; wenn es um Zahlen und Fakten geht, macht ihr so leicht keiner etwas vor – sehr zum Leidwesen ihrer Kritiker, wie es scheint: »Auch Margaret Thatcher hat die Angewohnheit, nicht zur Sache zu reden, sondern haarscharf daran vorbei, so daß nur der Eindruck entsteht, sie rede zur Sache, denn sie begleitet ihre Aussagen fast immer mit Zahlen und Fakten.«[31] Ihren Verstand haben schon viele kommentiert, und wenn es ihr auch an Visionen mangelt, so ist ihre Intelligenz unbestritten, aber nicht von allen bewundert: »Es heißt, ihr Verstand arbeite wie ein ›Kegelscheinwerfer‹: Sie leuchtet ein Thema voll aus und erfaßt es schnell und eingehend. Die breitangelegte oder erhabene Art, mit der beispielsweise Harold MacMillan instinktiv den Standpunkt der Regierung oder Englands zu bestimmen pflegte, liegt ihr nicht; auch nicht die überragende Vision von einem künftigen England, die Edward Heath bei seinem Kampf für Europa beseelte.«[32]

Andere sagen dasselbe, aber knapper; ein enger Mitarbeiter, der ihre Konzentrationsfähigkeit bewunderte (die sie schon als Schülerin bewiesen hat), hat gesagt: »›Sie würde es gar nicht gerne hören, aber ich meine, sie hätte einen guten höheren Beamten abgegeben.‹«[33] (Man beachte die männliche Form, wenigstens wie sie in der Übersetzung erscheint.) Und ein Mitglied ihrer Partei meint wenig schmeichelhaft: »Sie ist ein guter Adjutant, und sonst nichts. Politische Führungsqualität verlangt aber mehr als bloßes Erledigenkönnen.«[34]

Hier sei die Frage erlaubt: Adjutant für *wen*? Und außerdem: Maggie Thatcher hat nie daran gedacht, irgendwo die zweite Geige zu spielen. Was immer sie unternommen hat: Sie hat klar auf »Gewinn« gesetzt – und sie hat gewonnen, egal ob es sich um einen Sitz im Unterhaus, den Parteivorsitz oder die Wahlen handelt, die ihr 1979 zu ihrer jetzigen Position verholfen haben. Und was sie anfaßt, hat Hand und Fuß, besonders wenn es sich um eine so wichtige Wahlkampagne handelt:

> »Ihre politische Nostalgie verträgt sich allerdings sehr wohl mit den modernsten Public Relations-Methoden. Die Werbefirma Saatchi und Saatchi managte 1979 nicht nur Margaret Thatcher in ihrem persönlichen Wahlkampf, sondern übernahm die Werbung für die gesamte Konservative Partei. So wurden in den Fernsehspots außer Thatcher und wenigen engen Mitstreitern die übrigen auftretenden Politiker von Schauspielern dargestellt (eine Idee, die allein aus ästhetischen Gründen auch in der Bundesrepublik Beachtung finden sollte).«[35]

Diese Art von Kampagne ist nicht unumstritten, aber offenbar wirksam:

> »Die beste Werbung für die neuen Tories war und ist die Parteivorsitzende selbst. [. . .] Margaret Thatcher *ist* die Mit-

> telschicht, für die sie politisch kämpft. . . . In Thatcher verdichtet sich in geradezu phantastischer Weise der Zeitgeist des *small ist beautiful. Sie ist die Wende hin zu den neuen Scheinsicherheiten neoliberaler Ökonomie, und sie lebt die Moral der Kleinbürgerrevolte. Ihr Familienmotto lautet denn auch: Cleanliness is next to godliness* – ›Sauberkeit kommt gleich nach Gottesfurcht‹.«[36]

Und da wären wir wieder in Grantham, *ihrem* ureigenen Umfeld. Man kann über die Premierministerin denken, was man will, aber man muß ihr eins lassen: Sie hat nie ein Hehl aus ihrem Pragmatismus, ihrer intellektuell eher bescheidenen Sichtweise gemacht. Für sie zählt die Weltanschauung der offenbar ebenso pragmatischen Methodisten: Mit harter Arbeit, Fleiß, Sauberkeit und Sparsamkeit lassen sich alle Krisen bewältigen – und früher oder später wird man für diese Einstellung belohnt. Wozu braucht man da Sozialprogramme? Wozu Krankenversicherungen? Warum muß man wegen der Arbeitslosen so ein Getue machen? Und Gewerkschaften? Ihre Eltern waren auch in keiner, nicht wahr? Na also.

Aus der Sicht eines Kommentators, der offensichtlich nicht zu ihren Fans gehört, sieht das so aus: Das vierte Kapitel seiner Analyse der Ära Thatcher heißt »Des Empires uneheliche Kinder« und behandelt viele Themen, die Maggie intern auf ihre Art lösen möchte und die sie extern zu einer oft kritisierten Führungsfrau gemacht haben: »Die Furcht vor dem Fremden – Kontrolle der Einwanderung – Angst vor Überfremdung und Gewalt – ›Little Englandism‹ und Rassismus – Konflikte zwischen den Minoritäten – Das Ghetto brennt« u. a. m.[37] Als die internen Schwierigkeiten überhandzunehmen drohten und ein großer Popularitätsverlust sich abzeichnete, kam ihr das Schicksal zu Hilfe: der Falkland-Konflikt, auf den sich die Regierungschefin geradezu wie auf einen Rettungsanker stürzte. Ein altbewährter Trick: Wenn es intern zu heiß wird, lenkt man mit externen Problemen ab. Sie erzeugen das berühmte »Wir-Gefühl«, das, besonders wenn das Problem erfolgreich gelöst wird, auch beim Bewältigen der internen Konflikte eingesetzt werden kann. Die Truppen, die auf der anderen Hemisphäre in einer Angelegenheit kämpften, die sie nicht so recht zu ihrer eigenen machen konnten, machten aus der intern umstrittenen Premierministerin eine strahlende Siegerin.

All diejenigen – inklusive ich –, die bei ihrem Amtsantritt der Meinung waren, daß sie einen gewissen Prozentsatz von Frauen in ihr Team berufen würde, erwartete eine herbe Enttäuschung – und selbst Edwina Currie hat nun den Hut nehmen müssen. Ja, aber hat Maggie Thatcher je vorher gesagt, daß sie Frauen vermehrt berücksichtigen würde? Eben. Und hat sie sich je um die Erwartungshaltung der anderen gekümmert? Na also.

Dies wird besonders schmerzlich in ihrem Verhältnis zur EG deutlich. Wenn alle einer Meinung sind – was ja, weiß Gott, selten genug passiert –, wird England gewiß Schwierigkeiten machen. Eine Haltung, die wiederum *Newsweek* zu einem großen Artikel über sie inspirierte, der in der Frage gipfelte *Is Thatcher a Real European?* Das Magazin ist am Ende des langen Artikels zu dem Schluß gekommen, daß sie zum Teil europäischer als die anderen ist. Ihr Kampf gegen den zu großen Einfluß und die gewollte Einigkeit der EG ab 1993 ist heftig und ausdauernd. Freiheit wird bei ihr großgeschrieben, Kontrolle lehnt sie rundweg ab. Europa solle durch seinen Schulterschluß auf keinen Fall seine Beziehungen zu den Vereinigten Staaten und Japan gefährden, heißt ein Postulat; ein anderes weist darauf hin, daß Warschau, Prag und Budapest ebenfalls großartige *europäische* Städte sind und eines Tages der Gemeinschaft angehören könnten.[38] Die erfundene Anekdote von der Zeitungsüberschrift »Nebel über dem Ärmelkanal; Festland abgeschnitten« entspricht eher dem Geist der »Eisernen Lady« als alle pro-europäischen Lippenbekenntnisse, die sie hie und da macht. Aber wiederum war das ja auch eine der größten Befürchtungen ihrer eigenen Partei, bevor sie gewählt wurde. Wenn man das damals schon erkannt hatte – warum sich heute wundern oder aufregen? Margaret Thatcher ist dafür bekannt, daß sie konsequent ihre Haltung vertritt – auch wenn der Rest der Welt eine andere einnimmt.

Ihr Arbeitstag ist enorm; ihre Erwartungshaltung an ihre Mitarbeiter ebenso. Sie hat ihren Stab gut gewählt, und die Zusammenarbeit scheint reibungslos zu sein. Sie hat ihre Rückschläge gehabt – und sie weggesteckt. Aber sie vergißt nicht so schnell, besonders nicht, wer diese Rückschläge bewirkt hat. Ihre Disziplin ist beeindruckend:

»Als im Oktober 1984 die IRA das Grand Hotel in Brighton, in dem vor dem Parteitag die Spitzenpolitiker der Partei übernachteten, gegen drei Uhr morgens in die Luft jagte, kam sie aus den Trümmern hervor, makellos im Abendkleid, Frisur und Makeup perfekt, kein Stäubchen, kein Kratzer, wie ein Phönix aus der Asche. Sie hatte noch gearbeitet. Und während um sie herum Menschen schrien, halbangekleidete Verletzte im Schock durch die trümmerübersäte Halle stürzten, blieb sie sachlich und kühl.«[39]

An das Abendkleid kann ich mich nicht mehr erinnern, aber an die Selbstbeherrschung schon. Man kann das positiv sehen oder so, wie es der Biograph oben andeutet.

Sie ist von ihrer nationalen Mission überzeugt, von ihrem Sendungsbewußtsein durchdrungen, und da kann sie schon mal sogar die Bibel bemühen, um dieser Überzeugung Nachdruck zu verleihen:

»Vergleiche mit den jüdischen Propheten werden dabei von ihr nicht als peinlich empfunden, sondern reflektieren ihre Art von volksgesundem Selbstbewußtsein. Margaret Thatcher führt das auserwählte Volk, jedenfalls seine besseren Teile, in das versprochene Land, in dem die Gerechten ihr Auskommen finden: ›Die Propheten des Alten Testaments sagten nicht: Bruder, ich möchte einen Konsensus. – Sie sagten: Dies ist mein Bekenntnis, an das ich leidenschaftlich glaube. Wenn auch ihr daran glaubt, so kommt mit mir.‹«[40]

Das ist Maggie Thatchers Originalton, unverkennbar. Rhetorisch äußerst gewandt, findet sie (fast) immer die richtigen Worte. Und das auch im letzten hier zu erwähnenden Punkt: bei der sattsam bekannten Doppel- und Dreifachrolle jeder berufstätigen Frau. In einem Artikel, den sie kurz nach der Krönung Elizabeth' II. verfaßt hat, heißt es: »Frauen können – und müssen – in der Schaffung einer glorreichen elisabethanischen Ära eine führende Rolle spielen. [. . .] Die Vorstellung, daß die Familie dabei zu kurz kommt, ist meiner Meinung nach völlig falsch.«[41]

Das war in den frühen fünfziger Jahren, als sie selbst die größte Mühe hatte, von potentiellen Wählern als seriös angesehen zu werden – eine junge Frau mit zwei kleinen Kindern! Inzwischen ist die Rhetorik anders: Bei dem »spezifischen Feminismus der Tories« betont die Premierministerin »auch immer die traditionelle Frauenrolle, indem sie sich penetrant häuslich in ihrer Küche in Downing Street No. 10 filmen und fotografieren läßt und darauf stolz ist, Ehemann Denis jeden Morgen vor Aufnahme ihrer Amtsgeschäfte das Frühstück zu machen«.[42] Und so konservativ, wie sie sich sonst gibt, ist sie auch hier (geworden): »Eine Familie hochzubringen, ist das wichtigste, was es gibt... Frauen wissen, daß Gesellschaft auf Würde, Zurückhaltung und Disziplin gründet; weil Frauen die Kinder gebären und das Zuhause schaffen und aufrechterhalten.«[43] Wenn dem so ist, wieso hat sie dann, als die Kinder erwachsen waren, gestanden, »sie fühle sich schuldig, weil sie so wenig Zeit für sie gehabt habe«?[44] Golda Meir läßt grüßen...

Widersprüchlichkeiten bei aller Konsequenz. Oder doch nicht? Der konservative Unterton ihrer Jugend ist jetzt eben dominanter geworden, hat sich zum einzigen Ton entwickelt. Konservativ, konsequent, kaufmännisch – das ist ihr *approach* bei der verantwortungsvollen Aufgabe, die sie sich gestellt hat. Wie lange noch? Darauf hat sie schon geantwortet – zum Trost der Thatcher-Fans, deren Wirtschaftslage sich erheblich verbessert hat, wie auch zum Horror ihrer Gegner, die die Dame und ihre anti-soziale, anti-europäische Haltung ins Pfefferland wünschen:

> »Das ist erst die dritte Amtszeit. Wir haben noch einen weiten Weg vor uns. Ich glaube, unser Programm wird mehr als fünf Jahre benötigen. Ich denke, es ist in der Tat ein Manifest, um den Kurs in Richtung auf das Ende des Jahrhunderts zu setzen. Und wir sollten auch zugleich Britanniens Kurs für das nächste Jahrhundert angeben.... Ja, ich möchte immer weitermachen.«[45]

Und die Moral von der Geschicht'?

Wer nicht von dreitausend Jahren
sich weiß Rechenschaft zu geben,
bleibt im Dunkeln unerfahren,
mag von Tag zu Tage leben.

Goethe ist ja im deutschen Sprachraum bekanntlich immer gut für ein passendes Zitat. Und so auch hier als Einstieg in das Schlußkapitel eines Buches, das einen geschichtlichen Aspekt nicht nur über dreitausend, sondern sogar über dreitausendfünfhundert Jahre verfolgt hat: Führungsfrauen, geschichtlich belegbare Figuren, die sich hier zu einer *Her-story* statt einer *History* zusammengefunden haben. Frauen, die, wie es in der Einleitung heißt, einen eigenen Schatten geworfen und das dank Können und Klugheit, Kompetenz und Kommunikationsfähigkeit getan haben. Dies ganz im Gegensatz zu einem Historiker unseres Jahrhunderts, der in einem Essay über den Einfluß der Frau auf die Geschichte geschrieben hat: »Unglaublicherweise sind manche Leute blind genug, um zu meinen, die Frau könne durch Wahlrecht und Doktorgrad auf die Weltgeschichte ebenso nachhaltig einwirken, wie sie es vermöge jener magischen Kraft der Bezauberung bereits tut.«[1]

Dieser Meinung des Spaniers Ortega y Gasset steht eine Form der Bewunderung gegenüber, die fast einer Verherrlichung der Frau gleichkommt, so wie es zum Beispiel John Stuart Mill in seiner Homage an seine Frau Harriet Taylor Mill ausdrückt, die in folgenden Worten gipfelt: »Was ich selbst in intellektueller Beziehung ihr zu danken habe, ist in seinen Einzelheiten fast endlos.«[2] Können wir damit mehr anfangen? Marielouise Janssen-Jurreits Feststellung könnte hier als Antwort dienen: »Es geht nicht darum, die Einzeltaten von Frauen in der Geschichte zu verherrlichen oder Frauen unkritisch zu beurteilen. Ihr Geschichtsdefizit zu beseitigen, kann nicht darauf zielen, der Geschichte der großen Männer eine Geschichte der großen Frauen hinzuzufügen, sondern die historische Forschung in ihren Fragestellungen und in ihren Wichtigkeits- und Rangvorstellungen zu berichtigen.«[3]

In diesem Sinne sollten die vorliegenden Seiten Orientierungshilfe bieten. Ganz besonders im Hinblick auf die Geschichte der nächsten paar Jahrzehnte, die alle Voraussetzungen dafür bieten, Frauen den Einstieg und das Überleben in Führungsfunktionen zu erleichtern. »Wir leben in einer jener seltenen Zeiten der Menschheitsgeschichte, in denen die beiden entscheidenden Elemente für gesellschaftliche Veränderung vorhanden sind: neue Wertvorstellungen und wirtschaftliche Notwendigkeit.«

Diese Feststellung kommt nicht aus einem Geschichtsbuch, sondern aus einem Buch, das Manager weltweit als Pflichtlektüre lesen sollten: *Megatrends des Arbeitsplatzes* von dem Autoren-Ehepaar John Naisbitt und Patricia Aburdene.[4] Die wirtschaftliche Notwendigkeit ist, wie wir wissen, in den Konsequenzen aus dem Geburtenrückgang zu sehen. Die neuen Wertvorstellungen haben 1968 begonnen und sind durch ein zunehmendes Verantwortungsgefühl für unsere Umwelt, durch das Bewußtsein einer internationalen Interdependenz sowie durch große Veränderungen in der Arbeitswelt begünstigt worden. Um einer anspruchsvollen, kritischeren kommenden Generation von Führungskräften gerecht zu werden, bzw. um, ganz pragmatisch ausgedrückt, auf einem Verkäufermarkt motivierte Mitarbeiter in ein Unternehmen zu locken und sie dort auch zu halten, brauchen wir neue Führungsgrundsätze. Die herkömmlichen Vorstellungen von Talenten und Tätigkeiten eines Managers müssen einem neuen Führungsverständnis Platz machen, das am besten mit dem englischen Wort *leadership* erfaßt werden kann.

Leaders, die Exponenten von *leadership*, sind Menschen, die visionäre Ziele haben, die diese Ziele mit Engagement und großer Kommunikationsfähigkeit ihren Mitarbeitern vermitteln können, die diesen Mitarbeitern dann genügend Spielraum für Kreativität, Eigenverantwortung und persönliche Entwicklung lassen, um die vorhandene Motivation nicht zu behindern, die sich also eher als Förderer und Mentoren denn als Macher, Antreiber und Kontrollorgane verstehen. Sie haben begriffen, daß

Arbeit Spaß machen und größte Befriedigung vermitteln kann, wenn sie mit Engagement, Integrität und Authentizität geleistet wird. *Leaders* haben sowohl Mut als auch Durchhaltevermögen, sind sowohl visionär als auch pragmatisch, schätzen sowohl Tradition als auch Innovation. Und sie arbeiten nicht für den nächsten Vierteljahres-Bericht an die Aktionäre, die Wachstum um jeden Preis erwarten, sondern für langfristige Ziele, die über den eigenen Wirkungsbereich hinausführen. Management ist eine Wissenschaft, *leadership* eine Kunst. Nach wie vor werden Manager nötig, *leaders* jedoch für die Zukunft wesentlich sein.

Was ist nun die »Moral von der Geschicht'« für uns? Wie »gut« sind die Frauen in diesem Buch, wenn man an ihnen ermessen will, worin der Beitrag von Frauen in der nächsten Führungsgeneration bestehen könnte? Machen wir also die »Gegenprobe«:

Visionen als Handlungsgrundlage: Da bieten sich so verschiedene Persönlichkeiten an wie Kleopatra, Teresa von Avila, Isabel von Spanien, Flora Tristan, Lily Braun, Florence Nightingale oder Golda Meir. Sie alle haben für ein ganz großes visionäres Ziel gearbeitet und gekämpft. Visionen beinhalten Engagement, Glauben an eine Sache, Kämpfen für ein Anliegen, das einem sehr viel wert ist: Teresa wollte der »Sache Gottes« auf Erden mehr Nachdruck verleihen; Isabel, Elizabeth I., Maria Theresia und Golda Meir liebten ihr Land so sehr, daß sie alles dafür einsetzten oder aufgaben. Alle Frauen des fünften und sechsten Kapitels spürten dieses allumfassende Engagement ebenso wie die Vorkämpferinnen auf dem Wege zur Gleichwertigkeit, Mary Wollstonecraft, Flora Tristan, Susan B. Anthony und Amelia Bloomer.

Klare Zielsetzungen helfen bei der Umsetzung der Vision: Die haben fast alle hier Porträtierten gehabt – ob es nun das Ziel war, der Welt den ersten weiblichen Pharao zu bescheren oder Orient und Okzident unter eine Herrschaft zu bringen; ob es das Stimm- und Wahlrecht für Frauen war oder die Möglichkeit, einen Beruf zu erlernen und auszuüben; ob das Ergebnis sein sollte, Frauen größere Bewegungsfreiheit oder höhere Löhne zu verschaffen.

Um ein Ziel zu erreichen, braucht man Geduld bzw. Durchhaltevermögen, Energie und Ausdauer, Mut und Kampfgeist. Theodora von Byzanz entspricht wohl all diesen Anforderungen ebenso wie die Kämpferinnen für Frauenrechte. Sowohl Kleopatra als auch Golda Meir haben diese Eigenschaften gehabt, wie auch Eléonor von Aquitanien und Coco Chancel. Teresa und Maria Theresia, Florence Nightingale und Else Züblin-Spiller – sie alle hätten ihre Aufgabe nie bewältigen können ohne diese wertvollen Eigenschaften, die die Erreichung des Ziels möglich machen. Und Margaret Thatcher darf in dieser Kategorie unter keinen Umständen fehlen!

Die »magische Kraft der Bezauberung«, die Ortega y Gasset so schätzt, wird es alleine wohl nie tun: Mary Stuart ist ein gutes Beispiel dafür, daß es noch einiges mehr braucht, um eine Führungspersönlichkeit zu werden. Dennoch haben Kleopatra, Eléonor und Maria Theresia von ihrem Charme, ihrem Charisma, ihrer Ausstrahlung profitieren können, und so verschiedene Frauen wie Teresa und Maggie Thatcher wußten bzw. wissen um die Wirkung dieser Komponente. Dazu ein interessanter Kommentar eines männlichen Zeitgenossen in einer Stellungnahme zur Quotenregelung:

> »Ich neige dazu anzunehmen, daß eine Frau nur dann erfolgreich als Managerin ist, wenn sie Eigenschaften aufweist, die wir generell als ›männlich‹ einstufen. [. . .] Überdurchschnittlich erfolgreich sind Managerinnen wohl dann, wenn sie über diese »männlichen« Grundeigenschaften hinaus über weibliche Vorzüge wie Sensibilität und Intuition verfügen und ihre Härte und Konsequenz in weiblichen Charme einzuhüllen imstande sind.«[5]

Aus dem Blickwinkel dieses *Management Consultant* gesehen, bietet sich Mrs. Thatcher hier geradezu als Rollenvorbild an. Die *Neue Zürcher Zeitung* schreibt in ihrer bereits erwähnten Kritik des Fernsehfilms über die Regierungschefin: »Mit aufschlußreichen Sequenzen aus dem Archiv zeigt [der Londoner ARD-Korrespondent Peter Merseburger], wie sie wohldosiert ihre Weiblichkeit einzusetzen vermag – etwa wenn sie Gorbatschow mit geballtem Charme betört – oder diesen zugunsten robuster Maskulinität blitzschnell ablegt, wenn es darum geht, sich beim EG-Gruppenbild in Brüssel unter massivem Ellbogeneinsatz zwischen die männlichen Amtskollegen zu drängen.«[6]

Daß Charme und Charisma auch viel mit guten Manieren, mit Höflichkeit, Respekt und Liebenswürdigkeit zu tun haben, das haben Frauen wie Kleopatra und Teresa oder Lily Braun und Marguerite Durand gezeigt. Dies nur als Randbemerkung.

Wenn es schon um spezifisch weibliche Eigenschaften geht, dann würde ich in erster Linie die Frauen erwähnen, die neben all dem, was sie sonst geleistet haben, auch noch Schwangerschaften und Kindererziehung bewältigt haben; Kleopatra, Eléonor und Catherine sowie – natürlich – Maria Theresia schlagen mit je 5, 10 und 16 Geburten zu Buche. Natürlich haben sie eine Reihe von dienstbaren Geistern um sich gehabt, die ihnen beim Aufziehen ihrer Nachkommen geholfen haben, aber wenn man die weibliche Garderobe, die Art der Fortbewegung – hauptsächlich zu Pferde! – sowie die Gefahren, die Schwangerschaft und Geburt mit sich brachten, berücksichtigt, ist die Leistung enorm. Erst das 20. Jahrhundert wird dieser urweiblichsten Fähigkeit noch die Schuldgefühle hinzufügen, so daß bei den je zwei Kindern von Golda Meir und Margaret Thatcher schon fast unüberwindbare Probleme entstehen.

Wer nach einem Vorbild in bezug auf Authentizität und Integrität sucht, mag sich an Hildegard von Bingen, Teresa, Maria Theresia, Lily Braun, Else Züblin-Spiller oder Golda Meir halten. Und wer daran glaubt, daß Bescheidenheit, Demut und Dankbarkeit nicht unbedingt hindernd auf dem Weg nach oben sind, kann ebenfalls bei den beiden ersteren und der letzteren Unterricht nehmen.

Männliche Berater und Förderer? Warum nicht, wenn sie so klug und fördernd vorgehen wie die Männer um Hatschepsut, Elizabeth oder Maria Theresia es getan haben. Sowohl Caroline Neuber als auch Marguerite Durand haben in Männern Förderer und Geldgeber gefunden; Clara Zetkin, Rosa Luxemburg und Golda Meir sind von ihren männlichen Parteigenossen portiert und gefördert worden; Coco Chanel und Else Züblin-Spiller haben von dem Vertrauen, das Männer in ihre Fähigkeiten gesetzt haben, profitieren können. Daß man sich allerdings auch die falschen Berater aussuchen kann, hat Mary Stuart schlagend unter Beweis gestellt ...

Wie wichtig elterliche Förderung sein kann, haben Hatschepsut und Eléonor, Susan B. Anthony und Emmeline Pankhurst, Louise Otto-Peters und Margaret Thatcher gezeigt. Maria Theresia war zwar dank der »Pragmatischen Sanktion« für die Thronfolge vorgesehen, aber keinesfalls darauf vorbereitet. Dafür hatte sie das Glück – diesmal ist es wirklich Glück! –, in Gräfin Charlotte Fuchs, der »Aja«, eine großartige Erzieherin zu haben, der sie zeitlebens ein dankbares Andenken bewahrt hat.

Wie erfolgreich man aber auch sein kann, ohne mit dem Silberlöffel im Mund geboren zu sein oder in der Jugend gefördert zu werden, haben viel mehr Frauen in diesem Buch bewiesen: Theodora, Cathérine und Elizabeth, Caroline Neuber und Mary Wollstonecraft, Lily Braun und Florence Nightingale, Coco Chanel und Golda Meir haben in ganz verschiedenen Milieus und Jahrhunderten ihre Jugend erfolgreich hinter sich gelassen.

Und wie steht es mit den Fehlschlägen im Erwachsenenleben? Wohl keine der hier Porträtierten ist ihr Leben lang auf Rosen gebettet gewesen, hat alles auf dem Silbertablett geboten bekommen. Bei Frauen wie Caroline Neuber, Mary Wollstonecraft, Flora Tristan, Louise Aston oder Rosa Luxemburg fragt man sich, wie sie sich angesichts der Schicksalsschläge überhaupt weiterhin ihren Augaben widmen konnten. »Die Arbeit, die tüchtige, intensive Arbeit, die Einen ganz in Anspruch nimmt mit Hirn und Nerven, ist doch der größte Genuß im Leben«[7] ist Rosa Luxemburgs Allheilmittel gewesen. Clara Zetkin hat den Schmerz über den Verlust ihres ersten Mannes mit der Niederschrift der Broschüre *Die Arbeiterinnen- und Frauenfrage der Gegenwart* zu überwinden versucht. Die Enttäuschung über ihre zum Scheitern verurteilte zweite Ehe mit dem achtzehn Jahre jüngeren Maler Georg Friedrich Zundel hat sie mit verstärkter politischer Tätigkeit kompensiert. Bei Lily Braun bekommt man den Eindruck, daß sie vergessen hat, Atem zu holen und sich buchstäblich zu Tode gearbeitet hat: »Es ist nun einmal meine Art, nur im Fieber etwas leisten zu können ... ich brauche Besessenheit«[8] schreibt sie ein Jahr vor ihrem Tod an ihren Sohn Otto. Wenigstens hat sie mit ihren beiden großen Büchern *Die Frauenfrage* und *Memoiren einer Sozialistin* den Erfolg ihrer Besessenheit erleben dürfen. Coco Chanel geht siegreich aus ihrem eigenen Waterloo hervor, indem sie einen Tag danach ungebeugt an die nächste Kollektion herangeht, und Margaret Thatcher hat sechs Stunden nach dem Sprengstoffanschlag auf das Hotel, in dem sie übernachtete, den Parteitag mit einer gewohnt überzeugenden Rede eröffnet. Mir scheint diese Art der Problembewältigung nachahmenswerter zu sein, als sich von Liebeskummer, Kollegen-Intrigen, finanziellen Rückschlägen oder Mitarbeiter-Problemen unterkriegen zu lassen ...

Ehrgeiz als Triebfeder haben Kleopatra, Theodora, Isabel – und Margaret Thatcher benutzt; insofern sind sie nicht anders als männliche Geschichtsbuch-Persönlichkeiten. Egozentrik hat sich weder für Mary Stuart noch für Coco Chanel bewährt, und Selbstüberschätzung bzw. Arroganz erwecken weder bei der jungen Eléonor noch bei der nicht mehr so jungen Margaret Thatcher Sympathie.

Klugheit und Taktik, gepaart mit Verhandlungsgeschick, sind Erfolgsfaktoren: Hatschepsut mit ihrer ideologischen Kampagne; Kleopatra sowohl mit der Teppich- als auch mit der Tarsus-Episode; Eléonor mit der Rundreise durch ihre Lande im hohen Alter von 77 Jahren; Catherine mit den erzwungenen Religionsfriedensabkommen und ihrer »erhandelten« Regentschaft; Elizabeth mit ihrer »Teile und herrsche«-Taktik bei den Bewerbern um ihre Hand – sie alle geben uns wertvollen Anschauungsunterricht zu diesen Aspekten.

Kreativität und Innovationsfreudigkeit spielen im Leben und Wirken von Frauen wie Hatschepsut (Baukunst), Eléonor (Mäzenatentum und Gründung von Musenhöfen) und Isabel (Finanzierung von See-Expeditionen) eine große Rolle. Aber auch das gesamte große Reformprogramm von Maria Theresia, die neue Art des Prinzipal(inn)entums im Theater der Neuberin sowie die Verbannung des Harlekins von der Bühne, die Hosen der Amelia Bloomer oder die Kleider, Hüte und Kurzhaarfrisuren der Chanel gehören in dieses Kapitel. Florence Nightingale kreiert eine Berufsgattung, Marguerite Durand eine neue Kategorie von Publikation und Else Züblin-Spiller ein neues Umfeld für Soldaten und Arbeiter. Und die beiden Kirchenfrauen, Hildegard und Teresa, zeigen, was alles an Innovation innerhalb starrer Strukturen möglich ist ...

Die letzteren beiden Frauen hatten etwas, was man nicht erlernen kann – natürliche Autorität – sowie etwas, was man sehr gut erlernen kann, wenn man einmal erkannt hat, wie wichtig es ist: Kommunikationsfähigkeit. Sie haben diese für Führungspersönlichkeiten unabdingbare Fähigkeit gemeinsam mit so unterschiedlichen Frauen wie Elizabeth und Maria Theresia, den

Frauenrechtlerinnen des vierten und fünften Kapitels, den klassisch geschulten Kommunistinnen Clara Zetkin und Rosa Luxemburg, der Zeitungsmacherin Marguerite Durand oder der Unternehmerin Else Züblin-Spiller sowie den Politikerinnen Golda Meir und Margaret Thatcher.

Ein letzter Punkt, ein sehr wichtiger, ist der Pragmatismus, der mit der Umsetzung der Vision einhergehen muß. Die Kunst des Machbaren, die das Ideal der visionären Zielsetzung jedoch nicht beeinträchtigen, sondern nur ergänzen darf, ist oft der Schlüssel zum Erfolg. Kleopatra hat in Marcus Antonius zwar nur – nach Caesar – den Zweitbesten gehabt, aber er war der Beste für ihre Vision. Teresas »Rebhuhn/Fasten«-Philosophie ist auch heute noch brauchbar; das gleiche läßt sich von den Überlegungen zu praktischer Frauenkleidung sagen. Die Beschäftigungs»therapie«, die die Neuberin ihren Schauspielerinnen angedeihen läßt, war wirksam, und die Überlegungen von Florence Nightingale zur Beschaffenheit von Krankenschwestern waren es ebenso. Else Züblin-Spiller war klug genug, nicht mehr von »alkoholfreien« Soldatenstuben zu reden, wußte aber, daß dieses Prinzip unerläßlich war und daß sie daran festhalten mußte. Und sowohl Maria Theresia als auch Golda Meir wußten, wann es sich lohnte zu kämpfen und wann sie etwas als verloren betrachten mußten. Der Pragmatismus der britischen Regierungschefin schließlich geht so weit, daß er bereits als Ersatz für die nicht vorhandenen Visionen angesehen werden kann. Die Kunst des Machbaren, bzw. das zielgerichtete Vorgehen und Handeln mit den vorhandenen Mitteln, ist etwas, was Frauen schon immer praktiziert haben. In Kombination mit hehren Zielen kann dieser Baustein zu schnellerem und nachhaltigem Erfolg führen.

Die »Gegenprobe« zeigt also, daß Frauen mindestens so fähige Führungsfiguren sein können wie Männer, daß ihr Leistungsausweis sie ebensogut für eine Leitbildfunktion befähigen kann wie ihre männlichen Kollegen oder Gegenspieler. Es gibt jedoch einen markanten Unterschied: Fast alle Regierungschefinnen haben sich für den Frieden stark gemacht, bzw. den Krieg, wenn er unerläßlich war, so lange wie möglich hinausgezögert oder dann so rasch wie möglich abgebrochen. Hatschepsut entsendet eine Handelsmission und bevorzugt Freundschaft mit den Nachbarländern statt bewaffneten Konflikt. Eléonor versucht ihre Länder klug zu verwalten und durch Heiratspolitik friedvoll mit ehemaligen oder potentiellen Gegnern zu vereinen. Vielleicht hatte auch sie ihre Lektion aus Vitry-le-Brulé gelernt. Catherine tut alles, um den Ausbruch der Religionskriege zu verhindern. Daß es nicht ausreichte, lag an der Unversöhnlichkeit bzw. dem Fanatismus der Parteien. Elizabeth I. schafft es drei Jahrzehnte lang, Krieg zu vermeiden. Die Vorarbeit dieser Jahre zahlt sich dann im unvorstellbaren Sieg über die Armada aus. Maria Theresia wird in die Erbfolgekriege hineingezogen. Ihr Gerechtigkeitssinn hat sich über den Raub von Schlesien empört, und der Siebenjährige Krieg, auf den sie gut vorbereitet war, war in ihren Augen ein legitimer, um sich das Diebesgut wieder zu holen. Und von Golda Meirs Agonien in bezug auf die Kriegsvorbereitungen, die sie aus nächster Nähe mitbekommen hat, oder den Krieg, der in ihre Amtszeit fiel, weiß die Geschichtsschreibung genug zu berichten.

Kleopatra hingegen konnte wohl kaum annehmen, daß sie ihr Weltreich im Stile ihres Vorfahren Alexander des Großen auf friedvollem Wege etablieren konnte. Und warum sich Margaret Thatcher in den Falkland-Konflikt hineingestürzt hat, war niemandem ein Geheimnis. Beide Namen figurieren allerdings auch unter der Rubrik »Ehrgeiz« ...

Dennoch beweist die Auswahl der Frauen in diesem Buch, daß sie eher zu Konsens als zu Konflikt, eher zu Verhandlungen als zu bewaffneten Konfrontationen neigen. Gewalt oder militanter Widerstand wird erst – siehe Emmeline Pankhurst und ihre Mitstreiterinnen – eingesetzt, wenn es nicht mehr anders geht. Damit erhärtet die Geschichtsschreibung das, was sich auch zur Zeit in Management-Studien, die weibliches und männliches Verhalten unter die Lupe nehmen, herauskristallisiert.

Wie albern ist es da, angesichts der Fähigkeit und der erbrachten Leistungen dieser Frauen sie immer noch in der Literatur im Bezugsfeld von Männern abgehandelt zu sehen. Ist es nicht geradezu lächerlich, nach allem, was Else Spiller geleistet hat, über die Einstellung des Herrn Dr. Züblin in der Zeit nach ihrer Verheiratung zu lesen: »Obwohl sie beide gerade in sozialen Fragen nicht immer gleicher Meinung waren, zeigte er für die Arbeit seiner Frau großes Verständnis, und dank seiner Weitherzigkeit konnte sie diese auch nach ihrer Verheiratung weiterführen«?[9] Sollten wir nicht endlich aufhören, die berufliche Leistung von Frauen als einen Temporär-Job anzusehen bzw. als (schlechte) Kompensation für den Fall, daß »sie keinen mitkriegen«?

Zu diesem Punkt heißt es in einem der allerneuesten Bücher zum Thema »Frau und Karriere«, in *Rückwärts und auf Stöckelschuhen* des Autorinnen-Duos Cheryl Benard und Edit Schlaffer:

> »Das Bedrückendste an weiblichen Lebensgeschichten ist gar nicht, daß es so lange braucht, bis den Frauen irgendwelche Einsichten kommen, bis sie wissen, was sie wollen, bis sie ›Bewußtsein‹ erzielen. Das Bedrückende ist, daß sie es meist schon von Anfang an ganz genau wissen und sich trotzdem immer wieder davon abbringen lassen. Und daß sie dadurch meist weder das eine noch das andere erreichen: weder das bekommen, was sie selber wollten, noch das, wovon die anderen glaubten, daß es für sie gut wäre. Wenn wir den Frauen nur einen einzigen Rat geben sollten, dann wäre es dieser: nicht immer abzudriften in die Traumwandlerei irgendwelcher Klischees.«[10]

Dies ist ein Abschnitt zum Thema »Strategien«. Drei davon bieten die Autorinnen an – und sie sind nicht die schlechtesten in dem Dschungel von Ratschlägen, die Frauen in den letzten zwanzig Jahren vorgelegt worden sind: 1. Auf sich selber hören; 2. Sich Verstärkung holen (gemeint ist, andere Frauen, damit eine einzelne nicht so exponiert ist, bzw. die weibliche Sicht verstärkt zum Ausdruck kommen kann); 3. Einen männlichen Berater ernennen (= »einen Ortskundigen, einen Fremdenführer, einen Spion«, wie die Autorinnen erklären).[11]

Daß Frauen gute Führungskräfte sind, wissen auch die meisten Männer inzwischen. Ob es genügend Frauen wissen, bleibe dahingestellt. Ihr Selbst-Verständnis und Selbst-Bewußtsein läßt hie und da zu wünschen übrig. Das Gefühl der Gleichwertigkeit läßt sich aber durch keinen Gesetzestext und schon gar nicht durch irgendeine Quotenregelung erreichen. Das wußte schon Clara Zetkin, die für die Frauen ihres Standes postulierte: »Die formale Gleichstellung des weiblichen mit dem männlichen Geschlecht in Gesetzestexten sichert in der Folge den Frauen der ausgebeuteten und unterdrückten Klasse ebensowenig tatsächlich volle soziale und menschliche Freiheit und Gleichberechtigung, wie sie solche den Männern ihrer Klasse trotz ihrer Geschlechtsgemeinschaft mit den Männern der Bourgeoisie verleiht.«[12]

Und der vorher erwähnte Unternehmensberater beendet seinen Kommentar zum Thema »Quotenregelung« wie folgt:

> »Mit einer großen Zahl derartig qualifizierter Managerinnen wäre das Management-Potential unserer Volkswirtschaft im Jahre 2000 sicherlich interessant vorbereitet, und mehr Unternehmen hätten die Chance, im internationalen Überlebenskampf zu bestehen.
> Der Weg dorthin kann nur durch eine Motivierung der Frauen in diese Richtung und durch eine entsprechende Verhaltens- und Einstellungsänderung aller Beteiligten erfolgen. Quoten sind da ein Zwangsmittel, das nur Vorurteile bestärken würde und das die vielen qualifizierten Frauen nicht brauchen. Sie müssen nur selbst wollen.«[13]

Letzteres hat vor hundert Jahren schon Louise Otto-Peters erkannt: »Nur wenn wir Frauen lernen, uns aus eigener Kraft zu helfen, können wir selbständig werden und in späteren Jahren als Gleichgestellte mit den Männern arbeiten.«[14]

Gleichgestellt sein, heißt aber auch, nicht nur dauernd an den Spitzenleistungen der Männer gemessen zu werden, sondern das Privileg zu genießen, auch mittelmäßig, auch nur einfach »gut« sein, auch die üblichen Fehler machen zu dürfen. Denn daraus kann man ja bekanntlich am meisten lernen ...

Die oben angesprochene Verhaltens- und Einstellungsänderung würde sich nicht zuletzt daran ablesen lassen, ob die absurde Art des Vergleichens endlich aufhört: Rosa Luxemburg hat schon darüber geklagt, daß man sagte, sie und Clara Zetkin seien »die einzigen Männer in der Partei«, und Golda Meir hat nachgedoppelt: »In Israel erzählt man sich, Ben-Gurion habe mich ›den einzigen Mann‹ in seinem Kabinett genannt. Dachte er (oder wer immer die Geschichte erfunden haben mag) etwa, dies sei das gößte Kompliment, das man einer Frau machen kann? Ich bezweifle sehr, daß irgendein Politiker sich geschmeichelt fühlen würde, wenn ich von ihm sagte, er sei die einzige ›Frau‹ in der Regierung!«[15] Aber selbst über Margaret Thatcher hört man immer wieder die von Männern geäußerte Anerkennung, sie sei der einzige Staatsmann in Europa ...

Das Muster ist falsch, und wir sollten es nicht mehr gebrauchen. Frauen sollen eben *nicht* wie Männer sein, und sie sind nie weniger überzeugend, als wenn sie versuchen *one of the boys* zu sein. Unsere Gesellschaft braucht die andere Sichtweise, die anderen Problemlösungsansätze, die Frauen einbringen. Keine Gleichschaltung, sondern Gleichwertigkeit; keine Nivellierung der Differenzen, sondern eine sinnvolle Ergänzung der beiden Denk- und Handlungsweisen sind gefragt. Dazu abschließend noch einmal Naisbitt/Aburdene, die sich auf den von Alice Sargent postulierten Management-Stil beziehen:

> »Ihre Botschaft heißt: Männer und Frauen sollen voneinander lernen, ohne dabei erfolgversprechende Eigenschaften zu unterdrücken, die sie selbst besitzen. Männer können lernen, kooperativer und intuitiver zu sein, dabei aber erfolgsorientiert zu bleiben. Frauen brauchen nicht auf ihr Einfühlungsvermögen und ihren menschenorientierten Führungsstil zu verzichten, um den Umgang mit Macht und die Meisterung von Konfliktsituationen zu erlernen.
> Wir konzipieren eine neue Art von Unternehmen, in der Intuition respektiert wird und die Rolle des Managers die eines Lehrers, Förderers und Erziehers von Menschen ist. Das bedeutet, daß Frauen diesen Wandel fördern, indem sie ihre persönlichen Werte zur Geltung bringen, nicht sie unterdrücken.«[16]

Übrigens: Hat sich eigentlich auch nur eine der achtundzwanzig hier porträtierten Frauen darüber je Gedanken gemacht ...?

Anmerkungen

Einleitung

1 Marielouise Janssen-Jurreit: Sexismus. Über die Abtreibung der Frauenfrage. Zürich 1976, S. 55f.
2 Ebd., S. 22
3 Ebd., S. 54
4 Ebd., S. 28
5 Ebd., S. 31
6 Ebd., S. 39
7 John Naisbitt/Patricia Aburdene: Megatrends des Arbeitsplatzes. Von Infrastrukturen zur Lebensqualität. Bayreuth 1986, S. 305

Die Frauen der Antike – gar nicht so antiquiert

1 Pauline Gedge: Die Herrin vom Nil. Zürich 1985
2 Martha Rofheart: Ich, Kleopatra. München 1979, S. 10
3 Michael Grant: Kleopatra. Bergisch Gladbach 1981, S. 96
4 Ebd., S. 97
5 Ebd., S. 161
6 Ebd., S. 315
7 Will Durant: The Story of Civilization. The Age of Faith. New York 1950, Bd. IV, S. 106. »... nicht einmal ein Priester zeigte sich entrüstet«

Klosterfrauen: motivierte Managerinnen im Schutze der Kirche

1 Shulamith Shahar: Die Frau im Mittelalter. Königstein/Ts 1981, S. 56
2 Ebd., S. 58
3 Ebd., S. 47
4 Ebd., S. 45
5 Georg Wolff/Gesine Göschel: Führung 2000. Frankfurt/M, Wiesbaden 1987, S. 15
6 Eberhard Straub: »Das Experiment einer Seele mit Gott. Zum vierhundertsten Todestag der heiligen Teresa von Avila.« In: »Bilder und Zeiten«, Frankfurter Allgemeine Zeitung vom 2. 10. 1982

7 Georg Popp: Große Frauen der Welt. Würzburg o.J., S. 80
8 Will Durant: The Story of Civilization. The Reformation. New York 1957, Bd. VI, S. 902. »Der Schmerz war so spürbar, daß ich laut stöhnen mußte, und doch so unbeschreiblich süß, daß ich auf keinen Fall davon befreit werden wollte. Kein irdisches Vergnügen kann größeres Glück bereiten. Als der Engel den Pfeil herauszog, glühte ich geradezu vor Liebe zu Gott.«

Zum Herrschen geboren?

1 Werner Stein: Kulturfahrplan. Erweiterte Gesamtausgabe, Berlin, München, Wien 1974, S. 484
2 Régine Pernoud: Königin der Troubadoure. Eleonore von Aquitanien. 3. Aufl., München 1984, S. 7
3 Conrad Ferdinand Meyer: Der Heilige. Reclam, Stuttgart 1981, S. 40
4 Ebd.
5 Pernoud, a.a.O., S. 14
6 Ebd., S. 27
7 James Goldman: The Lion in Winter. London 1970
8 Pernoud, a.a.O., S. 261f.
9 Ebd., S. 262
10 Will Durant: The Story of Civilization. The Reformation. New York 1957, Bd. VI, S. 205. »Ihre komplementären Eigenschaften machten Ferdinand und Isabella zum wirksamsten Paar in der Geschichte.«
11 Ebd., S. 204
12 James A. Michener: Iberia, Spanish Travels and Reflections. New York 1968, S. 424. »Was Persönlichkeit, Hingabe, Intelligenz, Stärke und vor allem administrative Fähigkeiten anbelangt, so stellt sie jede andere Frau ihres Zeitalters sowie die meisten Männer in den Schatten.«
13 Durant, a.a.O., Bd. VI, S. 213
14 Ebd., S. 216. »Wir müssen versuchen, solche Bewegungen im Kontext ihrer Zeit zu sehen, doch sie erscheinen uns heute als die unverzeihlichsten Verbrechen. Ein allem übergeordneter und unantastbarer Glaube ist ein tödlicher Feind menschlichen Denkens.«
15 Ebd., S. 262
16 Michener, a.a.O., S. 432. »In militärischer, finanzieller und geistiger Hinsicht hinterließ sie Spanien als ein Bollwerk unter den Nationen, und ich finde, sie war als Herrscherin doppelt so gut wie ihr Enkel Carlos V. und auch besser als ihr Urenkel Felipe II.«
17 Durant, a.a.O., The Age of Reason Begins. Bd. VII, S. 342
18 Ebd., S. 349
19 Ebd. »Also gut, beim Tode Gottes, da du es wissen willst, das ist, was der Admiral mir gesagt hat: daß alle Macht in deinen Händen in Stücke zerfallen sei, und daß dies Schlimmes für mich bewirken wird.«
20 Ebd., S. 350
21 Ebd., S. 353

22 Michener, a.a.O., S. 424. »Sie war ein »Koloß« ihrer Zeit, eine Frau, die Kolumbus in seinen Entdeckungen einer neuen Welt unterstützte, und angelsächsische Lehrbücher werden ihr nicht gerecht. Zum Beispiel widmet ihr eine wichtige Enzyklopädie nur 64 Zeilen, während sie ihrer unwichtigen Tochter Catalina 245 Zeilen zugesteht, nur weil diese zufällig die erste Frau von Henry VIII. war. Und Mary, der Königin der Schotten, die nichts vollbrachte, verglichen mit Isabella, werden 1108 (Zeilen) gewährt. Das ist nicht nur engstirnig; das ist lächerlich.«

23 Durant, a.a.O., Bd. VII, S. 45. ». . . sie fand England bankrott und verachtet vor und ließ es reich und machtvoll zurück; Wissenschaft und Literatur waren Aktivposten im Wohlstand ihres Volkes. Sie setzte die Herrscherwillkür ihres Vaters fort, aber milderte sie mit Menschlichkeit und Charme. Ehemann und Kinder blieben ihr versagt, und so war sie England eine Mutter, liebte es hingebungsvoll, und verzehrte sich im Dienst für ihr Land. Sie war die größte Herrschergestalt, die England je gekannt hat.«

24 Edwin R.A. Seligman (Hrsg.) et al.: Encyclopaedia of Social Sciences, 16. Aufl., New York 1967, Bd. 5, S. 480. »Ihre geistigen Kräfte waren mittelmäßig trotz ihrer ausgezeichneten Erziehung und einer ziemlich schnellen Auffassungsgabe, und sie war ohne Originalität oder Ambitionen.«

25 Mary Lavater-Sloman: Gefährte der Königin. Elisabeth I., Edward Earl of Oxford und das Geheimnis um Shakespeare. Zürich, München 1977, und: Herrin der Meere. Zürich 1956

26 Lavater-Sloman: Herrin der Meere, a.a.O.

27 Susan Kay: Die Königin. Der Lebensroman der Elisabeth I. von England. Bern, München, Wien 1987

28 Ebd.

29 Durant, a.a.O., Bd. VII, S. 3. ». . . daß ich mit meiner Herrschaft und Ihr mit Euren Diensten gottgefällig sein mögen, und daß wir unseren Nachkommen einen gewissen Trost hinterlassen.«

30 Ebd., S. 6. »Ich habe den Eindruck von Euch, daß Ihr durch keinerlei Geschenke bestochen werden könnt und daß Ihr dem Staat treu sein werdet; und daß – ohne Rücksicht auf meinen persönlichen Willen – Ihr mir den Rat geben werdet, den Ihr für richtig haltet; und wenn Ihr etwas Geheimes erfahrt, was Ihr mir vorlegen müßt, Ihr es nur mir zeigen werdet. Und ich versichere Euch, ich werde sicher darüber Schweigen bewahren. Dazu ermächtige ich Euch hiermit.«

31 Ebd., S. 37. »Elizabeth ging so sorgfältig um mit Dukaten wie der Papst.«

32 Ebd., S. 11

33 Ebd., S. 8. »Sie verstand es, sich mit der Zeit zu verbünden, was mehr Probleme löst, als Menschen lösen können.«

34 Friedrich Schiller: Maria Stuart. dtv Gesamtausgabe, München 1977, Bd. 7, 3. Akt, 4. Auftritt, Zeilen 2420–2432

35 Ebd., »Anmerkungen«, S. 240

36 Durant, a.a.O., Bd. VII, S. 110. »Elizabeth konnte ihrer Krone nicht sicher sein, solange Mary lebte. Nur gesunder Menschenverstand hätte die Situation retten können, aber Staatsoberhäupter lassen sich selten dazu herab.«
37 Ebd., S. 114. »Es war ihre Tragödie, daß sie sowohl Frau als auch Königin sein wollte – die ganze Wärme einer Liebesbeziehung erleben wollte, ohne die Vorteile der Herrschaft aufzugeben. [...] Aber sie war weder physisch noch geistig geeignet, Königin zu sein.«
38 Ebd. »Sie war mit dem Fluch der Schönheit belegt, jedoch mit Klugheit nicht gesegnet, und ihr Charakter wurde ihr zum Verhängnis.«
39 Ebd., S. 130. »Sie waren beide noble Frauen: eine nobel und überstürzt emotional, die andere nobel und zögernd weise. Richtigerweise liegen sie nebeneinander in der Westminster Abbey, versöhnt in Tod und Frieden.«
40 Antonia Fraser: Maria Königin der Schotten. Hamburg, Düsseldorf 1971, S. 439
41 Jutta Radel (Hrsg.): Liebe Mutter, liebe Tochter. Frauenbriefe aus drei Jahrhunderten. München 1980, S. 39
42 Peter Berglar: Maria Theresia. rororo bildmonographie, Reinbek bei Hamburg 1980, S. 105f.
43 Radel, a.a.O., S. 26
44 Die Zitate ohne Ziffern entstammen dem zweiteiligen Fernsehfilm »Maria Theresia«, der 1980 anläßlich ihres 200. Todestags produziert worden ist.
45 Radel, a.a.O., S. 90
46 Ebd., S. 91
47 Ebd., S. 31
48 Ebd., S. 38
49 Gertrud Fussenegger: Maria Theresia. Wien, München, Zürich, Innsbruck 1980, S. 115
50 Peter Reinhold: Maria Theresia. Frankfurt/M 1977, S. 113
51 Fussenegger, a.a.O., S. 115
52 Ebd.
53 Berglar, a.a.O., S. 148
54 Ebd., S. 149

Vorkämpferinnen auf dem Wege zur Gleichwertigkeit

1 Norgard Kohlhagen: Nicht nur dem Manne untertan. Frauen, die die Welt veränderten. Frankfurt/M 1981, S. 12
2 Mary Wollstonecraft. Verteidigung der Rechte der Frau. Zürich 1976, Bd. 2, S. 158
3 Ebd.
4 Kohlhagen, a.a.O., S. 11
5 Ebd.
6 Ebd., S. 13

7 Ebd., S. 14
8 Edwin R. A. Seligman (Hrsg.) et al.: Encyclopaedia of the Social Sciences. 16. Aufl., New York 1967, Bd. 15, S. 436f. »Mary Wollstonecraft war eine Frau von beachtlicher Schönheit mit sehr viel Charme, voll tiefer Sympathien und Antipathien, eine leidenschaftliche Geliebte und eine hingebungsvolle Mutter. [...] (Sie) schrieb ohne Bitterkeit oder Feindseligkeit gegenüber dem anderen Geschlecht, und in einer Zeit des extravaganten Individualismus ist es bemerkenswert, daß sie die sozialen Pflichten der Frauen nicht weniger betonte als ihre Rechte.«
9 Ebd. »Es war deshalb einzigartig, weil es auf den Erfahrungen einer Frau, hitzig und leidenschaftlich, fußte im Gegensatz zu den Schlußfolgerungen, die ein paar wenige Männer schon von der Philosophie abgeleitet hatten.«
10 Wollstonecraft, a. a. O., Bd. 1, S. 170
11 Ebd., S. 10
12 Renate Möhrmann: Die andere Frau. Stuttgart 1977, S. 24
13 Kohlhagen, a. a. O., S. 30
14 Ebd., S. 32
15 Kohlhagen, a. a. O., S. 33
16 Flora Tristan: »Die Arbeitervereinigung«. In: Die Frau ist frei geboren. Hrsg. von Hannelore Schröder, München 1979, Bd. 1, S. 66f.
17 Tristan, a. a. O., S. 74f.
18 Kohlhagen, a. a. O., S. 31
19 Ebd., S. 60
20 Ebd., S. 61
21 Ebd., S. 62
22 Ebd.
23 Ebd., S. 65
24 Die Fußnoten ohne Ziffern entstammen dem 1971 produzierten Fernseh-Porträt »Chanel«
25 Marcel Haedrich: Coco Chanel, Geheimnis eines Lebens. Berlin 1972, S. 43
26 Ebd., S. 42
27 Ebd., S. 177
28 Ebd., S. 276

In die Politik gedrängt – und sich dort bewährt

1 Monique R. Siegel (Hrsg.): jetzt. Zürich 1981–1982, Nr. 8, Jhg. II, S. 5
2 Ebd.
3 Gisela Brinkler-Gabler: »Fanny Lewald«. In: Frauen, hrsg. von Jürgen Schultz, Stuttgart 1981, S. 74
4 Fanny Lewald: Meine Lebensgeschichte. Frankfurt 1980, S. 172
5 Siegel, a. a. O., S. 5f.
6 Hedwig Dohm: Emanzipation. Zürich 1977, S. 11
7 Elisabeth Plessen: »Hedwig Dohm«. In: Frauen, a. a. O., S. 136

8 Norgard Kohlhagen: Nicht nur dem Manne untertan. Frauen, die die Welt veränderten. Frankfurt/M 1981, S. 102
9 Ebd.
10 Ebd., S. 107
11 Ebd.
12 Betty Friedan: Der Weiblichkeitswahn oder die Selbstbefreiung der Frau. Reinbek bei Hamburg 1979, S. 67
13 Ursula Linhoff: »Zur Freiheit, oh, zur einzig wahren –«. Schreibende Frauen kämpfen um ihre Rechte. Köln 1979, S. 116
14 Renate Möhrmann: Die andere Frau. Stuttgart 1977, S. 142
15 Linhoff, a.a.O., S. 107
16 Möhrmann, a.a.O., S. 141
17 Ebd., S. 148
18 Ebd., S. 147
19 Siegel, a.a.O., Nr. 10. Jhg. II, S. 7
20 Kohlhagen: »Louise Otto-Peters«. In: Frauen, a.a.O., S. 104
21 Louise Otto-Peters: »Das Recht der Frau auf Erwerb«. In: Die Frau ist frei geboren, hrsg. von Hannelore Schröder, München 1981, Bd. 2, S. 222
22 Kohlhagen, a.a.O., S. 105
23 Marielouise Janssen-Jurreit: Sexismus. Über die Abtreibung der Frauenfrage. München/Wien 1976, S. 41
24 Kohlhagen: Nicht nur dem Manne untertan, a.a.O., S. 73
25 Plessen, a.a.O., S. 134f.
26 Kohlhagen, a.a.O., S. 74
27 Kohlhagen: »Louise Otto-Peters«. In: Frauen, a.a.O., S. 112
28 Kohlhagen: Nicht nur dem Manne untertan, a.a.O., S. 154
29 Ebd., S. 151
30 Ebd., S. 152
31 Ebd.
32 Inge Stolten: »Lily Braun«. In: Frauen, a.a.O., S. 218
33 Ebd.
34 Kohlhagen, a.a.O., S. 152
35 Stolten, a.a.O., S. 222
36 Kohlhagen, a.a.O., S. 153
37 Stolten, a.a.O., S. 222
38 Ebd., S. 220
39 Ebd.
40 Kohlhagen, a.a.O., S. 144
41 Ebd., S. 141
42 Gisela Elsner: »Clara Zetkin«. In: Frauen, a.a.O., S. 162
43 Ebd., S. 163
44 Siegel, a.a.O., Nr. 5, Jhg. II, S. 3
45 Helmut Hirsch: Rosa Luxemburg. rororo bildmonographie, Reinbek bei Hamburg 1969, S. 7
46 Friederike Roth: »Rosa Luxemburg«. In: Frauen, a.a.O., S. 283
47 Frederik Hetmann (Hrsg.): Rosa Luxemburg. Frankfurt/M 1980, S. 24
48 Ebd., S. 25

49 Roth, a.a.O., S. 283f.
50 Hirsch, a.a.O., S. 91
51 Ebd.
52 Kohlhagen, a.a.O., S. 192
53 Ebd., S. 191
54 Ebd., S. 194
55 Ebd.
56 Hetmann, a.a.O., S. 27
57 Ebd., S. 28
58 Ebd., S. 52ff.

Chancen erkennen – und ergreifen

1 Monique R. Siegel (Hrsg.): jetzt. Zürich 1980–1982, Nr. 17/18, Jhg. III, S. 5
2 Ebd.
3 Ebd.
4 Ebd., S. 12
5 Edwin R. A. Seligman (Hrsg.) et al.: Encyclopaedia of the Social Sciences, 16. Aufl., New York 1967, Bd. 11, S. 376f. »Sie begründete und leitete die Ausbildung von Krankenschwestern, plante das moderne Spitalbau- und -verwaltungssystem und rettete durch ihre Beratung von britischen Staatsmännern in Indien Millionen von Menschenleben. Über viele Jahre hinweg war sie eine Quelle der Inspiration und praktischen Hilfe für alle die, die sich in sozialen Belangen auf der ganzen Welt engagierten. Sie zeigte, was eine Frau im Bereich praktischer Staatsführung leisten kann und unterstützte so die Bestrebungen für die Befreiung der Frauen überall.«
6 Norgard Kohlhagen: Nicht nur dem Manne untertan. Frauen, die die Welt veränderten. Frankfurt/M 1981. S. 79
7 Ebd., S. 81
8 Ebd.
9 Ebd., S. 82
10 Ebd.
11 Ebd., S. 83
12 Ebd., S. 85
13 Ebd.
14 Hedwig Dohm: Emanzipation. Zürich 1977, S. 27
15 Die Basis für dieses Porträt sind persönliche Recherchen an Ort sowie das Manuskript eines 1968 gehaltenen Vortrags mit dem Titel »Marguerite Durand«
16 Broschüre zum 100. Geburtstag von Dr. med. h. c. Else Züblin-Spiller, hrsg. vom »Schweizerischen Volksdienst«, Zürich 1981, Extrabeilage zum »SV-Magazin« Nr. 3

17 Ebd.
18 Ebd.

Führungsfrauen der Neuzeit – anders als die Männer?

1 Ralph G. Martin: Golda. Golda Meir: The Romantic Years. New York 1988, S. 162. »Ich war keine Nonne.«
2 Golda Meir: Mein Leben. Frankfurt/M, Berlin, Wien 1983, S. 11
3 Ebd., S. 19
4 Ebd., S. 24
5 Ebd., S. 40
6 Ebd., S. 51
7 Ebd., S. 111
8 Ebd., S. 112
9 Ebd., S. 113
10 Martin, a. a. O., S. 157. »Im allgemeinen waren sie Frauen an der Spitze gegenüber sehr unfreundlich.«
11 Ebd. »Golda war ganz klar eine Ausnahme. Golda war ihr Ausstellungsstück, ihr Schützling, nicht nur, weil sie lebenssprühend, talentiert und hübsch war, sondern weil sie sie brauchten. Sie war die einzige unter ihnen, die fließend amerikanisches Englisch sprach und ähnlich fließend in Jiddisch war. Sie brauchten sie als Gesandte, als Gesprächspartnerin mit den britischen Machthabern, den Europäern, den Amerikanern. Sie alle förderten sie aus diesem Grund.«
12 Ebd., S. 162. »Die Sache ist die, daß diese Führer außergewöhnliche Männer waren, Männer mit Macht, die Männer, die das Land erschufen. Sie übten auf allerlei Frauen eine Anziehungskraft aus, und sie brauchten die Entspannung mit Frauen. Und die Frauen waren verfügbar. Für Goldie war es umgekehrt: die Männer waren verfügbar, und aus demselben Grund. [...] Sie war ein normaler Mensch mit normalen Bedürfnissen, der (die) keine physische Beziehung mehr zu ihrem Mann hatte.«
13 Meir, a. a. O., S. 238
14 Ebd., S. 363
15 Ebd., S. 366
16 Ebd., S. 104
17 Ebd., S. 448
18 Ebd., S. 449
19 Ebd., S. 450
20 Ebd., S. 451
21 Ebd., S. 113 f.
22 Ebd., S. 489
23 Ebd., S. 490
24 Ebd., S. 481

25 Thomas Noetzel: Die Revolution der Konservativen. Hamburg 1987. Kapitelüberschrift, basierend auf einem Aperçu des ehemaligen Labour-Finanzministers Denis Healey.
26 Nicholas Wapshott / George Brock: Margaret Thatcher. Eine Frau regiert in Downing Street. Stuttgart, Herford 1984, S. 30
27 Noetzel, a. a. O.
28 Wapshott / Brock: a.a.O., S. 36
29 Ebd., S. 40
30 Ebd., S. 47
31 Egbert Kieser: Margaret Thatcher. Eine Frau verändert ihre Nation. München 1989, S. 11
32 Wapshott / Brock, a. a. O., S. 17
33 Ebd.
34 Ebd.
35 Noetzel, a. a. O., S. 38
36 Ebd., S. 30f.
37 Ebd., S. 6
38 »Is Margaret Thatcher a Real European?« in: Newsweek, 3. Juli 1989, S. 11
39 Kieser, a. a. O., S. 8
40 Noetzel, a. a. O., S. 40
41 Wapshott / Brock, a. a. O., S. 82
42 Noetzel, a. a. O., S. 157f.
43 Ebd.
44 Wapshott / Brock, a. a. O., S. 86
45 Noetzel, a. a. O., S. 9

Und die Moral von der Geschicht'?

1 Marielouise Janssen-Jurreit: Sexismus. Über die Abtreibung der Frauenfrage. München, Wien 1976, S. 60
2 Monique R. Siegel (Hrsg.): jetzt. Zürich 1980–1982, Nr. 8, Jhg. II, S. 5
3 Janssen-Jurreit, a. a. O., S. 717
4 John Naisbitt / Patricia Aburdene: Megatrends des Arbeitsplatzes. Von Infrastrukturen zur Lebensqualität. Bayreuth 1986, S. 14
5 Christine Demmer (Hrsg.): Frauen ins Management. Von der Reservearmee zur Begabungsreserve. Frankfurt/M, Wiesbaden 1988, S. 30
6 »Ein Jahrzehnt ›Eiserne Lady‹« in: Neue Zürcher Zeitung. Nr. 97, 27. April 1989, S. 32
7 Helmut Hirsch: Rosa Luxemburg. rororo bildmonographie, Reinbek bei Hamburg 1969, S. 35
8 Norgard Kohlhagen: Nicht nur dem Manne untertan. Frauen, die die Welt veränderten. Frankfurt/M 1981, S. 157
9 Verein für Wirtschaftshistorische Studien (Hrsg.): »Else Züblin-Spiller«, in: Schweizer Pioniere der Wirtschaft und Technik. Zürich 1973, S. 68.

10 Cheryl Benard, Edit Schlaffer: Rückwärts und auf Stöckelschuhen. Köln 1989, S. 11
11 Ebd., S. 10ff.
12 Dieter Schneider: Sie waren die ersten. Frauen in der Arbeiterbewegung. Frankfurt/M 1988, S. 100
13 Demmer, a.a.O., S. 30
13 Kohlhagen, a.a.O., S. 74
15 Golda Meir: Mein Leben. Frankfurt, Berlin, Wien 1983, S. 113
16 Naisbitt / Aburdene, a.a.O., S. 305

Literatur

Banks, Olive: Faces of Feminism. Oxford 1986.
Benard, Cheryl/Schlaffer, Edit: Rückwärts und auf Stöckelschuhen … können Frauen so viel wie Männer. Köln 1989.
Berglar, Peter: Maria Theresia. rororo bildmonographie. Reinbek bei Hamburg 1980.
Brinker-Gabler, Gisela (Hrsg.): Deutsche Dichterinnen vom 16. Jahrhundert bis zur Gegenwart. Frankfurt/M 1987.
Dies. Frauenarbeit und Beruf. Frankfurt/M 1979.
Crankshaw, Edward: Maria Theresia. New York 1970.
De Beauvoir, Simone: Das andere Geschlecht. Sitte und Sexus der Frau. Zürich 1979.
Demmer, Christine (Hrsg.): Frauen ins Management. Von der Reservearmee zur Begabungsreserve. Frankfurt/M, Wiesbaden 1988.
Dohm, Hedwig: Emanzipation. Zürich 1977.
Durant, Will and Ariel: The Story of Civilization. Vol. 1–10, New York 1954–1967.
Fraser, Antonia: Maria Königin der Schotten. Hamburg, Düsseldorf 1971.
Dies. Mary Queen of Scots. 8. Aufl., New York 1980.
Friedan, Betty: Der Weiblichkeitswahn oder die Selbstbefreiung der Frau. Ein Emanzipationskonzept. Reinbek bei Hamburg 1979.
Frefert, Ute: Frauen-Geschichte zwischen bürgerlicher Verbesserung und neuer Weiblichkeit. Frankfurt/M 1986.
Fussenegger, Gertrud: Maria Theresia. München, Zürich, Innsbruck 1980.
Gedge, Pauline: Die Herrin vom Nil. Zürich 1985.
Gottschalk, Gisela: Die großen Pharaonen. Zürich 1981.
Grant, Michael: Kleopatra. Bergisch Gladbach 1981.
Haedrich, Marcel: Coco Chanel. Geheimnis eines Lebens. Berlin 1972.
Heer, Friedrich: Der König und die Kaiserin. Friedrich und Maria Theresia. Ein deutscher Konflikt. München 1981.
Held, Jutta (Hrsg.): Frauen im Frankreich des 18. Jahrhunderts: Amazonen, Mütter, Revolutionärinnen. Hamburg 1989.
Hetmann, Frederik (Hrsg.): Rosa Luxemburg. Ein Leben für die Freiheit. Frankfurt/M 1980.
Hirsch, Helmut: Rosa Luxemburg, rororo bildmonographie, Reinbek bei Hamburg 1969.
Janssen-Jurreit, Marielouise: Sexismus. Über die Abtreibung der Frauenfrage. München, Wien 1976.

Kay, Susan: Die Königin. Der Lebensroman der Elisabeth I. von England. Bern, München, Wien 1987.
Kieser, Egbert: Margaret Thatcher. Eine Frau verändert ihre Nation. München 1989.
Kohlhagen, Norgard: Nicht nur dem Manne untertan. Frauen, die die Welt veränderten. Frankfurt/M 1981.
Kuhn, Annette/Schneider, Gerhard (Hrsg.): Frauen in der Geschichte. Düsseldorf 1979.
Kurzman, Dan: Ben-Gurion: Prophet of Fire. New York 1984.
Lavater-Sloman, Mary: Gefährte der Königin. Elisabeth I., Edward Earl of Oxford und das Geheimnis um Shakespeare. Zürich, München 1977.
Dies. Herrin der Meere. Zürich 1956.
Dies. Löwenherz. Zürich, Stuttgart 1971.
Lewald, Fanny: Meine Lebensgeschichte. Frankfurt/M 1980.
Linnhoff, Ursula: »Zur Freiheit, oh, zur einzig wahren –«. Schreibende Frauen kämpfen um ihre Rechte. Köln 1979.
Luxemburg, Rosa: Ich umarme Sie in großer Sehnsucht. Briefe aus dem Gefängnis 1915–1918. Berlin, Bonn 1984.
Martin, Ralph G.: Golda. Golda Meir: The Romantic Years. New York 1988.
Meir, Golda: Mein Leben. Frankfurt, Berlin, Wien 1983.
Menschick, Jutta (Hrsg.): Grundlagentexte zur Emanzipation der Frau. 2. Aufl., Köln 1977.
Meyer, Conrad Ferdinand: Der Heilige. Stuttgart 1981.
Michener, James A.: Iberia. Spanish Travels and Reflections. New York 1968.
Möhrmann, Renate: Die andere Frau. Stuttgart 1977.
Naisbitt, John/Aburdene, Patricia: Megatrends des Arbeitsplatzes. Von Infrastrukturen zur Lebensqualität. Bayreuth 1986.
Newsweek, Titelgeschichte: Is Thatcher a Real European?, 3. Juli 1989.
Noetzel, Thomas: Die Revolution der Konservativen. England in der Ära Thatcher. Hamburg 1987.
Pernoud, Régine: Königin der Troubadoure. Eleonore von Aquitanien. 3. Aufl., München 1984.
Popp, Georg: Große Frauen der Welt. Würzburg o.J.
Radel, Jutta (Hrsg.): Liebe Mutter, liebe Tochter. Frauenbriefe aus drei Jahrhunderten. München 1980.
Reinhold, Peter: Maria Theresia. Frankfurt/M 1977.
Roßheart, Martha: Ich, Kleopatra. München 1979.
Schiller, Friedrich: Maria Stuart, Die Jungfrau von Orleans. dtv-Gesamtausgabe, Bd. 7, München 1966.
Schneider, Dieter (Hrsg.): Sie waren die ersten. Frauen in der Arbeiterbewegung. Frankfurt/M 1988.
Schröder, Hannelore (Hrsg.): Die Frau ist frei geboren. Texte zur Frauenemanzipation. Bd. 1 und 2, München 1979/1981.

Schultz, Hans Jürgen (Hrsg.): Frauen, Porträts aus zwei Jahrhunderten. Stuttgart 1981.
Seligman, Edwin R.A. (Hrsg.) et al.: Encyclopaedia of the Social Sciences. Vol. 1–15, 16. Aufl., New York 1967.
Shahar, Shulamith: Die Frau im Mittelalter. Königstein/Ts 1981.
Stechert, Kathryn: Frauen setzen sich durch. Leitfaden für den Berufsalltag mit Männern. 2. Aufl., Frankfurt/M, New York 1989.
Stein, Werner: Kulturfahrplan: Erweiterte Gesamtausgabe, Berlin, München, Wien 1974.
Straub, Eberhard: Das Experiment einer Seele mit Gott. Zum vierhundertsten Todestag der heiligen Teresa von Avila. In: Frankfurter Allgemeine Zeitung, 2. 10. 1982.
Twellmann-Schepp, Margrit: Die deutsche Frauenbewegung. Ihre Anfänge und erste Entwicklung 1843–1889. Meisenheim 1972.
Verein für wirtschaftshistorische Studien (Hrsg.): Else Züblin-Spiller. In: Schweizer Pioniere der Wirtschaft und Technik. Zürich 1973.
von Aleman, Claudia/Jallamion, Dominique/Schäfer, Bettina: Das nächste Jahrhundert wird uns gehören. Frauen und Utopie 1830 bis 1840, Frankfurt/M 1981.
v. Berenberg, Heinrich (Hrsg.): Der eiserne Besen. Eine Innenansicht des heutigen England. Berlin 1989.
Wapshott, Nicholas/Brock, George: Margaret Thatcher. Eine Frau regiert in Downing Street. Stuttgart, Herford 1984.
Williams, Neville: Elisabeth I. von England. Stuttgart, Berlin, Köln, Mainz 1969.
Wolff, Georg/Göschel, Gesine: Führung 2000. Höhere Leistung durch Kooperation. Frankfurt/M, Wiesbaden 1987.
Wollstonecraft, Mary: Verteidigung der Rechte der Frauen. Bd. 1 und 2, Zürich 1976/1978.
Zweig, Stefan: Maria Stuart. Frankfurt/M 1951.

Register